Nicole Zieseniss / Andrea Schnell

Kung-Fu basics

pietsch

Einbandgestaltung: Patricia Braun

Titelbild: ostill/Shutterstock

Bildnachweis: Bis auf Seite 190 (©Vitos/Fotolia) stammen die Fotografien von Sarah Eckhardt und die Zeichnungen von Diana Engels.

Eine Haftung der Autorinnen oder des Verlages und seiner Beauftragten für Personen-, Sach- und Vermögensschäden ist ausgeschlossen.

ISBN 978-3-613-50812-5

1. Auflage 2015

Sie finden uns im Internet unter www.pietsch-verlag.de

Konzept: Nicole Zieseniss & Andrea Schnell
Text: Nicole Zieseniss
Lektorat: Susanne Fischer
Innengestaltung: Jürgen Knopf, 74321 Bietigheim
Druck und Bindung: KoKo Produktionsservice, 70900 Ostrava
Printed in Czech Republic

Wir widmen dieses Buch unseren Kindern

Kiran Thanawat Zieseniss
Kerstin Sabina Schnell
Nico Leon Schnell

Das Hu Chuan Pai Kung-Fu hat euch zusammengeführt,
das Hu Chuan Pai Kung-Fu verbindet euch;
möge es euch auch in Zukunft zu einer Familie vereinen
und stärken!

Inhalt

Danksagungen

Ein Buch über Kung-Fu zu schreiben, braucht mehr als nur einen oder zwei Autoren – es braucht Menschen, die an das Projekt glauben und dieses dann auch unterstützen. Während wir Inhalte und Themen recherchierten und einzelne Worte zu einem Ganzen zusammenfügten, benötigten wir auch Unterstützung für das Bildmaterial. Diese fanden wir in Diana Engels (Zeichnungen) und Sarah Eckhardt (Fotoaufnahmen) – vielen Dank für eure spontane und geduldige Einsatzbereitschaft!

Viel Geduld bewiesen auch unsere Kinder Kiran Thanawat Zieseniss, Nico Leon Schnell und Kerstin Sabina Schnell, die viele Stunden und letztendlich auch mehrere Tage damit verbrachten, zum Teil schmerzhafte Stellungen beizubehalten, bis das benötigte Foto endlich geschossen werden konnte. Auch an Josef Niqula und Kim Valerie Richter sei an dieser Stelle unser Dank gerichtet, da sie sich spontan dazu bereit erklärten, uns noch auf den letzten Metern dieses Buches zu unterstützen.

Einen ganz besonderen Dank möchten wir allerdings unserem Si-Fu Jens Richter aussprechen, der uns von Anfang an seinen Segen für dieses Buchprojekt gab, uns seine Unterstützung zusagte und uns alle Fragen geduldig beantwortete. Wir schreiben dieses Buch in großem Respekt vor ihm, seinem Wissen und seinen Fähigkeiten. Und wir fühlen uns glücklich und geehrt, dass er seine schier unerschöpflichen Kenntnisse über die alten Traditionen des Kung-Fu sowie über das frühere und heutige Leben in China mit uns sowie mit vielen anderen Schülern des Hu Chuan Pai Kung-Fu geteilt hat. Auf diese Weise weckte er unsere Begeisterung für die chinesische Kampfkunst – eine Kampfkunst, die inzwischen zu einem festen Bestandteil unseres Lebens geworden ist.

Anmerkung zur männlichen/weiblichen Schreibweise: Um den Lesefluss nicht zu stören, greifen wir in diesem Buch in der Regel auf die männliche Schreibweise zurück, zum Beispiel: der Kämpfer, der Schüler, der Lehrer, der Coach usw. Wir möchten an dieser Stelle ausdrücklich darauf hinweisen, dass wir uns in unseren Darstellungen sowohl auf männliche als auch weibliche Personen beziehen. Wir bitten um Verständnis!

Prolog

Der Bau der Chinesischen Mauer begann im 7. Jahrhundert v. Chr. – ihr chinesischer Name bedeutet: 10.000 Li lange Mauer. Die Mengenangabe Li umfasst etwa 575,5 Meter, demnach müsste die Chinesische Mauer eine Gesamtlänge von 5.755 Kilometern aufweisen. Tatsächlich ergeben aktuelle Messungen eine Länge von unfassbaren 21.196,18 Kilometern – sie schließt weit über 43.000 Standorte und Objekte ein.

Deshalb ist es wichtig zu wissen, dass die Zahl 10.000 im Chinesischen unseren »Myriaden« (griech. myrios: unzählig, unendlich) entspricht. Der Name »10.000 Li lange Mauer« lässt sich somit auch mit »unendlich lange Mauer« gleichsetzen.

Dieser kleine Exkurs, der uns 2.700 Jahre zurück in die Vergangenheit Chinas geführt hat, zeigt sehr deutlich: Schon allein durch die unterschiedlichen Übersetzungsmöglichkeiten entstehen Abweichungen in den alten Legenden und Überlieferungen. Das Naheliegende muss nicht immer auch das Richtige sein!

Versuchen Sie es: Gehen Sie hinaus auf die Straße und fragen Sie die Menschen, was sie unter Kung-Fu verstehen. Die meisten werden antworten: »Kung-Fu ist eine Kampfkunst.« Und bestenfalls ergänzt der ein oder andere: »... aus China«.

Doch die Wahrheit ist: **Kung-Fu macht man nicht, man besitzt es!**

Es geht hier nicht um ein sportliches Talent, das »man hat«, um besonders hohe Sprünge zu schaffen oder effektive Techniken zu beherrschen. Es geht vielmehr um die innere Einstellung, um den Willen und die Durchhaltekraft, gesetzte Ziele zu erreichen:

Die Mutter (oder auch der Vater), die sich besonders viel Mühe mit dem Lieblingsgericht ihres Kindes gibt, besitzt Kung-Fu.

Der Mitarbeiter, der Stunde um Stunde damit verbringt, eine gelungene Unternehmenspräsentation auf die Beine zu stellen, besitzt Kung-Fu.

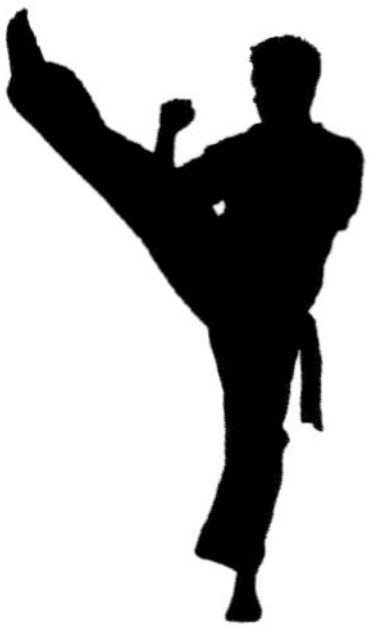

Das Schulkind, das eine gute Note nach einer schweren Klassenarbeit nach Hause bringt, besitzt Kung-Fu.
Ja, selbst das kleine Mädchen, das im Kindergarten in mühevoller Arbeit ein wunderschönes Blumenbild zum Muttertag gemalt hat, besitzt Kung-Fu.
Und all die Menschen, die vor Jahrtausenden ein Mauerwerk in China errichtet haben – bzw. heute restaurieren – welches inzwischen zu den neuen Sieben Weltwundern zählt, besaßen und besitzen Kung-Fu.
Allerdings beruhen die Gründe, sich für den Unterricht im Kung-Fu zu entscheiden, in unserer westlichen Welt weniger auf Traditionen oder Kultur. Es sind vielmehr die Wünsche:

- sich sportlich aktiv zu betätigen
- soziale Kontakte zu knüpfen
- Kindern Werte zu vermitteln
- ein neues Hobby auszuprobieren
- Charakterstärke und Selbstbewusstsein aufzubauen
- sich selbst verteidigen zu können
- den Kopf vom Alltags-/Berufsstress zu befreien
- neue Erfahrungen zu sammeln.

Den wenigsten Schülern ist bewusst, dass sie sich auf eine Reise zu sich selbst begeben: Sie werden Selbstzweifel abbauen, negative Erfahrungen in der Vergangenheit überwinden. Sie werden Ziele erreichen, die sie sich selbst vielleicht gar nicht zugetraut hätten. Sie werden lernen, Steine, die das Leben ihnen immer wieder in den Weg legt, aufzuheben, um Brücken zu bauen. Sie werden über sich hinauswachsen und auch für andere Menschen einstehen. Den eigenen Wert zu begreifen, die eigene Kraft in sich selbst zu entdecken – das ist es, was uns und unsere Kinder für das Leben stärkt.
Wer sich auf das Abenteuer »Kung-Fu« einlässt, wer seinem Meister uneingeschränktes Vertrauen schenkt und sich voller Hingabe »fallen lässt«, der darf sich auf Jahre des inneren Wachstums freuen – nicht nur auf der Trainingsmatte. Und wer weiß: Eines Tages wird der Schüler vielleicht zum Lehrer und gibt seine eigenen Erfahrungen in dieser Kampfkunst an die nächste Generation der Kung-Fu-Schüler weiter.
Dieses Buch soll einen umfassenden Rundum-Blick auf Kung-Fu gewähren: Woher kommt es, wie hat es sich im Laufe der Zeit entwickelt? Auf welchen Grundlagen bauen die Techniken des Kung-Fu auf?

Was sollte der Kung-Fu-Schüler auch an theoretischem Wissen in die Prüfungen mitbringen? Einziger Haken dabei: Die genauen Hintergründe einer Kampfkunst aufzudecken, die bis in die Anfänge unserer Zeitrechnung zurückreicht, ist vergleichbar mit dem Versuch, die Bibel zu interpretieren: Was ist wahr, was hat die Zeit hinzugefügt? So wie die alten Gleichnisse der Bibel verschiedene Auslegungen zulassen, so gibt es auch über die Entstehung und Entwicklung des Kung-Fu Theorien, die sowohl Unterschiede als auch Parallelen aufweisen. Tatsache ist: Niemand von uns kann sich als Zeitzeuge zur Verfügung stellen, und so können auch wir lediglich Sagen und Legenden wiedergeben, die uns doch zumindest ein Verständnis für die chinesische Denkweise und die kulturellen wie traditionellen Hintergründe des Kung-Fu vermitteln – nicht mehr und nicht weniger. Auch die Techniken des Kung-Fu wandelten, mehrten und minderten sich im Laufe der Jahrhunderte – insbesondere in unserer modernen Zeit –, sodass es schier unmöglich ist, alle feinen Unterschiede in den Handhaltungen, Fußstellungen oder Formen diverser Kung-Fu-Stile bzw. -Schulen wiederzugeben. Die in diesem Buch beschriebenen Grundlagen beruhen überwiegend auf dem Hu Chuan Pai Kung-Fu, das in den 1980er Jahren unter unserem Si-Fu – Si-Jo Jens Richter – entstand. Mitglieder einer anderen Kung-Fu-Familie werden nicht nur möglicherweise, sondern mit großer Wahrscheinlichkeit Abweichungen zwischen unseren Angaben und den eigenen Erfahrungen erkennen – und das ist auch gut so, denn das Kung-Fu unserer Tage erzählt uns von historischen Ereignissen und beeindruckenden Persönlichkeiten der Geschichte, die den Verlauf des Kung-Fu beeinflussten.
Für konstruktive und berechtigte Kritik sind wir natürlich offen, hilft uns diese doch dabei – ganz im Sinne des Kung-Fu – immer ein wenig besser zu werden. Doch nun wünschen wir zunächst viel Vergnügen beim Lesen und eine spannende Reise in längst vergangene Tage.

Si-Je Andrea Schnell & Nicole Zieseniss

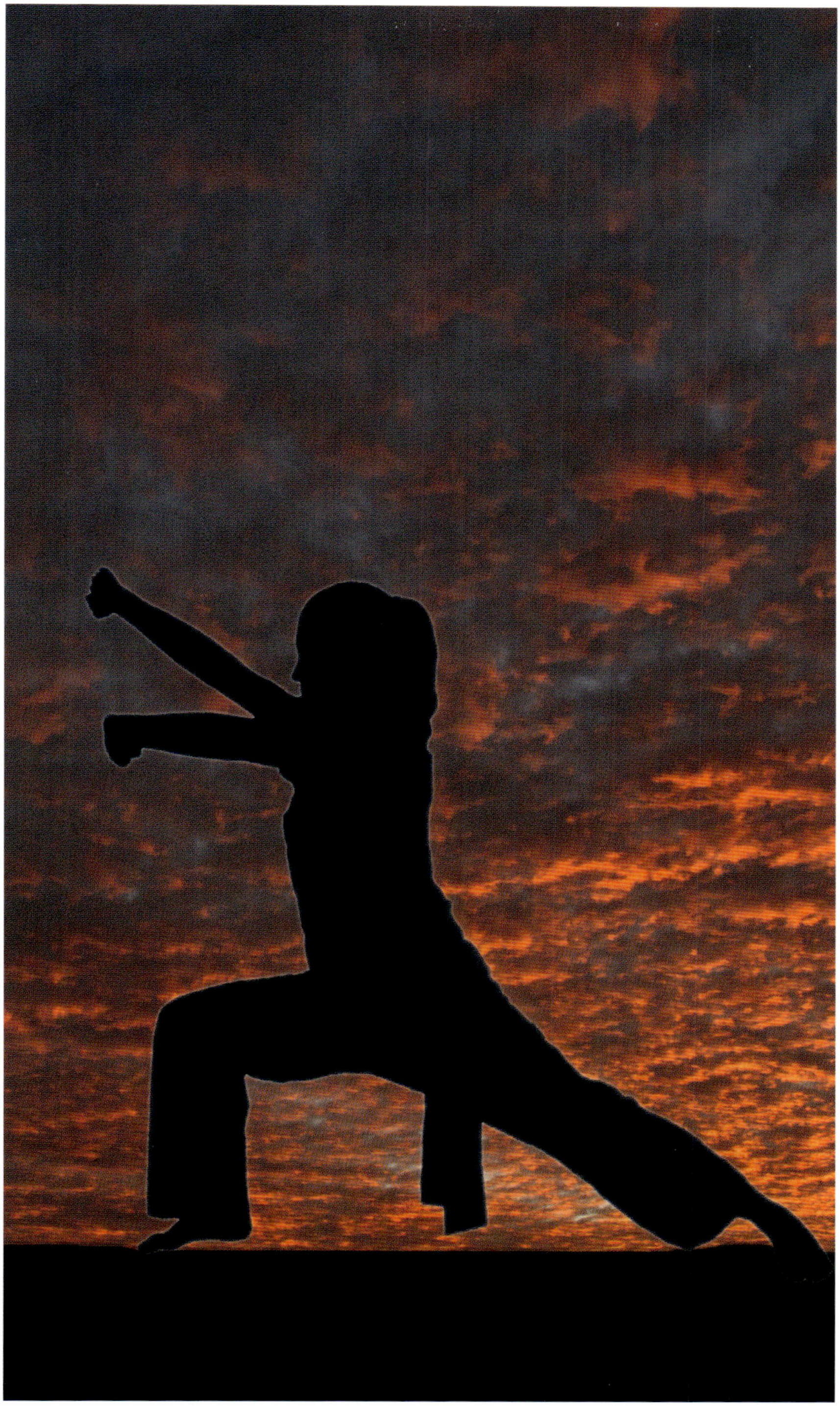

Definition Kung-Fu

»Wenn du die Absicht hast, dich zu erneuern, tu es jeden Tag.«

Konfuzius, chin. Philosoph, 551–479 v. Chr.

2.1 Die wahre Bedeutung des Kung-Fu

Die chinesische Kampfkunst »Kung-Fu« lässt sich wörtlich mit »etwas durch harte/geduldige Arbeit erreichen« übersetzen. Doch was genau ist gemeint?

Einst lebte ein junger Mann in Indien, der seine Eltern viel zu früh verlor und ganz allein für seine kranke Schwester sorgen musste. Er ging in die Hauptstadt Bombay (heute Mumbai), um Schauspieler zu werden. Doch sie sagten: »Deine Haut ist zu dunkel, deine Nase zu groß. Du hast hier keine Chance. Wir wollen dich nicht!« Er spielte nur in unbedeutenden Kleinrollen, bis er eines Tages das überraschende Angebot erhielt, Nebendarsteller in einer TV-Serie zu werden. Er nahm die bescheidene Rolle an und spielte, als ob es kein Morgen gäbe. In seinen wenigen Auftritten zog er das Fernsehpublikum in seinen Bann – und zwar so intensiv, dass sich die Drehbuchautoren schon bald gezwungen sahen, das Manuskript zu seinen Gunsten umzuschreiben. Sein Charakter gewann zusehends an Bedeutung, letztendlich erschlich er sich eine tragende Rolle in der TV-Serie. Das Publikum kannte und liebte den dunkelhäutigen jungen Mann mit der großen Nase aus Neu-Delhi. Und so wurden ihm weitere Rollen angeboten: Er spielte den romantischen Helden in kitschigen Bollywood-Produktionen und verdiente genug Geld, um seine Schwester zu den besten Ärzten Englands fliegen zu lassen. Doch es dauerte nicht lange und er wurde unzufrieden. Er wollte sich

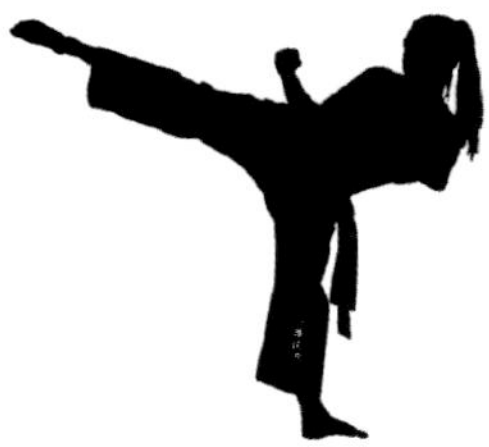

nicht auf die Rolle des »um Bäume tanzenden« Liebhabers festlegen lassen, er träumte von tragischen Charakterrollen. Er wollte den Helden wie auch den Schurken spielen. Aber er stieß erneut auf Ablehnung: »Das funktioniert nicht. Du wirst deiner Karriere den Todesstoß versetzen.« Doch er wagte das Risiko … und gewann! Er gewann noch mehr Sympathien, noch mehr Herzen, noch mehr Fans. Seither baute er sein schauspielerisches Repertoire von Jahr zu Jahr weiter aus, und sein Name ist heute weit über die Grenzen Indiens hinaus bekannt. Er hat inzwischen mehr als 15 Millionen Follower bei Twitter, er nächtigt in den edelsten Hotels der Welt. Er besitzt eine prunkvolle Villa in Mumbai, wo er mit seiner Frau, seinen drei Kindern und seiner Schwester lebt. Er ist erfolgreicher Schauspieler, unterhält eine eigene Produktionsfirma und auch ein Unternehmen, das auf Special Effects spezialisiert ist – nicht nur für seine eigenen Produktionen. All das hat der kleine Mann, der einst mit nichts als Hoffnung und Träumen nach Bombay (Mumbai) kam, aus eigener Kraft erreicht. – Er besitzt Kung-Fu!

In Großbritannien lebte indes eine alleinerziehende Mutter nach ihrer Trennung von einem portugiesischen Fernsehjournalisten von der Sozialhilfe. Schon lange arbeitete die studierte Lehrerin an einer Romanserie, deren Handlung ihr während einer Zugfahrt in den Sinn gekommen war. Es kostete sie vier Jahre, um den ersten Band einer siebenteiligen Reihe abzuschließen – doch die viele Mühe schien zunächst vergebens: Viele Verlage lehnten ihr Werk ab, niemand schien das Buch veröffentlichen zu wollen. Die Autorin gab nicht auf, und tatsächlich ließ sich ein Verlag, der das Buch bereits abgelehnt hatte, doch noch überzeugen. Nur drei Tage nach Veröffentlichung kaufte ein amerikanischer Verlag die Rechte an dem Buch einer bis dato unbekannten Kinderbuchautorin für eine sechsstellige Summe auf – Buch und Schriftstellerin wurden über Nacht berühmt. Doch dies war nur der Anfang, denn es gab den Auftakt zu einem grandiosen Welterfolg: Fans übernachteten vor den Buchhandlungen, um neue Ausgaben möglichst schnell in den Händen zu halten. Die komplette siebenteilige Reihe wurde von Hollywood in acht Spielfilmen mit Überlänge auf die Kinoleinwand gebracht. Die einstige Sozialhilfe-Empfängerin verkaufte mehr als 350 Millionen Bücher in über 70 Sprachen. – Sie besitzt Kung-Fu!

Zwei beeindruckende Lebensgeschichten, die zeigen: Wir müssen nicht zwangsläufig eine Kampfkunst beherrschen, um Kung-Fu zu

besitzen! Doch wir brauchen auch gar nicht so weit von uns entfernt nach Kung-Fu zu suchen, denn es ist überall um uns herum:
Nehmen wir zum Beispiel die junge Mutter, die sich von morgens bis abends um die Bedürfnisse des Babys kümmert. Sie spielt mit ihm, sie füttert es, sie wechselt die Windeln, sie lacht, sie tröstet. Abends fällt sie müde und erschöpft ins Bett, nur um auch nachts wieder an der Wiege zu stehen, weil das Kleine weint. Mütter sind wahre Organisationstalente, die viele Herausforderungen zu bewältigen haben und eine unglaubliche Belastungsfähigkeit entwickeln. – Sie besitzen Kung-Fu.
Kung-Fu umschreibt also im Prinzip nichts anderes als Zeit, harte Arbeit und Mühe. Es handelt sich in China um einen Begriff, der mit allen möglichen Formen einer Leidenschaft für die Kunst und Arbeit einhergeht und zunächst nur bei uns im Westen als Sammelbegriff für die traditionsreichen Kampfkünste aus China herangezogen wurde. Korrekter wäre es, die Bezeichnungen »Wu Shu« oder »Guo Shu« als Oberbegriff für die chinesischen Kampfkünste zu verwenden:

- **Chinesisch Wu Shu = Kriegskunst beziehungsweise Kampfkunst:** »Wu Shu« umschreibt eine ebenfalls sehr traditionell geprägte Kampfkunst mit modernen Einflüssen, dient aber auch als Oberbegriff für alle Varianten der Kampfkünste Chinas. Bereits in der Darstellung der chinesischen Zeichen lässt sich der deutliche Bezug zum Kämpfen erkennen: Das Zeichen für »Wu« steht für den Kampf und wurde insbesondere in dem China vergangener Tage in Zusammenhang mit militärischen beziehungsweise kriegerischen Aktivitäten gebracht. Das Zeichen für »Shu« lässt sich mit »Kunst« oder »Kunstfertigkeit« übersetzen. Zusammengenommen steht das Wu Shu somit für eine Kampf- oder Kriegskunst. Im Laufe der 1950er Jahre erkannte die Regierung der Volksrepublik China das »moderne Wu Shu« als Zusammenschluss diverser Formen der traditionellen Kampfkünste sowie einiger neu erschaffener Formen an. Bestrebungen, dieses moderne Wu Shu zu einer olympischen Disziplin zu erklären, scheiterten hingegen.
- **Chinesisch Guo Shu = Nationale Kunst oder auch Staatskunst:** Der Begriff »Guo Shu« dient ebenfalls als Sammelbegriff für traditionelle chinesische Kampfkünste und ist somit quasi als Synonym für »Wu Shu« anzusehen.

Hier zeigt sich, dass die Kampfkünste Chinas nicht immer unter dem Namen Wu Shu zusammengefasst worden sind. Tatsächlich lautete eine der frühesten heute bekannten Bezeichnungen »Jiji«, was sich mit »Kampftechniken« übersetzen lässt. Während der Ming-Dynastie waren die Kampfkünste als »Wuyi« – »die Kunst, zu kämpfen« – bekannt. Wu Shu tauchte als Oberbegriff für die chinesischen Kampfkünste erstmalig in den Hofannalen der nördlichen und südlichen Dynastien sowie später nochmals während der Ching-Dynastie auf. Guo Shu setzte sich erst nach der Republikgründung Chinas im Sprachgebrauch für die Kampfkünste durch. Während China später wieder zur Bezeichnung Wu Shu zurückkehrte, findet die Bezeichnung Guo Shu heute insbesondere noch in Taiwan rege Verwendung. Im Zeitverlauf ließe sich die Namensgebung also wie folgt grob zusammenfassen:

Zeitraum	**Periode**	**Oberbegriff für chinesische Kampfkünste**
722–220 v.Chr.	Frühlings- und Herbstperiode	Jiji – übersetzt: Kampftechniken
420–589 n.Chr.	Nördliche & südliche Dynastien	Wu Shu – übersetzt: Kriegs- oder Kampfkunst
24–1644 n.Chr.	Han-Dynastie bis Ming-Dynastie	Wuyi – übersetzt: die Kunst, zu kämpfen
17. und 18. Jh.	Ching-Dynastie	Wu Shu – übersetzt: Kriegs- oder Kampfkunst
1911–1949 n.Chr.	nach Republikgründung	Guo Shu – übersetzt: nationale oder Staatskunst
seit 1949 n.Chr.	Volksrepublik	Wu Shu – übersetzt: Kriegs- oder Kampfkunst

Auch »Shoubo« – zu Deutsch: »Handkampf« – soll zwischen der Han-Dynastie (206 v.Chr. bis 220 n.Chr.) und der Song-Dynastie (960 bis 1279 n.Chr.) als Bezeichnung für chinesische Kampfkünste Verwendung gefunden haben. Mittlerweile hat sich »Gong-Fu« – oder eben Kung-Fu, wie es im Westen genannt wird – auch in China als geläufiger Überbegriff für die chinesischen Kampfkünste etabliert.
Doch zurück zu der Kampfkunst, wie wir sie unter dem Namen »Kung-Fu« verstehen:

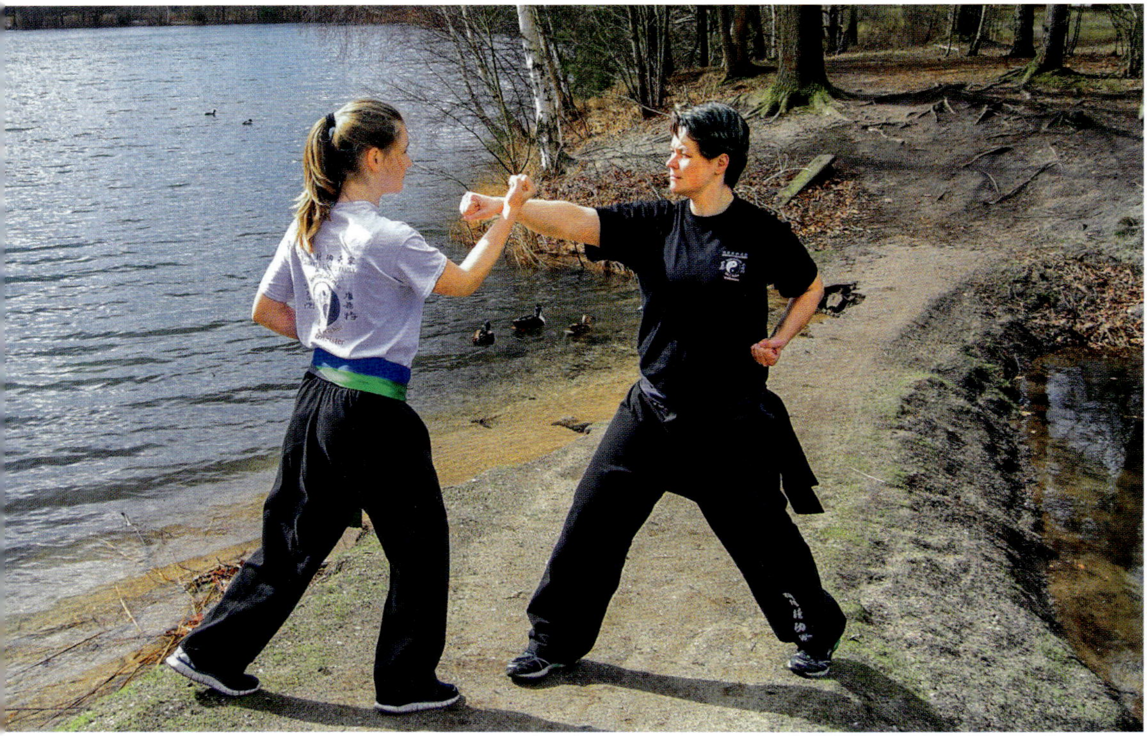

Der Kung-Fu-Schüler – egal, ob jung oder alt, ob Mann oder Frau – erlernt also die Techniken einer uralten chinesischen Kampfkunst: Tritte, Schläge, Sprünge, weiche und harte Formen (Kuen). Um die nächste Graduierung zu erlangen, muss er sich alten und neuen Herausforderungen stellen. Er vollzieht ein Wachstum in Bezug auf seine Leistungsfähigkeit, seine Motorik, seine Koordination und Kondition. Er erfährt einen Unterricht, der manchmal langweilt, manchmal herausfordert, manchmal sogar schmerzt. Dies geschieht nicht zufällig, sondern vollkommen bewusst, denn nur so wächst der Schüler auch in persönlicher Hinsicht: Kung-Fu erfordert Hingabe und Geduld. Es erfordert Mut, um die eigene Kraft und Stärke in sich zu entdecken. Es erfordert Disziplin, um auch lange Durststrecken ohne schnell sichtbare Erfolge zu überwinden. Es erfordert Vertrauen, denn der erfahrene Meister erkennt oft früher als der Schüler selbst, was dieser trotz seiner Ängste, Unsicherheiten und Selbstzweifel zu vollbringen imstande ist. Irgendwann stellt der Kung-Fu-Schüler fest, dass er härter im Nehmen ist, als er dachte. Er erlangt ein besseres Bewusstsein für sich selbst und seine Mitmenschen. Er wächst über sich selbst hinaus, wenn er Schmerzen erträgt, obgleich er glaubt, sie nicht länger aushalten zu können (vgl. Kap. 2.2 – Werte fürs Leben). Die meisten Schüler träumen laut oder leise von der eigenen schwarzen Schärpe – und doch erreichen nur verhältnismäßig wenige dieses hohe und ehrenvolle Ziel, denn: Wer sich allein auf die Techniken konzentriert, ohne Kung-Fu mit dem Verstand zu erfassen und in seiner Seele zu fühlen, wird früher oder später aufgeben. Kung-Fu endet nicht mit der Unterrichtsstunde oder dem Verlassen der Trainingsräume – Kung-Fu ist eine Lebenseinstellung, die uns alte Werte wie Respekt und Menschlichkeit wieder nahebringt. Eine Lebenseinstellung, die uns für den Leistungsdruck in der Schule, im Beruf und auch im Privatleben stärkt. Nur wer den Willen in sich trägt, über mehrere Jahre hart an sich zu arbeiten und jeden Tag etwas besser zu werden, nicht aufzugeben und gegen alle Widrigkeiten des Lebens anzukämpfen, der trägt wahrhaftiges Kung-Fu in seinem Herzen!

2.2 Werte fürs Leben – Kung-Fu von A bis Z

Eine Kampfkunst wie Kung-Fu schult nicht nur die motorischen und koordinativen Fähigkeiten, sondern vermittelt wichtige Werte, die den Charakter eines Menschen formen. Diese Erkenntnis ist nicht neu, die persönlichkeitsbildenden »Nebenwirkungen« traditionsreicher Kampfkunstarten sind schon lange bekannt – doch wieso funktioniert das eigentlich so erfolgreich?
Im Folgenden schauen wir uns die einzelnen Werte und Eigenschaften im Detail an, die dem Kung-Fu-Schüler zu einer positiven Lebenseinstellung verhelfen:

A wie Aufmerksamkeit
Wer neue Techniken erlernen und die nächste Graduierung erreichen möchte, zollt dem Lehrer volle Aufmerksamkeit. Smartphones und Tablets bleiben draußen, hier wird Wert auf ein ablenkungsfreies Zuhören mit reichlich Augenkontakt gelegt. Und das aus eigenem Antrieb, denn die nächste Schärpenfarbe lockt!

B wie Begeisterung
Neue Freunde finden, sich auspowern, den Alltags- und Schulstress abbauen und sich Stück für Stück in der Hierarchie der Kampfkunstfamilie

hocharbeiten – all das fördert die Begeisterungsfähigkeit und Leidenschaft der Kampfkünstler.

C wie Courage

Nur wer an sich selbst glaubt und auf sich selbst vertraut, nur wer weiß, wie brenzlige Situationen umgangen oder möglichst gewaltfrei gelöst werden können, kann Mut und auch Zivilcourage beweisen.

D wie Dankbarkeit

Die Kampfkunst öffnet eine neue Sicht auf das Leben und auf die Menschen, die uns dieses Leben so angenehm wie möglich machen. Wer erfahren hat, was »harte Arbeit« (chinesisch: »Kung-Fu«) bedeutet, lernt, diese auch außerhalb des Dojos (jap. Dojo = Unterrichtsraum) zu erkennen.

E wie Ehrgeiz

Mit der nächsten Prüfung hat der Kampfkunst-Schüler stets ein attraktives Ziel vor Augen: die nächste Graduierung, die nächste Farbe der Schärpe zu erreichen. Ein gesunder Ehrgeiz verhilft auch im schulischen und beruflichen Leben zum Erfolg.

F wie Fleiß

Der Fleiß knüpft beinahe nahtlos an den Ehrgeiz an, denn hohe Ziele verlangen nach viel Arbeit und noch mehr Schweiß. Warum im Leben nicht auch mal nach den Sternen greifen? Mit Fleiß werden viele Träume wahr!

G wie Geduld

Nur wer die neuen Techniken beherrscht, wird zur nächsten Prüfung zugelassen. Doch neue Formen, neue Hand- und Fußkombinationen sowie neue Methoden der Selbstverteidigung lassen sich nicht übers Knie brechen. Ständige Wiederholungen und viel Zeit, um das nötige Körpergefühl aufzubauen, bringen den Kampfkunstschüler wirklich voran.

H wie Hingabe

Kung-Fu weckt die Leidenschaft und Hingabe eines Schülers. Er wird Teil einer alten Tradition, die nicht nur seinen Körper, sondern – sofern er sich darauf einzulassen vermag – auch seine Seele stärkt.

I wie Integrität

Der Kung-Fu-Schüler versteht sich als Teil einer kampfkünstlerischen Gemeinschaft, er entwickelt ein Zusammengehörigkeitsgefühl, das er sich bewahren möchte. Ehrlichkeit und Vertrauen bilden dafür – wie in einer richtigen Familie – die Basis.

J wie »Ja zum Leben!«

Power, Action, Spaß. Ziele, Erfolge, Bestätigung. Die Kampfkunst vermittelt ein positives Lebensgefühl, das in Zeiten von Burn-outs und Depressionen (die schon im Schulalter zunehmend auftreten) von unschätzbarem Wert ist.

K wie Konzentration

Aufmerksam zuhören, die gezeigten Übungen in sich aufnehmen und anschließend selbst umsetzen. Der Schüler schult seine Konzentrationsfähigkeit, ohne es zu bemerken.

L wie Leidenschaft

In einer Gesellschaft, die immer oberflächlicher und ichbezogener zu werden scheint, ist es eine wichtige und wertvolle Erfahrung, sich einer Sache in aller Tiefe und mit voller Leidenschaft widmen zu können.

M wie (Mit-)Menschlichkeit

Mit voranschreitender Graduierung übernimmt der Kampfkunstschüler mehr und mehr Verantwortung für nachfolgende Kampfkunst-Generationen. Er vermittelt sein Wissen und lernt, den anderen weder zu über- noch zu unterfordern. Er entwickelt ein sensitives Einfühlungsvermögen für seine Mitmenschen, ein besonderes Verständnis für andere Situationen, Sorgen, Einstellungen.

N wie Neugier

Ist der Schüler erst vom Kung-Fu-Fieber gepackt, so kann er es kaum erwarten, neue Techniken und neue Fakten über seine Leidenschaft zu erlernen. Neugier ist oft ein eher negativ behafteter Begriff, doch die Neugier – sofern nicht krankhaft – treibt uns im Leben voran. Durch Neugier verlangen wir nach mehr Wissen und erhöhen unsere Lernbereitschaft.

O wie Offenheit

Kampfkunst ist international: Ihre Wurzeln liegen in China, Japan, Korea, Frankreich, Brasilien und in unzähligen anderen Ländern dieser Welt. Sie beruhen auf uralten Traditionen und Kulturen. Der Kampfkunst-Schüler kann und wird seine erwählte Kampfkunst erst dann wirklich begreifen, wenn er sich diesen Traditionen und Kulturen öffnet.

P wie Partnerschaft

Kung-Fu ist kein Einzelsport. Es setzt sich sowohl aus Einzel- wie auch aus etlichen Partnerübungen zusammen – insbesondere im Bereich der Selbstverteidigung. Rücksichtnahme und Teamfähigkeit sind für den Erfolg einer Übung essenziell – Charaktereigenschaften, die heutzutage in beinahe jeder Stellenausschreibung gefordert sind.

Q wie Qualität

In der Kampfkunst geht es nicht darum, mit einer Technik schnell fertig zu werden oder in möglichst wenig Zeit möglichst viel zu lernen. Es geht vielmehr um die saubere Ausführung einer Übung und den Willen, täglich an sich zu arbeiten, um mit jedem Mal ein bisschen besser zu werden.

R wie Respekt

In einer Kampfkunst wie dem chinesischen Kung-Fu zählt der Respekt gegenüber Älteren zu den wertvollsten Eigenschaften eines Menschen: Respekt vor dem Lehrer, Respekt vor den Eltern, aber auch der Respekt gegenüber Gleichaltrigen und Jüngeren, denn in der Kampfkunst gilt derjenige als »älter«, der seit längerer Zeit Teil der Kampfkunstfamilie ist (vgl. Kap. 2.3 – Hierarchie in der Kung-Fu-Schule).

S wie Selbstbewusstsein

In der Kampfkunst wachsen wir über uns selbst hinaus. Wir halten durch, wenn wir eigentlich lieber aufgeben möchten. Wir erreichen Ziele, die wir uns zuvor nicht zugetraut hätten. Und mit jeder Prüfung legen wir zugleich auch eine Reifeprüfung ab, die unser Selbstbewusstsein und das Selbstwertgefühl stärkt – ebenfalls unschätzbar wichtige Eigenschaften in unserer Ellbogen-Gesellschaft.

T wie Toleranz

Kampfkunst verurteilt einen Menschen nicht, nur weil er nicht in die Norm passt. Zu dick, zu dünn, zu klein, zu groß – all das zählt in der Kung-Fu-Schule nicht. Jeder wird angenommen, so wie er ist. Unabhängig von seiner Hautfarbe, Kultur oder Religion.

U wie Umsichtigkeit

Insbesondere bei partnerschaftlichen Übungen mit jüngeren Kampfkunstschülern ist es wichtig, auf das richtige Maß zu achten: den Partner im Blick zu behalten, sich selbst auch mal zurückzunehmen und Rücksicht zu üben.

V wie Vertrauen

Um seine Ziele in der Kampfkunst zu erreichen, ist es elementar, dem Lehrer zu vertrauen, denn dieser hat oft den besseren und geschulteren Blick dafür, was der Schüler zu leisten imstande ist. Der Meister schickt keinen Schüler in die Prüfung, ohne davon überzeugt zu sein, dass der Schüler auch wirklich bereit ist. Doch Vertrauen ist kein schnelles Geschenk, es bildet sich wie eine zarte Pflanze und wächst im Laufe der Zeit.

W wie Würde

Eine Kampfkunst verlangt, mit Stolz und Würde ausgeführt zu werden. Gerade Schultern, gerader Rücken, aufrechte Haltung, direkter Blick.

Dies sorgt nicht nur für eine gesunde Körperhaltung, sondern bewirkt zugleich auch eine würdevolle und selbstbewusste Ausstrahlung.

X wie Xenophilie

Zugegeben, es war nicht einfach, eine Charaktereigenschaft mit »X« zu finden. Doch tatsächlich passt auch die Xenophilie ins Repertoire eines Kung-Fu-Künstlers, denn sie bedeutet, keine Angst vor fremden Dingen und Menschen zu haben, sondern aufgeschlossen durchs Leben zu gehen.

Y wie ...

Ok, an dieser Stelle mussten wir uns dann doch geschlagen geben.

Z wie Zielstrebigkeit

Mit der Zielstrebigkeit erlangen wir eine weitere Eigenschaft, die uns in der Schule, im Job und im Leben antreibt. Mit der neuen Prüfung, vielleicht sogar mit dem Traum von Schwarz hat der Kung-Fu-Schüler stets sein Ziel vor Augen – ein Ziel, für das es sich zu kämpfen lohnt.

Einen Kung-Fu-Schüler – insbesondere Klein- und Schulkinder – mit all diesen Werten zu konfrontieren, würde zwangsläufig zu einer Überforderung führen. Aus diesem Grund konzentrieren sich modern orientierte Kung-Fu-Schulen – wie z. B. das Hu Chuan Pai Kung-Fu-System (vgl. Kap. 4.4 – Hu Chuan Pai Kung-Fu) – auf eine Auswahl von Werten, die dem Schüler im Unterricht bewusst vermittelt werden:

- Anerkennung
- Aufmerksamkeit
- Disziplin
- Kontrolle
- Motivation
- Mut
- Respekt.

Es handelt sich hierbei um ein Belohnungssystem in Form von Streifen, die sich jeder Schüler für die Zulassung zur nächsten Graduierungsprüfung erst verdienen muss. Damit soll verhindert werden, dass wichtige Eigenschaften nur ein einziges Mal thematisiert, essenzielle Werte nur ein einziges Mal erlernt werden – es findet vielmehr ein fortlaufender Prozess statt, der in dem Schüler ein Bewusstsein für traditionelle, aber auch in modernen Zeiten wichtige Werte wachsen lässt. Die besagten Streifen können sowohl im Unterricht als auch in der Schule oder zu Hause erworben werden, denn Kung-Fu bezieht sich nicht allein auf das Erlernen einer Kampfkunst. Hier werden auch die Eltern in die Pflicht genommen, die dem Kung-Fu-Lehrer Feedback über die Entwicklung ihres Kindes geben: Stellt sich ein ansonsten eher ängstliches Kind mutig neben den besten Freund, der von seinen Mitschülern geärgert wird, oder lässt es die Blutabnahme tapfer über sich ergehen, so verdient es sich den Streifen für Mut. Schaffen die kleinen Wirbelwinde es, den Eltern und Lehrern aufmerksam zu folgen, so verdienen sie sich den Streifen für Aufmerksamkeit – oder alternativ auch für Disziplin. Diese Vorgehensweise motiviert Kinder nicht nur innerhalb des Kung-Fu-Unterrichtes, sondern erzielt auch eindrucksvolle Erfolge in Bezug auf die Motorik oder schulischen Leistungen. Es fördert unter anderem auch die sozialen, zwischenmenschlichen Kompetenzen. Und um diesen positiven Lerneffekt noch zu unterstützen, werden die Streifen und der Grund für eine solche Belohnung im Kung-Fu-Unterricht besprochen. Hat der Schüler alle notwendigen Techniken erlernt und sich die erforderlichen Streifen verdient, so wird er für die nächste Prüfung zugelassen. Obgleich ein solches Streifensystem im Kung-Fu-Unterricht für Erwachsene keine Anwendung findet, stellen auch viele junge und ältere Erwachsene eine Stärkung ihres Charakters und ein tieferes Bewusstsein für Werte fest.

2.3 Hierarchie in der Kung-Fu-Schule

Kung-Fu – so erfährt der Schüler recht schnell – ist keine Demokratie. In ihrer Hierarchie – insbesondere der für westliches Empfinden sehr starken Verehrung des Meisters – erinnert die chinesische Kampfkunst vielmehr an eine Monarchie, vielleicht sogar an eine Diktatur. Tatsächlich beruht die Hierarchie einer Kung-Fu-Schule jedoch auf dem patriarchalisch geprägten Bild einer chinesischen Familie. Um diese Familienhierarchie zu begreifen, müssen wir uns mehr als zwei Jahrtausende zurück in die Vergangenheit Chinas begeben – in die Jahre 551 bis 479 v.Chr. und damit in die Lebzeiten von Konfuzius.
Konfuzius war Philosoph, seine Lehren prägten die chinesische Kultur wie keine andere. Doch die Gesellschaft durchlitt zu seiner Zeit starke Erschütterungen und suchte nach stabilen Verhältnissen in einer festen Ordnung. Ausgehend von der Würdigung der Familie als kleinstem Baustein eines Staates galt: Ist die Familie nicht im Fluss, so schadet dies der gesamten staatlichen Ordnung. Umgekehrt aus-

gedrückt: Eine geordnete Gesellschaft setzt eine funktionierende Familie voraus.
Das patriarchalische Familienmodell war längst fester Bestandteil der chinesischen Kultur. Und so gründete auch Konfuzius sein Modell der Familie auf die erhobene Stelle der Vaterfigur:

- Der Vater – »Fu« – steht an der Spitze der Familienhierarchie.
- Zwar nicht auf Augenhöhe, aber dennoch an seiner Seite befindet sich die Mutter – »Mu«.
- Die Kinder – »Xiaohai« – schulden ihren Eltern lebenslangen Dank für das Geschenk des Lebens.
- Der ältere Bruder – »Xiong« – bzw. die ältere Schwester – »Jie« – darf von den jüngeren Geschwistern ebenfalls Respekt und Wertschätzung erwarten.

Die Verehrung der Eltern und der Respekt vor den Familienältesten entspringen also dem tiefen Pflichtgefühl der Kinder. Fürsorge, Wertschätzung, Achtung und ständige Dienstbereitschaft wurden und werden auch heute noch ebenso erwartet wie die bedingungslose Unterwerfung unter den väterlichen Befehl. Nur durch die Aufgabe des eigenen Willens zugunsten der gemeinschaftlichen Interessen glaubte Konfuzius, die familiäre – und damit untrennbar verbunden auch die gesellschaftliche – Ordnung wiederherstellen zu können.
Doch es ist nicht allein die chinesische Familienhierarchie, die Einfluss auf die Kung-Fu-Ordnung nimmt. Um die herrschende Meisterverehrung nachzuvollziehen, ist es auch notwendig, das traditionelle Verständnis des Studiums zu erfassen. Das Lernen stellte für Konfuzius einen Entwicklungsprozess dar: das ständige Streben nach Höherem. Im Studium sah er den Weg zur Moralität, sprich: Der anfänglich kleine, selbstbezogene Mensch entwickelt sich im Laufe der Zeit zu einer vollkommenen Stütze der Gemeinschaft. Auch die moderne Definition des Lernens beschreibt einen Prozess der Verhaltensänderung:
Unter dem »Verhalten eines Menschen« versteht die Psychologie alle Äußerungen, zu denen er fähig ist: sich zu bewegen, zu sprechen, zu handeln, auf Umwelteinflüsse zu reagieren etc. Dabei zeigt es sich, dass der Mensch in den verschiedenen Phasen seines Lebens auch unterschiedliche Verhaltensweisen aufweist. Um nun zu erklären, warum der Mensch zum Zeitpunkt A über andere Verhaltensmöglichkeiten als zum Zeitpunkt B verfügt, nutzt die Psychologie zwei Ansätze:

- Da ist zum einen der Prozess des Alterns zu nennen. Wir Menschen durchlaufen einen biologischen Entwicklungs- und Rückentwicklungsprozess, der unsere Verhaltensweisen beeinflusst.
- Zum anderen lassen wir Menschen uns auch von äußeren Einwirkungen – den sogenannten äußeren Reizen – antreiben. Wir zeigen ein bestimmtes Verhalten, erfahren eine Konsequenz, zum Beispiel positive oder negative Reaktionen unserer Mitmenschen, und beschließen infolgedessen, dieses Verhalten zu ändern. Diesen Prozess beschreibt die Psychologie als »Lernen«.

Der Lehrer – »Shi« – verfügt über all das, was der Schüler erlernen möchte: Erfahrung, Wissen, Fähigkeiten. Der Lehrer ist bereits vollkommen und damit nahezu heilig in den Augen seines Schülers. Der Schüler hingegen beginnt seine Ausbildung als unmoralischer und ichbezogener »Un-Mensch«, der im Kreise älterer Schüler lediglich geduldet wird. Erst nachdem er auch die niedersten Arbeiten verrichtet und über mehrere Jahre Mut, Geduld und Durchhaltevermögen bewiesen hat, verdient er Respekt. Dann wird auch er die Charakterstärke neuer Schüler auf eine harte und lange Probe stellen. Training, Unterweisung, Erziehung, Tests und Prüfungen – all dies sind die Etappen eines jeden persönlichen und sehr individuellen Reifeprozesses.

Von den Vorfahren zu lernen, stellte für Konfuzius die Verbindung der Gegenwart zur Vergangenheit dar. Und der heute noch geltende Respekt des Schülers vor dem Meister erinnert an das traditionelle Kung-Fu und seine chinesischen Wurzeln.

10 Wege, dem Meister Respekt zu zollen

1. Lehrer sind nicht mit ihrem persönlichen Namen, sondern ausschließlich mit dem ihnen verliehenen Titel (vgl. Kap. 2.4 – Stammbaum einer Kung-Fu-Familie) anzusprechen. Dies gilt sowohl während als auch außerhalb der Unterrichtsstunden.

2. Kameradschaftliche Neckereien und vertraute Körperkontakte – wie zum Beispiel Umarmungen – sind zu vermeiden, denn sie verwischen die Hierarchie. Eine Ausnahme stellen Kontakte dar, die vom Meister selbst ausgehen, was dann als große Ehre für den Schüler zu werten ist.

3. Beim Betreten des Unterrichtsraums hat der Schüler den Meister angemessen zu begrüßen – ebenso wird von dem Kung-Fu-Schüler nach dem Unterricht ein respektvolles Abgrüßen durch Verbeugung erwartet.

4. Stehen mehrere Meister im Gespräch zusammen, so hat der Schüler sie nicht zu unterbrechen, sondern geduldig abzuwarten, bis er die Aufmerksamkeit seines Meisters erhält.

5. Es gilt als Zeichen mangelnden Respektes, wenn der Schüler seine Arme in unmittelbarer Nähe zu seinem Meister vor der Brust verschränkt, die Hände in die Hüfte stemmt oder in die Taschen steckt, unaufgefordert auf dem Boden sitzt oder eine sonstige teilnahmslos anmutende Haltung annimmt.

6. Unangemessen ist es auch, den Meister während des Unterrichts zu unterbrechen oder seinen Ausführungen nicht mit voller Aufmerksamkeit zu folgen. Ein provokantes oder besserwisserisches Verhalten ist mehr als unangebracht und wirft ein schlechtes Licht auf den Schüler.

7. Kommt der Schüler zu spät zum Unterricht, so ist dies in traditioneller Hinsicht als mangelnde Wertschätzung der Unterweisung durch seinen Meister zu werten. Der Schüler hat den Meister respektvoll um Erlaubnis zu bitten, den Unterrichtsraum trotz der Verspätung betreten zu dürfen – er sollte allerdings mit einer hierzulande zwar seltenen, jedoch durchaus möglichen Verweigerung dieser Erlaubnis rechnen.

8. Überreicht der Meister dem Schüler einen Gegenstand – zum Beispiel eine Urkunde oder die neue Schärpe nach erfolgreich bestandener Prüfung – so hat der Schüler diesen Gegenstand stets mit beiden Händen in Empfang zu nehmen.

9. Das Schüler-Meister-Verhältnis gilt auch jenseits der Trainingsmatten: Begegnet der Schüler dem Meister also zufällig auf der Straße oder zum Beispiel bei Feierlichkeiten, so hat der Schüler dem Meister denselben Respekt zu erweisen, den der Meister während des Unterrichts verdient.

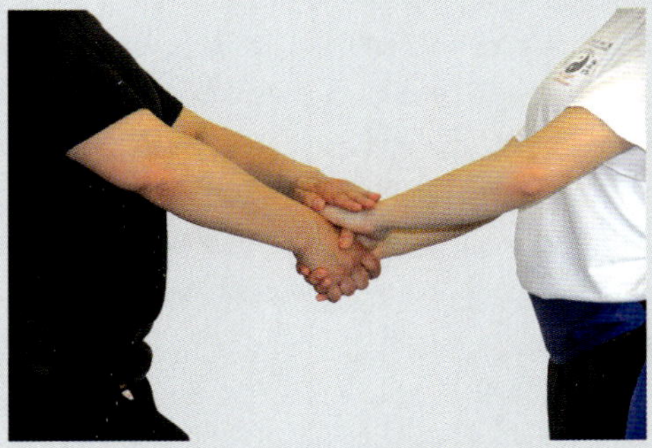

10. Die höchste Form des Respekts liegt in der Hingabe zum Kung-Fu, im Vertrauen zum Meister und in der Disziplin bei den Übungen. Durch diese Eigenschaften erweist sich der Schüler als würdig, von seinem Meister in der ehrwürdigen Kunst des Kung-Fu unterrichtet zu werden.

2.4 Stammbaum einer Kung-Fu-Familie

Im Kung-Fu sprechen wir von einer Familie, dementsprechend beruhen auch die Titel der Meister und Schüler auf den chinesischen Bezeichnungen für einzelne Familienmitglieder:

- Den Meister-Titeln wird das chinesische Wort für »Lehrer« – »Shi« oder »Si« – vorangestellt.
- Schüler erhalten das chinesische Wort für »Schüler« – »To« – vor ihrem Namen.

Mit der Aufnahme in die Kung-Fu-Schule wird der neue Schüler automatisch zum To-Suen und später zum To-Dai; Lehrertitel hingegen verleiht das Familienoberhaupt, um jene Meister zu ehren, die sich in der Vergangenheit und Gegenwart besonders um die Schule verdient gemacht und eine hohe Loyalität bewiesen haben. Die nachfolgende Übersicht veranschaulicht Rangfolge und Titel, wie sie aus Sicht der Kung-Fu-Schüler zu betrachten sind.

In westlichen und modernen Kung-Fu-Schulen sind in der Regel nur noch die in dunkler Schrift dargestellten Titel geläufig, um das familiäre System für die Schüler überschaubar und unkompliziert zu halten. Seinen Si-Gung, Si-Fu, Si-Hing und seine Si-Je mit Titel anzusprechen, ist zunächst zwar ungewohnt, jedoch weder unmodern noch unterwürfig, sondern lediglich ein Zeichen des Respekts und der Anerkennung.

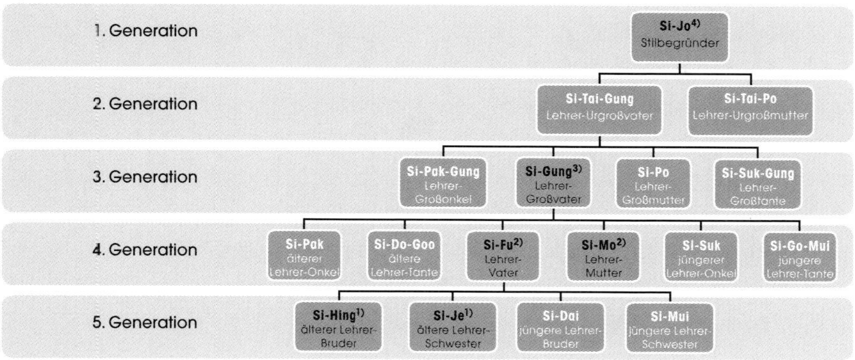

1) Si-Hing/Si-Je

Die älteren Geschwister stehen dem Schüler meist am nächsten. In traditionell geführten Schulen würden sie außerhalb der »öffentlichen« Kung-Fu-Stunden von ihrem Si-Fu unterrichtet, um ihr Wissen ausschließlich an den langjährigen Schüler – den To-Dai – weiterzugeben. Der To-Dai wiederum gibt seine Kenntnisse an den neuen Schüler – den To-Suen – weiter, der sich die Aufmerksamkeit der Meister erst noch erarbeiten und verdienen muss. In modernen Schulen verschwinden diese Grenzen, zumal sie auch praktisch nicht immer einfach umzusetzen sind. Hier stehen Si-Hing und Si-Je dem Schüler als Vertrauenspersonen zur Verfügung und entlasten ihren Si-Fu, indem sie die für die Kung-Fu-Schule wirklich wichtigen Informationen für ihn herausfiltern.

Die Bezeichnung »älter« bezieht sich dabei keinesfalls auf das biologische Alter, sondern ist im Zusammenhang mit der Zugehörigkeit zur Kung-Fu-Familie zu sehen. Ein dreißigjähriger Kung-Fu-Anfänger würde also auch einen zwanzigjährigen Si-Hing, der seit seinem sechsten Lebensjahr die Kunst des Kung-Fu erlernt, als »älteren Bruder« titulieren.

2) Si-Fu/Si-Mo

Bei dem Si-Fu handelt es sich um den väterlichen Lehrer des Kung-Fu-Schülers. Hierbei ist zu beachten, dass der Kung-Fu-Schüler nicht nur seinen eigenen Si-Fu mit Titel anzureden hat, sondern auch den Sifu einer anderen Schule. Der Unterschied zeigt sich bereits in der Schreibweise: Der persönliche »Si-Fu« wird in der Regel mit Bindestrich geschrieben, bei dem »Sifu« einer anderen Kung-Fu-Familie fehlt dieser Teilstrich (Ab-

weichungen sind von Schule zu Schule möglich). Zudem fällt die respektvolle Anrede »Sifu« mitsamt Vor- oder Nachnamen des Meisters, zum Beispiel »Sifu Andreas«, während der eigene Si-Fu lediglich mit seinem Titel angesprochen wird.
Ein Si-Fu muss übrigens nicht zwangsläufig ein Mann sein, denn es gibt durchaus auch weibliche Kung-Fu-Meister, die den Titel »Si-Fu« tragen. Dies ist darauf zurückzuführen, dass der Titel »Si-Mo« (Lehrer-Mutter) einst an die Ehefrau des Si-Fu gerichtet war, die sich aufopferungsvoll um Kleidung und Ernährung der Lehrer wie auch Schüler kümmerte. Es obliegt allein der Entscheidung des Meisters, ob er den Titel »Si-Fu« oder »Si-Mo« verleihen möchte – auch hier gibt es von Schule zu Schule individuelle Betrachtungsweisen.

3) Si-Gung
Der Si-Gung ist der Lehrer-Großvater des Schülers, also der Si-Fu des Si-Fu. Zur Verdeutlichung folgendes Beispiel:
Ein Kung-Fu-Schüler schließt sein langjähriges Kung-Fu-Studium erfolgreich mit der Meisterprüfung ab. Nach einiger Zeit erhält er aufgrund seiner Loyalität den Titel des »Si-Hing« verliehen. Der neue Si-Hing eröffnet eine eigene Schule – vielleicht eine Zweigstelle der Schule seines Si-Fu, vielleicht aber auch unter eigenem Namen. Die enge Verbindung zwischen Si-Hing und Si-Fu bleibt bestehen: So wie Kinder immer die Kinder ihrer Eltern bleiben, so bleibt der Kung-Fu-Schüler immer Schüler seines Meisters. Eines Tages ehrt der Si-Fu seinen ergebenen Schüler zusätzlich mit dem Titel »Si-Fu« – dieser führt somit nun zwei Titel: »Si-Hing« und »Si-Fu«.
Tatsächlich sind fortan auch beide Titel in der Kung-Fu-Schule gebräuchlich: Für bestehende Schüler bleibt er der große Lehrer-Bruder, also der Si-Hing. Neue Schüler reden ihren Meister bereits mit Lehrer-Vater, sprich Si-Fu, an. Der Si-Fu des Si-Fu wird folglich automatisch zum Lehrer-Großvater bzw. zum Si-Gung – denn zwei Väter sind in traditionellen Familiensystemen eher selten.

4) Si-Jo
Der Si-Jo ist Lehrer und Meister der ersten Generation, sprich: der Gründer einer neuen Kung-Fu-Familie. Er steht unangefochten an der Spitze der Kung-Fu-Hierarchie.

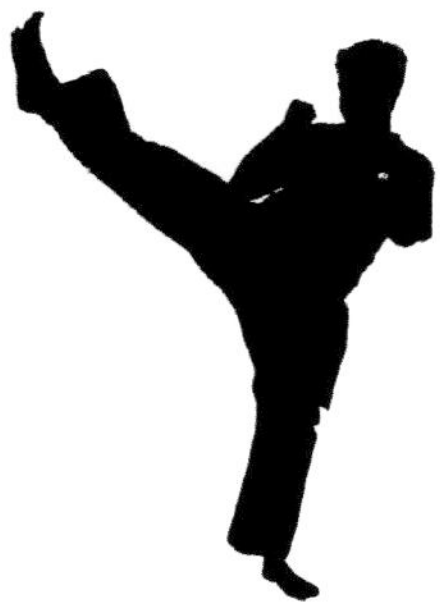

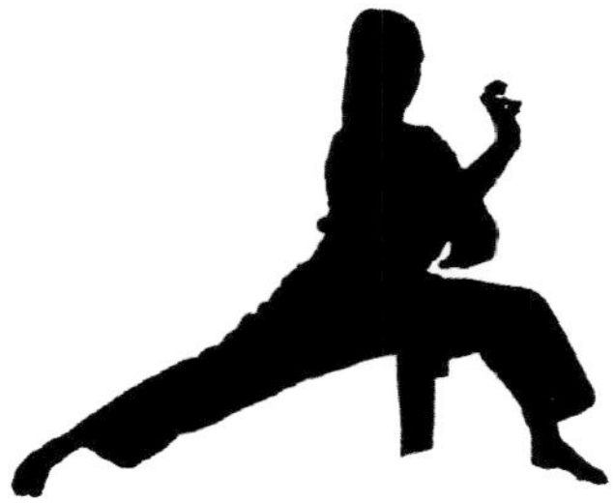

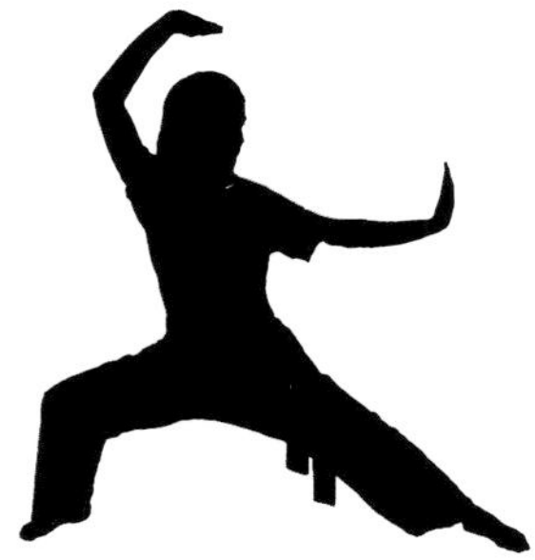

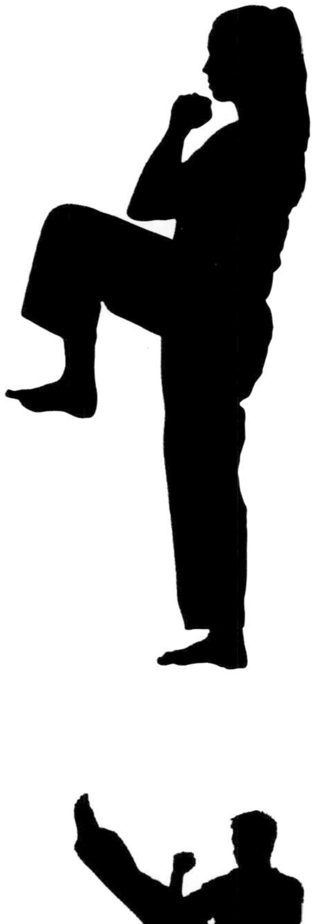

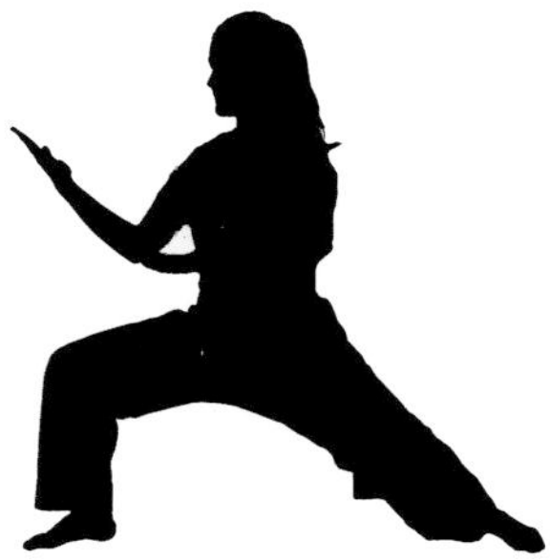

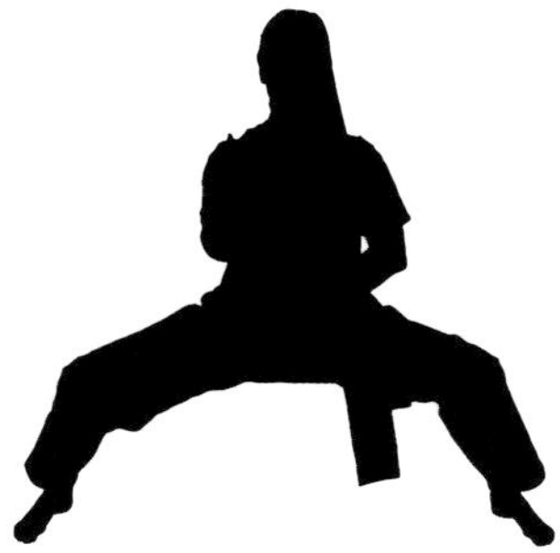

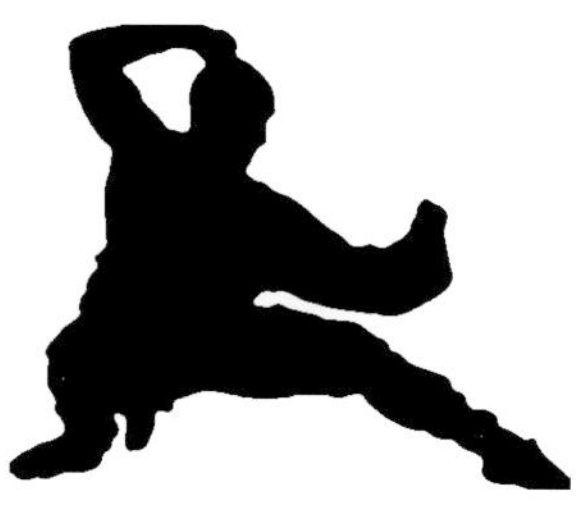

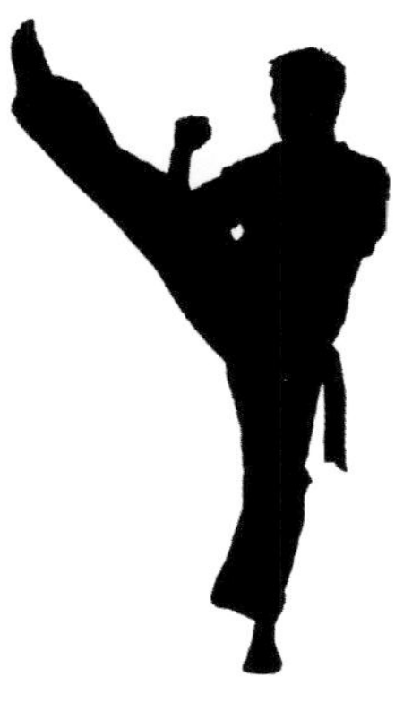

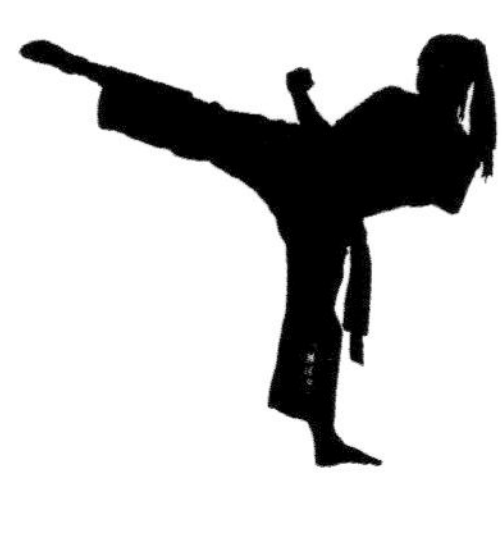

3 Vorurteile und Wahrheiten

»Gutes kann niemals aus Lüge und Gewalt entstehen.«

Mohandas Karamchand Gandhi, ind. Rechtsanwalt und Widerstandskämpfer, 1869–1948

Kung-Fu verdankt seinen weltweiten Bekanntheitsgrad nicht zuletzt den großen Kampfkunst-Legenden vergangener und moderner Tage: Bruce Lee, Jet Li und natürlich Jacky Chan, der in der bekannten Fortsetzung von »Karate Kid« mit Jaden Smith bemerkenswerterweise Kung-Fu statt Karate unterrichtete. Nicht zu vergessen natürlich: Po, der etwas unbeholfene, aber doch herzensgute Drachenkrieger aus »Kung-Fu Panda«, der für einen enormen Schub an Nachwuchs-Kampfkünstlern in den Kung-Fu-Schulen sorgte.

Dennoch sind viele Vorurteile in den Köpfen der Menschen verankert, und den Kung-Fu- und Kampfkunstverbänden steht noch sehr viel Aufklärungsarbeit bevor. Was also ist Vorurteil, was ist Wahrheit?

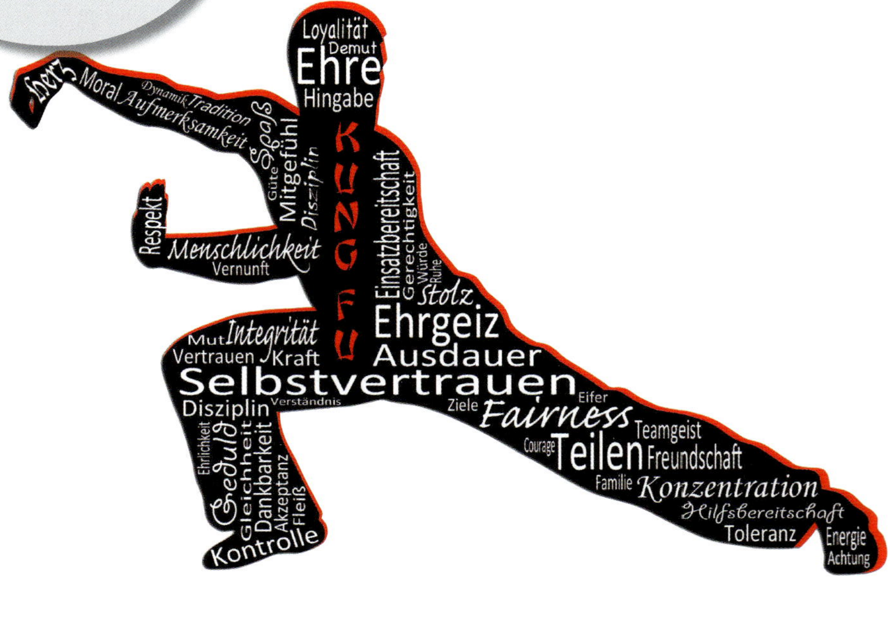

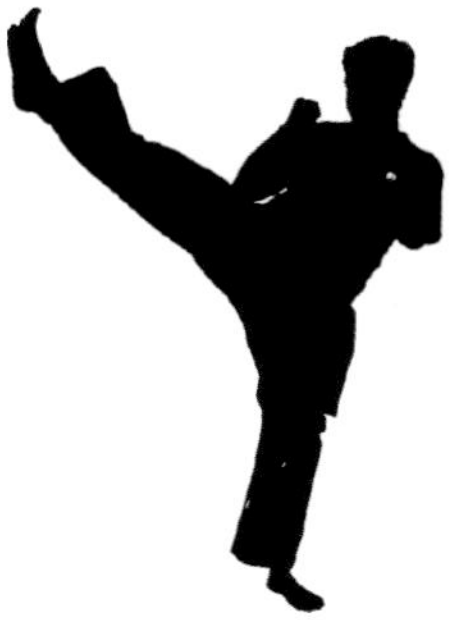

»Schwarz schaffen nur echte Sportskanonen!«
Nein, niemand verlangt von dem Kung-Fu-Schüler, gesprungene Tritte in vollkommener Perfektion zu vollführen. Wie die deutsche Übersetzung dieser Kampfkunst bereits sagt, geht es im Kung-Fu darum, »etwas durch harte Arbeit zu erreichen«. Es geht darum, die eigenen Grenzen zu überwinden, Schmerzen der Anstrengung zu ertragen und jeden Tag über sich selbst hinauszuwachsen. Menschen mit körperlichen Gebrechen oder beispielsweise einem starken Körperbau können die Techniken vielleicht nicht makellos ausführen – doch sie dürfen sich nach Jahren des Unterrichts ebenfalls der mehrstündigen Prüfung zum ersten Dan stellen, wenn der Meister sie für »bereit« hält.

»Kung-Fu hilft Schlägern und Straßengangs, noch brutaler zuzuschlagen!«
Es wäre gelogen, zu behaupten, dass jeder neue Schüler ausschließlich mit den besten Vorsätzen und frei von arglistigen Hintergedanken zum Kung-Fu-Unterricht kommt. Die Erfahrung zeigt allerdings, dass Schüler, die offensive Angriffstechniken suchen, nicht lange Teil einer Kung-Fu-Familie sind. Kung-Fu vermittelt, dass nur derjenige wahrhaft siegt, der nicht kämpfen muss – und wenn es sich gar nicht vermeiden lässt, dann lediglich zu der eigenen, persönlichen Verteidigung. Es geht nicht darum, sich Fähigkeiten anzueignen, um Schwächere zu schädigen – vielmehr geht es um Mut, um Ausdauer und um die Stärke, auch Niederlagen als wertvolle Lebenserfahrung anzuerkennen und stärker daraus hervorzugehen.

»Kung-Fu ist keine Sportart für Mädchen oder Senioren!«
Sind es nicht gerade junge Mädchen und ältere Menschen, die sich zunehmend von Übergriffen bedroht fühlen? Empfinden Eltern nicht diese ständige Sorge um die Tochter, die sich voller Elan, aber auch ein wenig naiv ins Nachtleben stürzt? Und sind Senioren nicht das erklärte Lieblingsziel von Taschendieben und aggressiven Mitmenschen?
Gerade junge Mädchen, erwachsene Frauen und reife Menschen sollten sich mit Kung-Fu oder einer anderen Kampfkunst auseinandersetzen – nicht unbedingt, um die erlernten Techniken anzuwenden, doch um sie im Notfall anwenden zu können! Allein das Wissen um die erlernte Kampfkunst verleiht dem Kung-Fu-Schüler Selbstbe-

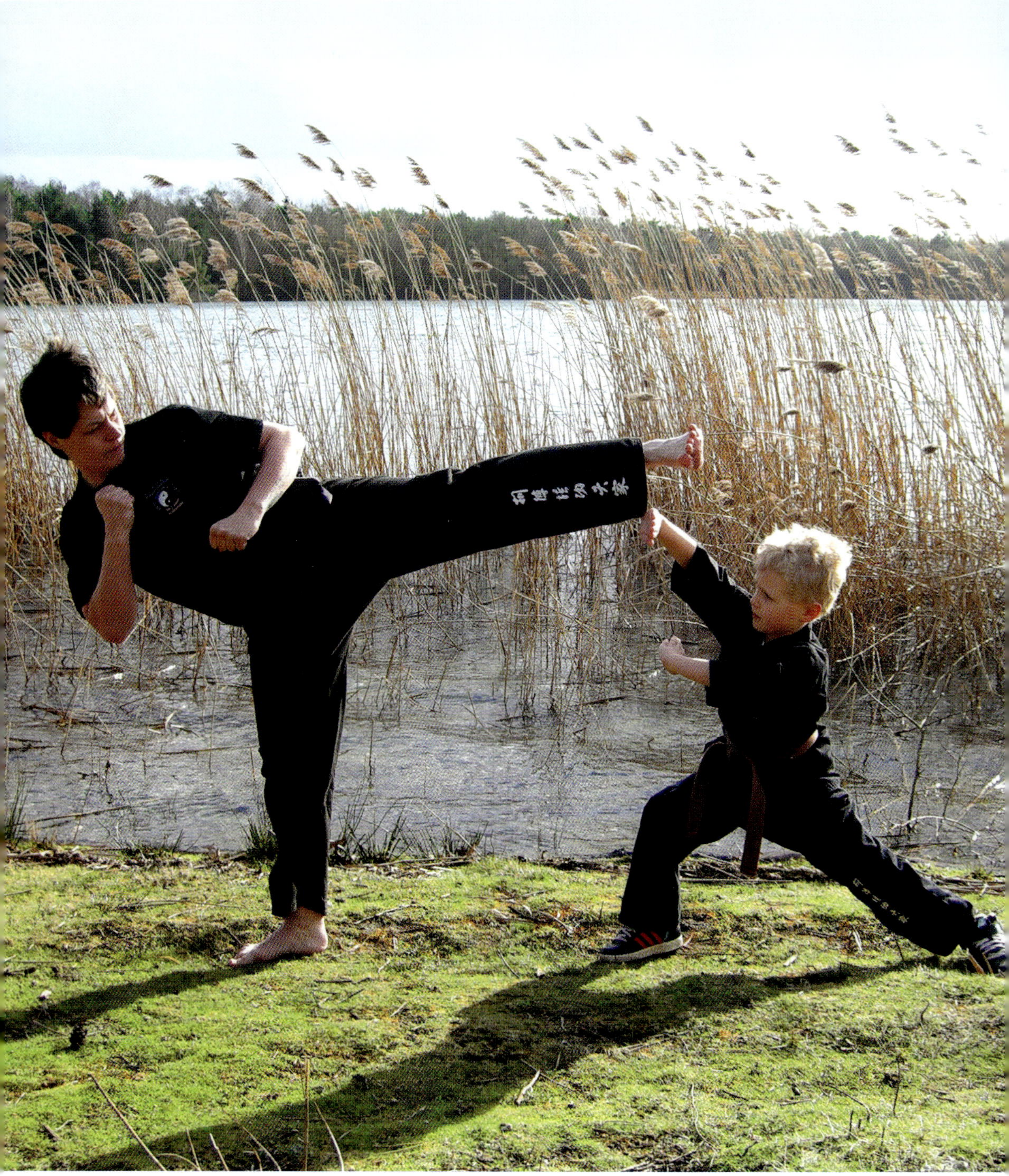

wusstsein und eine sichere Ausstrahlung – eine Ausstrahlung, die potenzielle Angreifer eher abschreckt, denn diese suchen leichte Opfer und machen einen großen Bogen um Menschen, die sich ihrer Haut zu wehren wissen.

»Mein Kind ist zu schüchtern für Kung-Fu!«
Es ist ein Irrglaube, dass ängstliche und schüchterne Kinder im Kung-Fu-Unterricht untergehen. Tatsächlich wirkt sich Kung-Fu sehr förderlich auf das Selbstbewusstsein und Selbstvertrauen aus – unabhängig davon, ob es sich um Kinder oder Erwachsene handelt. Im Kung-Fu lernen sie, sich Ziele zu setzen – zum Beispiel die neue Graduierung – und dieses Ziel aus eigener Kraft auch zu erreichen. Erlerntes Wissen wird an neue Schüler weitergegeben und so auch für sich selbst nochmal vertieft. Der Schüler wächst mit jeder weiteren Prüfung, mit jeder neuen Herausforderung, mit seiner Verantwortung.

»Mein Kind ist schon so wild und wird durch das Kung-Fu nur noch mehr aufgeputscht!«
Kung-Fu beinhaltet eine Charakterschulung, die unter anderem auch auf Werte wie Disziplin abzielt, was insbesondere für wilde, unruhige Kinder interessant ist. Auch ein an ADS (Aufmerksamkeitsdefizit-Syndrom) erkranktes Kind kann durchaus zu einem wertvollen und willkommenen Teil einer Kung-Fu-Familie werden, sofern die Lehrer über die Erkrankung informiert sind, um so auch entsprechend auf den Schüler eingehen zu können.

»Die Verletzungsgefahr ist viel zu hoch!«
Die Verletzungsgefahr im Kung-Fu wird häufig überschätzt, denn in der Regel umfassen Verletzungen, die der Schüler sich während des Unterrichtes zuzieht, maximal den umgeknickten Fuß oder den blauen Fleck am Unterarm. Verletzungen also, die sich der Schüler auch im Haushalt oder unterwegs sehr leicht und schnell zuziehen kann. Beliebte Ballsportarten wie Fußball, Handball oder Feld- bzw. Eishockey weisen ein höheres Potenzial für Knochen- und Kopf-Verletzungen auf, die dann auch längere Rehabilitationszeiten nach sich ziehen.

»Kung-Fu macht dumm!«
Dieses Vorurteil beruht auf der Besorgnis, dass der Kung-Fu-Schüler zu viele Tritte und Schläge vor den Kopf bekommen könnte, was ihn letztendlich verdummen ließe. Hierzu ist festzuhalten, dass Kung-Fu ein auf sich aufbauendes Programm ist, sprich: Der Schüler wächst mit jeder Graduierung in die Techniken und auch Abwehrmethoden hinein. Ein Anfänger mit weißer oder gelber Schärpe braucht nicht zu befürchten, Tritte oder Schläge vor den Kopf zu bekommen. Erst, wenn er gelernt hat, derartige Angriffe effektiv abzuwehren, nimmt der Unterricht an Härte zu, denn nur so erfährt der Schüler ein realitätsnahes Training. Andernfalls wäre er bei einem echten Angriff auf der Straße von der Intensität seines Gegners vollkommen überrascht und mit der Situation überfordert. Kung-Fu macht also nicht dumm, sondern schult vielmehr wertvolle Charaktereigenschaften, die sich auch in der Schule und im Beruf bezahlt machen: Selbstbewusstsein, Zielstrebigkeit, Geduld, Disziplin. Tatsächlich stellen sich viele Kung-Fu-Schüler auch erfolgreich den Anforderungen höherer Schulen und Universitäten.

»Kung-Fu ist langweilig!«
So wie Fußball oder Reiten nicht die richtige Sportart für jeden Jungen oder jedes Mädchen ist, so ist natürlich auch das Gefallen an der Kampfkunst Kung-Fu abhängig von den jeweiligen Vorlieben des Schülers: Der Kampf mit Waffen ist beispielsweise an bestimmte Graduierungen gebunden, während andere Kampfkunstarten den Umgang mit Waffen bereits von Anfang an unterrichten. Auch dem Bodentraining oder der Fallschule kommt von Kampfkunst zu Kampfkunst und von Schule zu Schule eine unterschiedliche Bedeutung zu. Für den einen mag Kung-Fu durchaus langweilig sein, für den anderen entwickelt sich eine vollkommen neue Lebenseinstellung.

»Ich habe Asthma, Rückenprobleme etc. – Kung-Fu ist nicht das Richtige für mich!«
Kung-Fu ist kein Mannschaftssport, und der Schüler mit Handicap – gleich welcher Art – stellt nicht das schwächste Glied der Kette dar. Krankheiten wie Asthma oder Beschwerden am Rücken, Fußgelenk, Knie etc. sollten bereits beim ersten Informationsgespräch offen angesprochen werden, damit der Lehrer von Anfang an auf die Beschwerden eingehen kann. Viele Kung-Fu-Schüler sind an Asthma

erkrankt und erreichen dennoch hohe Graduierungen. Natürlich ist der Kung-Fu-Lehrer in der Regel kein Arzt und kann ein ärztliches Beratungsgespräch nicht ersetzen.

Nicht immer entspringen Vorurteile der eigenen Überzeugung – manchmal werden sie auch von außen an den Kung-Fu-Schüler herangetragen:
So berichten einige Eltern von ablehnenden Äußerungen seitens der Lehrer und Erzieher in Grundschulen und Kindergärten. So wird Kung-Fu-Schülern eher die Schuld an Rangeleien zugewiesen – unabhängig davon, ob die Kids wirklich für die jeweilige Rauferei verantwortlich waren oder lediglich darin verwickelt wurden. »Schließlich« – so die Argumentation – »werden sie ja fürs Kämpfen ausgebildet«. So tadelte eine Kindergärtnerin einen fünfjährigen Kung-Fu-Schüler mit den Worten: »Wenn du dich nicht benimmst, darfst du nicht mehr zum Kung-Fu!« Eine Äußerung, die über die Kompetenzen dieser Erzieherin hinausging, dennoch sollten Eltern sich stets vor Augen halten, dass derartige Bemerkungen meist nur auf Vorurteilen beruhen. Und Vorurteile lassen sich am besten durch Aufklärung aus der Welt schaffen: Eine Einladung zum Kung-Fu-Unterricht – natürlich in Absprache mit der Kung-Fu-Schule – kann die betreffende Person schnell davon überzeugen, dass Kung-Fu den Charakter der Schüler stärkt und formt, ohne sie zu brutalen Schlägern auszubilden. Auch die erwähnte Kindergarten-Erzieherin besuchte den Unterricht ihres Schützlings und entwickelte ein besseres Verständnis für die Kampfkunst. Ein solches Umdenken verbreitet sich zusehends in den Grundschulen und Kindergärten – tatsächlich werden auch hier bereits Unterrichtsstunden durch lokal angesiedelte Kung-Fu-Lehrer angeboten.

Geschichte und Entwicklung

»Nimm dir jeden Tag die Zeit, still zu sitzen und auf die Dinge zu lauschen. Achte auf die Melodie des Lebens, welche in dir schwingt.«

Siddhartha Gautama Buddha, ind. Religionsstifter, 560–480 v. Chr.

4

4.1 Shaolin und die Wurzeln des Kung-Fu

4.1.1 Legenden, Sagen, Überlieferungen

Die chinesische Zivilisation wurde lange vor den meisten anderen Kulturen aus der Wiege gehoben. Schon 8.000 Jahre vor unserer Zeitrechnung erlernten die Chinesen die Kunst des Metallgießens – 2.000 Jahre, bevor es irgendeine andere Zivilisation vermochte, 4.000 Jahre vor den Europäern. Die Wurzeln des Kung-Fu reichen ebenfalls weit in die Vergangenheit zurück: Die Geschichte beginnt vor über 2.000 Jahren. Viele Überlieferungen gingen im Laufe der Jahrhunderte unwiederbringlich verloren, und Legenden füllten diese Lücken. Was also ist wahr, was ist erdichtet?

Wie unser Si-Fu zu sagen pflegt: »Die Geschichte kennt viele Versionen der Wahrheit!« – Und tatsächlich gibt es diverse Erzählungen, die von sich behaupten, die Wurzeln des Kung-Fu zu kennen. Im Folgenden erzählen wir eine dieser Legenden – eine sehr detaillierte Ausführung, die sich in wesentlichen Punkten mit anderen, weit-

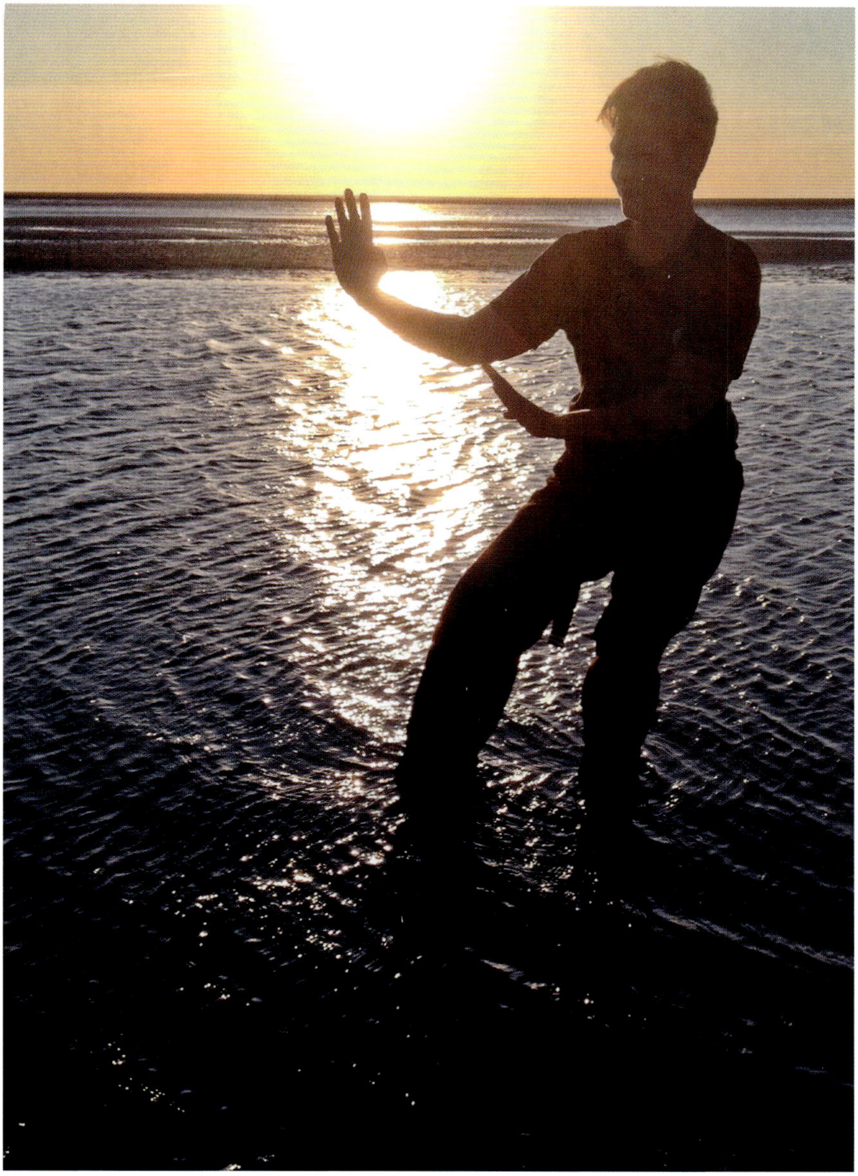

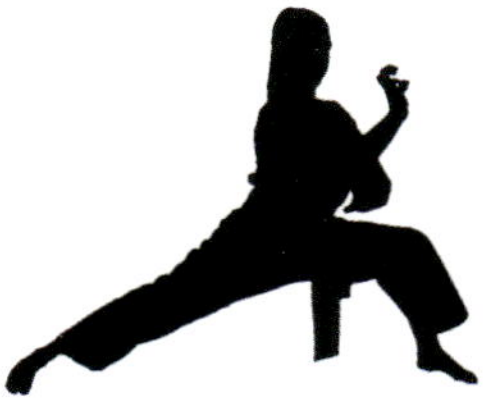

verbreiteten Versionen deckt. Wir erheben nicht den Anspruch, Wahrheit von Sage unterscheiden zu können – wir erheben nicht den Anspruch, dass sich wirklich alles exakt so abgespielt hat. Und doch vermittelt dieses Kapitel einen sehr anschaulichen und interessanten Eindruck der chinesischen Geschichte und Kultur.

Unsere Erzählung beginnt zu einer Zeit, in der sich die Fürstentümer Chinas in Aufruhr befanden. Zu ihrem Schutz errichteten die einzelnen Regionen hohe Mauern von hundert bis tausend Kilometern Länge, die erst im Jahr 221 v.Chr. durch den Kaiser Chin – auch bekannt als Tiger von Qin – niedergerissen wurden. Es gelang ihm, die Fürstentümer Chinas zu versöhnen. Er begründete den ersten einheitlichen Staat in der Geschichte des Landes – eine Einheit, die es neben vereinzelten Widerständen insbesondere vor den Feinden aus dem Norden zu schützen galt. Und so ließ er Teile der früheren Mauern erneuern und ausbauen, bis sie einen einzigen Schutzwall und damit auch die Anfänge eines heutigen Weltwunders, der Chinesischen Mauer, bildeten.
Im Jahre 64 christlicher Zeitrechnung sandte Kaiser Ming eine Delegation in den Westen Chinas, um die Lehren des Buddhismus zu studieren. Erst drei Jahre danach kehrten die Gesandten mit zwei angesehenen indischen Mönchen, den buddhistischen Sutras (Lehrreden) und Figuren auf weißen Pferden zurück. Hundert Kilometer von Luyan entfernt ließ Kaiser Ming einen Tempel errichten, den er den »Tempel des Weißen Pferdes« nannte. Dieser legendäre Tempel diente fortan als Zentrum der buddhistischen Lehren
Rund 440 Jahre später reiste ein indischer Krieger und buddhistischer Mönch durch China, um den Buddhismus neu zu erfahren und weiterzugeben. Er besaß ein großes Herz und half jedem Menschen, der ihn um Hilfe ersuchte. Der zu dieser Zeit herrschende Kaiser vernahm die Botschaft von der Weisheit und Bescheidenheit des Mannes, der sich Buddhabhadra nannte. Er lud ihn ein, für eine Weile an seinem Hofe zu verweilen – eine Bitte, die Buddhabhadra nicht abschlug. Der Kaiser zeigte sich tief beeindruckt und bot ihm an, für immer im Palast zu leben, doch Buddhabhadra bat um eine zugänglichere Bleibe, damit er den Menschen besser dienen könne. Der Kaiser willigte ein und bot ihm mehrere Hektar Land in den Heiligen Bergen der Provinz von Henan an. Ein Ort namens Lin – was übersetzt so viel wie »junge Bäume« oder »neue Bäume« bedeutet – schien als Ort für einen Tempel ideal. Hier entstand also ein Tempel, der »Shaolin« genannt wurde.
Zur gleichen Zeit wurde in Südindien ein kleiner Prinz geboren. Als dritter Sohn des indischen Königs Sughanda gehörte er der obersten Kaste der Brahmanen und als Prinz auch dem Kriegerstand an, weshalb er schon früh in der Kampfkunst unterrichtet wurde. In jungen

Jahren konvertierte er zum Mahayana-Buddhismus. Er wurde Schüler des Mönches Prajnadhara, 27. Generation der Abstammungslinie der Chi'en-Tradition. Der Junge erfuhr einen Unterricht im Mahayana-Buddhismus, der ein hartes Training und anspruchsvolle Übungen als Teil des Meditierens und Lernens betrachtete. Er studierte viele Jahre unter seinem Meister und setzte den indischen Buddhismus nach dessen Tod in der 28. Generation fort. Von nun an trug er den Namen »Bodhidharma«.

Um den letzten Wunsch seines Meisters Prajnadhara zu erfüllen und den Buddhismus auch in China zu verbreiten, begab sich Bodhidharma auf eine Reise gen Osten in den Süden Chinas. Wie zuvor schon Buddhabhadra, so hinterließ auch Bodhidharma einen bleibenden Eindruck bei vielen Chinesen. Sein Ruf drang bis zum Kaiser vor, und auch er wurde eingeladen, den nunmehr neuen Herrscher in Nanjing, der einstigen Hauptstadt Chinas, zu besuchen. Doch diesmal fühlte sich der Kaiser von den Lehren Bodhidharmas bedroht: Bodhidharma wurde des Hofes verwiesen. Bis zu diesem Zeitpunkt hatte er allerdings bereits von dem Tempel des Weißen Pferdes und dem Shaolin-Tempel gehört. Es ist nicht bekannt, ob Bodhidharma jemals einen Fuß in den Tempel des Weißen Pferdes gesetzt hat, dagegen gibt es Zeugnisse von seiner Zeit im Tempel der Shaolin-Mönche.

Als Bodhidharma – inzwischen von den Chinesen der Einfachheit halber »Damo« genannt – den Tempel der Shaolin erreichte, urteilte er recht hart über die schwachen, kränklichen und in seinen Augen faulen Mönche. Als treuer Vertreter des Mahayana-Buddhismus wie auch als Meister der Stab- und der Handtechniken glaubte er unumstößlich an die Notwendigkeit von Leibesübungen, um wahre Erleuchtung zu erlangen. Kaum verwunderlich, dass die Shaolin-Mönche nicht sehr glücklich über eine solche Konfrontation waren – auch sie verwiesen Damo ihres Tempels. Doch sei es wegen der vorherigen Ablehnung durch den Kaiser, sei es wegen seiner Reisemüdigkeit oder sei es, weil ihn der Anblick der Shaolin wirklich sehr abstieß – Bodhidharma beschloss, nicht wieder fortzuziehen. Eine kleine Höhle – rund dreißig Minuten Fußweg vom Shaolin-Tempel entfernt – wurde zu seiner neuen Heimat.

Die Höhle bot ihm einen Rückzugsort, um über Probleme zu meditieren. Viele Überlieferungen behaupten, er habe neun Jahre damit verbracht, eine Höhlenwand anzublicken – die exakte Dauer lässt sich heute nicht mehr genau bestimmen, doch er verbrachte in der Tat eine sehr lange Zeit in dieser Höhle. Eine Zeit voller Begegnungen: Selbst einige der Shaolin-Mönche besuchten ihn hier, denn sie zeigten sich von seiner Entschlossenheit und seinen Fähigkeiten schließlich doch durchaus beeindruckt. Unter den Besuchern fand sich auch She Kuang, vermutlich ein Schüler oder Besucher der Shaolin. She Kuang sollte später der erste Schüler Bodhidharmas werden.

Ob es nun neun Jahre oder neun Monate waren, die Türen des Shaolin-Tempels öffneten sich erneut für Bodhidharma. Die Mönche boten ihm sogar ein eigenes Quartier, was umso erstaunlicher ist, da der Tempel nie sehr viel Platz bot. Kurz nach seiner Rückkehr in den Tempel definierte Damo drei Übungen, welche durch die Mönche später wie folgt beschrieben wurden:

- die Muskel- oder auch Sehnenmetamorphose: Yi Jin Jing
- die Knochenmark-Waschung: Xi Sui Jing
- die 18 Lohan-Hände: Shi Ba Luo Han Shou.

Dies waren die Anfänge des Shaolin-Tempel-Kung-Fu. Bodhidharma ergänzte im Laufe der Zeit weitere Techniken der Selbstverteidigung, die auf seinem Wissen über die indische Kampfkunst beruhten.

Doch als sich das Zeitalter der nördlichen und südlichen Dynastien dem Ende zuneigte, verlangte Kaiser Wu Di der nördlichen Zhou-Dynastie die Vernichtung des Buddhismus. Im Jahre 574 und nochmals im Jahre 577 n.Chr. ließ er sämtliche buddhistischen und taoistischen Bilder zerstören. In der Überzeugung, ihre Tempel seien zu reich und mächtig geworden, entzog er den Mönchen das Land und übergab es seinen eigenen Soldaten. Auch das Shaolin-Kloster wurde geschlossen, die Shaolin-Mönche zerstreuten sich im ganzen Land.

Mit Beginn einer neuen Dynastie – der Tang-Dynastie – und unter einem Herrscher, der selbst an den Buddhismus glaubte, war es den Shaolin gestattet, sich wieder zu vereinen. Inzwischen hatten die Mönche verstanden, dass sie in der Lage sein sollten, sich selbst zu schützen, statt sich weiterhin auf das Wohlwollen anderer zu verlassen. So kam den Lehren der Kampfkunst eine größere Bedeutung zu als je zuvor. Da unter den Mönchen keine erfahrenen Krieger lebten, luden sie Krieger und Meister aus der näheren Umgebung ein, um sich von ihnen unterweisen zu lassen. Sie eigneten sich Fähigkeiten an, die großen Respekt und einen hervorragenden Ruf genossen. Einen Ruf, der eines Tages den Kaiser dazu veranlasste, die Shaolin

um Hilfe zu ersuchen. Er bat sie, seinen Sohn aus der Gefangenschaft zu befreien.
Kurz zuvor hatte General Wang-Shih-Chung eine große Armee um sich gesammelt, um den Herrscher von seinem königlichen Thron zu stoßen und so eine neue Dynastie zu begründen. Li Shimini, der Sohn des Kaisers, wurde mitsamt einer Armee ausgesandt, um den Thronräuber aufzuhalten – dabei geriet dieser in Gefangenschaft und diente als Druckmittel, da General Wang-Shih-Chung drohte, jenen Thronerben zu töten. Die Shaolin schickten dreizehn mit dem Langstock kämpfende Mönche zur Befreiung Li Shiminis. Leise fielen diese während der Dämmerung in das feindliche Lager ein. Sie zerschlugen jeglichen Widerstand und schafften es, den königlichen Sohn zu retten. Aus Dankbarkeit gewährte der Kaiser den Shaolin zusätzliche Länder und Geldmittel, außerdem durften sie 500 kriegerische Mönche ausbilden. Nach dem Tod des Herrschers nahm der von den Shaolin errette Thronfolger seinen ihm bestimmten Platz an der Spitze der Tang-Hierarchie ein – eine tiefe Freundschaft verband ihn mit den Shaolin-Mönchen.
Immer mehr Menschen wollten sich den Shaolin anschließen, um das Shaolin-Kung-Fu zu erlernen. Darunter auch ein reicher und erfahrener Kampfkünstler, der den Namen Chueh Yuan annahm und fortan all seine Studien der Weiterentwicklung des Shaolin-Kung-Fu widmete. Er benötigte einige Jahre, doch schließlich gelang es ihm, den bislang vollkommen unstrukturierten Unterricht in eine Ordnung zu bringen. Seine legendären »72 Fäuste« erwiesen sich als derart effektiv, dass die Shaolin beschlossen, sie ihren 18 Lohan-Händen hinzuzufügen. Um sein System zu testen, begab Chueh Yuan sich auf eine intensive Studien- und Erprobungsreise. Während dieser Reise lernte er Meister Pai Yu-feng, einen etwa 50-jährigen Mann, kennen. Dessen Druckpunkt-Technik beeindruckte den Reisenden so sehr, dass Chueh Yuan ihn überredete, gemeinsam mit ihm zum Shaolin-Kloster zurückzukehren. In den folgenden Jahren kombinierten sie die 18 Lohan-Hände, die 72 Fäuste und die Druckpunkte von Meister Yu-feng und entwickelten daraus die »170 Übungen« – eine Mischung aus Schlägen, Kontrolle, Ausweichmanövern und Kontern. Dies war vermutlich die erste offizielle Einführung der körperlichen Vitalpunkte in die Kampfkunst – heute ist es essenzieller Bestandteil jeder Kampfkunst, auch den menschlichen Körper zu studieren.
Der Shaolin-Tempel entwickelte sich zum berühmtesten Tempel des

Buddhismus. In seinem Schatten siedelte sich ein kleines Dorf an, um den vielen Besuchern eine Herberge zu bieten. Wissen und Informationen wurden geteilt, denn die Weisheit galt als Geschenk und Gnade Buddhas. Da die Kriegsmönche einen Ruf zu verlieren hatten, aber nach den buddhistischen Prinzipien keine Streitigkeiten und Kämpfe herausfordern durften, finanzierten die Shaolin Wettkämpfe. Waffen fanden ihren Weg in den Shaolin-Unterricht, jedoch nicht, um andere Menschen zu verletzen, sondern lediglich zur Verbesserung ihrer körperlichen und geistigen Fitness sowie, um sich gegen Waffenangriffe verteidigen zu können.

Fujian ist eine Provinz im Südosten Chinas. Eine Provinz, die unmittelbar an der Küste liegt und schon damals als Knotenpunkt für den Handel mit Indien, Japan, Korea, Taiwan und dem Rest der Welt galt. Doch Fujian geriet unter Kontrolle von Piraten und Gesetzlosen. Es waren sehr wohlhabende Piraten, die ihre Stellung in Fujian durch Bestechung der Beamten sicherten. Wer sich nicht bestechen ließ, wurde kurzerhand getötet – und so wandte sich also erneut ein Kaiser der Tang-Dynastie an die Shaolin, um Hilfe zu erbitten. Die Shaolin entsandten drei der bereits bei der Befreiung Li Shiminis so erfolgreichen Mönche sowie 500 Mönchskrieger, denn:

- Shaolin sind unbestechlich.
- als Buddhisten fürchten sie sich nicht vor dem Tode.
- als Mönche genießen sie das Vertrauen der Menschen.

Auch wenn die Überlieferungen nicht viel über den genauen Hergang hergeben, so gelang es den Shaolin doch, die Herrschaft der Piraten einzudämmen und Fujian wieder unter imperiale Kontrolle zu bringen.

Der Kaiser zeigte sich sehr dankbar und beschenkte den Shaolin-Tempel unter anderem mit einem noch größeren Areal an Land. Des Weiteren erhielten sie einen mit hundert Jahren noch sehr jungen Tempel in Putian, welcher jedoch rasch zu klein wurde. Es folgten Tempel in Guandong und Hebei. Im 9. Jh. christlicher Zeitrechnung wurde ein Tempel zu Ehren der Shaolin errichtet, doch sowohl den Buddhisten als auch den Tempeln stand noch eine schwere Zeit bevor.

Durch die militärischen und kämpferischen Erfolge geriet die Kampfkunst mehr und mehr in den Fokus der Shaolin-Mönche, dabei schienen sie ihre Wurzeln, bestehend aus Yoga und speziellen Atemtechniken, zu vergessen. Ihr Ruhm, ihr herausragender Ruf, ihr Wohlstand und ihr Status lockten viele junge Menschen in die Tempel der Shaolin. Zu viele – und so musste ein Weg gefunden werden, künftige Mönche von oberflächlichen Anwärtern zu unterscheiden: Der Auswahlprozess wurde strenger. Einige Aufzeichnungen behaupten sogar, dass es eine Woche im Jahr gab, in der auserwählten Neulingen Zugang in den Tempel der Shaolin gewährt wurde. Schon Tage, manchmal Wochen vorher versammelten sich viele Menschen vor dem Tempel; einige von ihnen hatten eine Reise von mehreren Monaten hinter sich. Wer Zutritt erhielt, musste zunächst einige Jahre mit Küchenpflichten verbringen, darunter auch das bekannte Wasser-Schleppen, aber auch putzen, servieren und mehr. Auf der anderen Seite genossen sie eine exzellente Ausbildung, zum Beispiel in den »sechs noblen Fähigkeiten«:

- Kalligraphie
- Mathematik
- den Lehren des Buddhismus
- Poesie
- Geschichte
- Musik.

Es war ein hartes Leben und doch für beide Seiten von Vorteil: Die Shaolin sortierten die Besten der Besten für den nachfolgenden Unterricht zum Shaolin-Mönch aus. Die Auserwählten konnten sich entweder als Shaolin beweisen oder zumindest auf eine Ausbildung vertrauen, die sie unter den besten 1 % der chinesischen Bevölkerung positionierte. Allerdings wurde längst nicht jeder, der die schwere Zeit in der Küche hinter sich brachte, auch als Schüler akzeptiert. Nur diejenigen, die einen Mönch fanden, der sie anerkannte und unter seine Fittiche nahm, durften ihre Ausbildung fortsetzen.

Die zweite Phase des Unterrichts legte ein verstärktes Augenmerk auf den Buddhismus. Doch auch die anderen Lehren gingen in die Tiefe. Viele der Shaolin-Mönche besaßen ein spezielles Erfahrungsfeld – Bereiche, in denen sie sich als Meister erwiesen, zum Beispiel in den noblen Fähigkeiten oder in sonstigen Wissenschaften. Auch die Kriegsmönche wählten neue Schüler aus, um zu alte oder verstorbene Kämpfer zu ersetzen. Das nachfolgende Training brachte die Auserwählten an den Rand der Erschöpfung: Sie absolvierten sehr harte physische und geistige Übungen bei gerade mal vier Stunden Schlaf am Tag: Dauerläufe vor dem Frühstück, ein herausfordernder Kampfkunst-Unterricht, Qigong und ein anspruchsvolles Training des

Durchhaltevermögens als Höhepunkt ihrer buddhistischen Studien und täglichen Meditationen. Dieses Training währte viele Jahre lang, und wer scheiterte, musste den Tempel verlassen. Doch wer ein solch hartes Leben aushielt, wurde als Shaolin akzeptiert.

Währenddessen übernahmen militärische Eunuchen die Kontrolle über die chinesische Regierung, indem sie mehrere Kaiser stürzten und ermordeten. Gleichzeitig wurde China von Feinden aus dem Nordwesten angegriffen. Und die Staatsfinanzen versiegten, da viele Provinzen die Steuerzahlungen an die Regierung einstellten. Einem Mann namens Tang Wuzong gelang es, einen Handel mit den Eunuchen auszumachen und den Thron zu besteigen. Er dämmte ihre Macht ein und erzielte im Jahr 843 einen wichtigen Sieg gegen das Volk der Uyghuren, eine turksprachige Bevölkerungsgruppe in China. Trotz dieser Entwicklungen fehlten noch immer die finanziellen Mittel, um China zum alten Glanz zurückzuführen. Währenddessen flüchteten sich immer mehr Menschen vor dem Militärdienst und der Steuerpflicht in den Buddhismus. Neben den Kriegen, den inneren Unruhen und neben politischen Ausgaben übte auch die steigende Anzahl buddhistischer Tempel finanziellen Druck auf den Staat aus. Der Neokonfuzianismus vertrat die Überzeugung, dass die buddhistischen Lehren von Gleichheit das soziale System der höheren und niederen Kasten gefährdeten. Ihre Manifeste gegen den Buddhismus boten dem Kaiser eine wertvolle Unterstützung für seine Reform: den großen Anti-Buddhismus-Erlass aus dem Jahr 845 christlicher Zeitrechnung.

Um mehr Steuern und damit mehr Geld für die Armee zusammenzutragen, mussten sämtliche Einflüsse aus dem Ausland beseitigt werden. Die buddhistischen Geistlichen verloren jeglichen Besitz, ihre Tempel, ihre Literatur, ihre Ländereien. Auch das Christentum, der Islam, das Judentum und alle sonstigen nicht-taoistischen Religionen litten unter der Verfolgung. Sie endete zwanzig Monate später mit dem Tod des Herrschers Wuzong.

Die nachfolgenden Jahrzehnte waren erfüllt von Revolutionen, feindlichen Invasionen und Unruhen. Misswirtschaft, Intrigen am Hofe des Herrschers und Volksrebellionen schwächten das chinesische Kaiserreich. Zwischen dem endgültigen Niedergang der Tang-Dynastie (im Jahr 907) und 960 n.Chr. bildeten sich im Norden Chinas fünf schnell aufeinanderfolgende Dynastien. Von 906 bis 979 n.Chr. zerfiel das Land in zehn unabhängige Staaten – die meisten davon bildeten sich im Süden.

Im Jahr 960 christlicher Zeitrechnung erhob sich mit der Song-Dynastie eine neue Macht, welche die meisten Gebiete Chinas erneut vereinte. Aufgrund der erzwungenen Verbannung Nord-Chinas (die nomadischen Invasoren konnten nicht zurückgedrängt werden) währte die nördliche Song-Dynastie bis ins Jahr 1127 n.Chr. Im Süden herrschten die Song zwischen 1127 bis 1279 n.Chr.
Die Song-Dynastie erwies sich als den Kampfkünsten sehr zugetan, und so entwickelten sich in dieser Periode viele neue Kung-Fu-Stile. Tiere dienten als Vorbilder für neue Techniken, so zum Beispiel der Tiger, die Gottesanbeterin und andere. Die Shaolin lernten von den Reisenden und ergänzten das eigene System immer wieder aufs Neue. Es war die Blütezeit der Kampfkunstschulen. Es war die Zeit, in der die drei Religionen des Daoismus, des Konfuzianismus und des Buddhismus zueinanderfanden. Eines Tages stieß ein in den Kampfkünsten erfahrener Mann namens Zhue Yuen zu den Shaolin. Auch er widmete sich der Systematisierung all dieser verschiedensten Einflüsse auf den Shaolin-Kampfstil. So bereiste er das ganze Land und viele Tempel, um auch andere Kampfkünste zu erlernen und anschließend zu bewerten. Seine Reise währte, bis ihm Bai Yu Feng vorgestellt wurde – ein damals sehr bekannter Kampfkünstler. Gemeinsam mit Bai Yu Feng kehrte Zhue Yuen zu den Shaolin zurück,

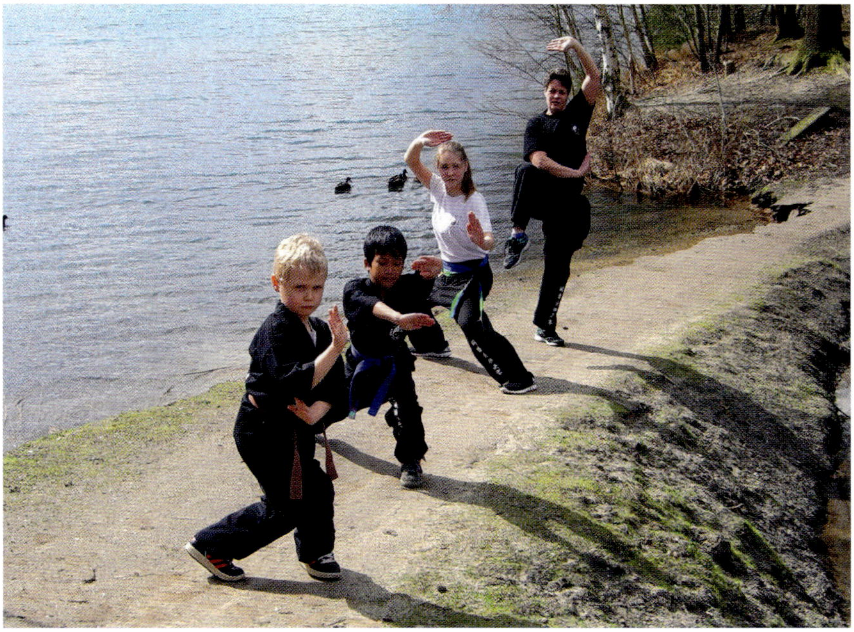

um das Shaolin-Kung-Fu mit ihren Erfahrungen und Entwicklungen zu bereichern. So erweckten sie ein neues, von den Tieren beeinflusstes Kung-Fu – die fünf Fäuste der Tiere:

- Tiger (hu): Techniken der Muskel- und Knochenstärkung
- Schlange (she): Techniken der Dehnung
- Drache (long): Techniken der geistigen Entwicklung
- Panther/Leopard (pao): Verbesserung der Schnelligkeit, Kondition, Ausdauer
- Kranich (he): Techniken der Vitalitätssteigerung und Kräftigung.

Obgleich es sich bei dem Stil der fünf Tiere zunächst um eine rein physische Übung handelte, entwickelten die Shaolin hierin auch einen Index unterschiedlicher Persönlichkeiten. Sie wurden zu einer Metapher für zwischenmenschliche Handlungen, für Problemlösungen, für Planungen usw.

Währenddessen schloss sich China mehr und mehr zusammen. Sowohl der Militär- als auch der öffentliche Dienst unterzogen sich einer Reform, nach welcher Soldaten den Bauern beim Bestellen ihrer Felder halfen. Die Buddhisten hatten sich von der vorcngegangenen Verfolgung noch nicht vollkommen erholt, doch auch sie genossen nun wieder mehr Ansehen. Buddhistische Vertreter durften sich auf eine Mission nach Indien begeben, um religiöse Schriftstücke zurück nach China zu holen. Der Kaiser wünschte die Einrichtung eines Studienzentrums und wählte hierfür den taoistischen Tempel von Emei Shan aus – ein Gebäude aus dem 3. Jh. n. Chr. auf der Spitze eines drei Kilometer hohen Berges. Der Herrscher ließ fünfzig große und unzählige kleine Gebäude errichten: Tempel, Wohnquartiere, Pavillons. Emei Shan wuchs zu einem großen Komplex heran und zählte fortan zu den vier heiligen Bergen des Buddhismus:

- Nächstenliebe: Emei Shan
- Barmherzigkeit: Putuo Shan
- Erlösung: Jiuhua Shan
- Weisheit: Wutai Shan.

China brachte in dieser Zeit Unmengen an Erfindungen und Neuentwicklungen hervor: Papiergeld, Tee, Nudeln und Restaurants, Kanonen und Gewehrpulver. Doch im Jahre 1215 gelang es den Mongolen, ihre Macht über den Norden Chinas auszuweiten. Nachdem 1279 auch der Süden unter mongolische Herrschaft gefallen war, verlegte Kublai Khan – Kaiser der Mongolen – die Hauptstadt nach Peking (Beijing). Dies war der Beginn der Yuan-Dynastie, die von 1279 bis 1368 unserer Zeitrechnung währte: Handelsrouten in Zentralasien wurden abgesichert, die Verbindungen vom Westen in den Osten verbessert. Viele Missionare und Händler kamen mit neuen Ideen, neuen Techniken und neuer Medizin nach China. Doch trotz allen Fortschrittes wuchs die Unzufriedenheit, fanden sich die Chinesen doch von Ausländern beherrscht. So missachteten sie das Verbot der Mongolen in Bezug darauf, dass Chinesen keine wichtigen Ämter innehaben durften. Chinesische Bauern litten unter dem Druck der Inflation und der Steuern. Die dreißiger und vierziger Jahre des 14. Jahrhunderts waren geprägt von Missernten und Hungersnot in Nordchina sowie von Überflutungen des Gelben Flusses. In fast jeder Provinz erhoben sich rebellische Anführer – darunter ein früherer buddhistischer Mönch, der seinen Einfluss im gesamten Jangtsekiang-Gebiet ausweitete. Und während die Mongolen 1371 von internen Rivalitäten in Anspruch genommen waren, marschierte er nach Norden, um Peking zurückzuerobern. Die Mongolen zogen sich in die Mongolei zurück, von wo aus sie die Chinesen weiterhin bedrängten. Ob die Shaolin ebenfalls Widerstand leisteten und sogar an den Kämpfen beteiligt waren oder ob sie sich zurückzogen und auf den richtigen Augenblick warteten, ist nicht bekannt.

Chu Yuan-chang – dies war der Name des Rebellenführers, der den chinesischen Thron von den Mongolen befreite und damit die Ming-Dynastie einläutete. Bildung und Literatur erhielten wieder mehr Aufmerksamkeit, Schulen wurden erbaut und das Rechtssystem reformiert. Sowohl die Chinesische Mauer als auch der Große Kanal wurden ausgebessert. Jede der nun 15 Provinzen erhielt jeweils einen Finanz-, einen Militär- und einen Rechtsbeauftragten. Bis zum 15. Jh. gelang es der Ming-Dynastie aufgrund ihrer Überlegenheit zu Lande und zu Wasser, die Mongolen endgültig zu besiegen und die ostasiatischen Staaten sowie Indien und Madagaskar von ihrer überragenden Macht wie auch von ihrer moralischen und kulturellen Vorherrschaft zu überzeugen – tatsächlich entspringen die schönsten Schätze und heute schier unbezahlbare Kunstwerke der Zeit der Ming-Dynastie.

Philosophische Lehren und altes Wissen schienen gleichrangig – die Tempel der Shaolin wurden zu anerkannten Unterrichtszentren für:

- Philosophie
- Geschichte
- Buddhismus

- Mathematik
- Poesie
- Kampfkunst.

Die Shaolin öffneten ihre Pforten für Mönche anderer Orden, für erfahrene Krieger, für Lehrer und Heiler, für Philosophen, für Poeten und für reisende Kampfkünstler, um von ihnen im Austausch gegen die Lehren und den Schutz der Shaolin zu lernen.
Die Unfähigkeit der Verwaltung, die hungernden Menschen mit Nahrung zu versorgen, brachte eine Rebellion hervor, durch welche die Ming-Dynastie letztendlich zu Fall kam. Zu diesem Zeitpunkt waren die besten Truppen entlang der Großen Mauer positioniert, um den Manchuria-Stamm abzuwehren. Als der Ming-Kommandant von den Rebellen erfuhr, boten die Manchus ihre Hilfe an, und gemeinsam trieben sie die Rebellen aus der Hauptstadt. Anschließend weigerte sich der Stamm jedoch, die Stadt wieder zu verlassen, und so waren es die Ming, die sich in Richtung Süden zurückzogen. Dies läutete im Jahr 1644 n.Chr. das Ende der Ming und den Beginn der letzten Dynastie Chinas ein: der Ching-Dynastie.
Die Ching-Dynastie nutzte die Rebellionen und das Chaos im chinesischen Kaiserreich, um noch weiter nach Süden vorzudringen. Nach der Einnahme Pekings gelang es ihnen durch militärische Kampagnen und durch eine geschickte Diplomatie, auch die letzten Widerstände der Ming-Anhänger auszulöschen. Bis 1673 besetzten sie ganz China. Die Shaolin sahen sich währenddessen mehr als Zentrum der buddhistischen Lehren, sie töteten nicht mehr für cen Staat. Aus diesem Grund beteiligten sie sich nicht am Krieg, unc sie widersetzten sich auch den neuen Herrschern der Ching-Dynastie nicht. Da sie Hilfesuchenden stets die Pforten öffneten, wurden sie unfreiwillig zum Zufluchtsort früherer Widerstandskämpfer. Sie beherbergten loyale Ming-Soldaten und obgleich sie sich in die Kämpfe nicht einmischten, schützten sie doch ihre Tempel und die Menschen, die darin lebten. Und so waren sie ein Dorn im Auge der Invasoren – ein Dorn, der dringend entfernt werden musste.
Gegen 1647 überfielen Truppen der Ching-Dynastie den Tempel der Shaolin. Mit Kanonen und explosiven Waffen zerstörten sie einen Großteil des Tempels und töteten jeden, der sich noch im Tempel aufhielt. Viele Aufzeichnungen und Schriften der Shaolin fielen den Truppen zum Opfer. Doch nicht alle Mönche kamen dabei ums Leben, einige flüchteten sich nach Fujian, wo sie rund dreißig Jahre

lang aktiv blieben. Dann wurde auch der Tempel in Fujian angegriffen und zerstört – und damit alle Besitztümer der Shaolin. Damit jedoch noch nicht genug: Der Kaiser der Manchuria wünschte keine Symbole des Widerstandes, also ließ er sämtliche Shaolin-Mönche verbannen und die meisten von ihnen töten. Die Ausübung jedweder Kampfkünste wurde in ganz China verboten.
Doch nicht alle Shaolin-Mönche fielen in die Hände der Feinde. Legenden zufolge sollen sich einige von ihnen in den Emei Shan-Tempel gerettet haben, andere flüchteten in das Wudang-Gebirge, welches eigentlich als taoistisches Gebiet galt. Manche gingen ins Ausland und exportierten die Kampfkunst so in viele orientalische und westliche Länder. Zu guter Letzt beteiligten sich auch einige der Mönche am Widerstand und unterrichteten Kung-Fu trotz des Verbotes, um die Ching-Dynastie eines Tages zu stürzen. Es gab auch einige Mönche, die sich als schlichte Bürger in die Anonymität retteten und heimlich den Stil der fünf Tiere unterrichteten.
Das neunzehnte Jahrhundert brachte die Europäer nach China. Insbesondere Frankreich und Großbritannien eroberten chinesische Gebiete und Häfen, darunter auch den strategisch enorm wichtigen Hafen von Hong Kong, der in britische Hände fiel. Die Häfen standen von nun an für ausländischen Handel und für ausländische Einwanderer offen. Doch während sich die Chinesen mehr und mehr gegen die Europäer auflehnten, wirkten die Manchus eher unbeteiligt oder unfähig, etwas gegen die neue Bedrohung zu unternehmen – nicht zuletzt, weil das von den Briten eingeführte Opium die Finanzen des Landes extrem schwächte. Die daraus resultierende Taiping-Rebellion führte zwischen 1850 und 1864 zu rund 20 Millionen Opfern in 600 Städten – große Gebiete fruchtbaren Landes wurden zerstört. Und doch erholten sich die Manchus durch äußere Unterstützung, was für noch mehr Hass seitens der Chinesen sorgte. Im Jahr 1894 fielen dann auch noch die Japaner in China ein, und so folgte eine weitere Rebellion: Ein Aufstand, der von den Engländern »Boxer-Rebellion« genannt wurde, denn die Kunst des Kung-Fu wurde von ihnen nicht als solche wahrgenommen, sondern vielmehr als »chinesisches Boxen« belächelt.
Der erste Boxer-Aufstand brach 1899 in der Provinz Shandong aus. Die Regierung der Ching-Dynastie sandte umgehend imperiale Truppen aus, um die Rebellion niederzuschlagen. Letztendlich besannen sie sich eines Besseren, als sie den Kampfruf jener »Boxer«

vernahmen: »Unterstützt die Ching und beseitigt die Ausländer!« Und doch konnte sich die unter Druck gesetzte Ching-Regierung für keine Seite entscheiden, als die Ausländer eine zunehmend feindliche und bedrohliche Einstellung den Boxern gegenüber einnahmen. Erst zur Jahrhundertwende, als bewaffnete Posten die Quartiere in Peking besetzten und alliierte Streitmächte gebildet wurden, vereinten sich die Ching mit den Boxern im Widerstand gegen die Ausländer.
Gemeinsam griffen sie alles Ausländische an: chinesische Christen, Menschen und Gebäude aus dem Westen, Missionare. Im Juni 1900 erreichten sie die Hauptstadt Peking, am 18. Juni forderte die imperiale Regierung alle Einwanderer dazu auf, die Stadt und das Land zu verlassen. Der deutsche Minister begab sich zu einem Treffen mit der Regierung, wurde allerdings auf dem Weg dorthin von seiner Eskorte ermordet. Daraufhin folgte eine Belagerung durch die Boxer sowie durch die imperialen Truppen, welche 55 Tage währte und einen Befreiungsschlag durch die attackierten Nationen provozierte. Weitere Waffen und Kanonen fanden den Weg nach China, und schon im Jahre 1901 sahen sich die Chinesen geschlagen. Sie mussten schmerzhafte Zugeständnisse eingehen: Hochrangige Beamte wurden exekutiert, Hunderte von ihnen schwer bestraft. Das Legationsquartier weitete sich aus, während die Chinesen für die Kosten des Wiederaufbaus aufzukommen hatten. Sie mussten sich den Bedingungen der ausländischen Mächte unterwerfen und unterzeichneten am 7. September das »Protokoll von 1901«. Mit diesem Dokument gaben sie ihre Landeshoheit sowie all ihre Menschenrechte vollständig auf. Der Widerstand war gebrochen, die Ching-Dynastie beendet. Mit der Flucht vieler Chinesen gelangte die Kung-Fu-Kunst der fünf Tiere nun erneut in den Orient, aber auch in die Vereinigten Staaten von Amerika und nach Australien.
Inmitten all dieser Unruhen erblickte Chiang Kai Shek – Sohn eines Weinkaufmanns – das Licht der Welt. 1907 besuchte er die Militärschule in Tokio, Japan. In dieser Zeit wurde er Anhänger Sun Yat-sens, Führer der nationalistischen Volkspartei »Kuomintang«. Während der Revolution von 1911 nahm Chiang mit seinen Leuten Shanghai ein. Nach dem darauffolgenden Gegenschlag kehrte Chiang allerdings nach Japan zurück. Währenddessen weitete die Kuomintang-Partei ihre Macht in China mit Unterstützung sowjetischer Berater weiter aus. Nachdem Sun Yat-sen im Jahr 1925 verstorben war, übernahm Chiang die führende Rolle der chinesischen Volkspartei. In einer

»Säuberungsaktion« schloss er Kommunisten generell aus der Organisation aus. 1926 kommandierte er eine Armee mit dem Ziel, China wieder zu vereinen. Er besiegte die kommunistische Armee und zwang die Überlebenden zum »Langen Marsch« nach Shaanxi im Nordwesten Chinas. Gleichzeitig gründete er eine neue Regierung in Nanjing, er reformierte das Finanzsystem, verbesserte das Ausbildungswesen und den Straßentransport. Mit der »New Life«-Bewegung von 1934 erweckte er traditionelle konfuzianische Werte wieder zum Leben, um jegliche Ideen des Kommunismus auszumerzen.
Aus Angst, die Shaolin-Tempel könnten neue Revolten hervorbringen, ließ er im Jahr 1927 unserer Zeitrechnung alle Tempel schließen – dennoch setzte Chiang Kai Shek großes Vertrauen in die Kunst des Kung-Fu. Obgleich er also Kampfkunstunterricht generell verbot, umgab er sich selbst mit den 100 besten und erfahrensten Meistern des Kung-Fu. Und als sich die neue Republik Chinas bildete und ihn aus dem Land vertrieb, wanderte er mitsamt allerlei chinesischen Schätzen, seiner Frau und den meisten jener 100 Meister nach Taiwan ab. Dieses Land profitierte folglich nicht nur von dem chinesischen Gold, sondern auch von den chinesischen Kampfstilen.
Der Vorsitzende der chinesischen Kommunistenpartei, Mao Tsedong, löste in den sechziger bzw. siebziger Jahren des letzten Jahrhunderts eine kulturelle Revolution aus, um den Geist der chinesischen Revolution wiederzuerwecken. Er versetzte viele Städte Chinas in Aufruhr, um historische Prozesse umzukehren. Seine kulturelle Revolution verfolgte vier genau festgelegte Ziele:

- den Ersatz festgelegter Nachfolger durch Führer, die ihm und seiner Denkweise folgten
- Wiedergutmachung bei der chinesischen Kommunistenpartei
- Vermittlung revolutionärer Erfahrungen an Chinas Jugend
- einen Kurswechsel der Politik, um Ausbildung, Gesundheitswesen und das kulturelle System weniger elitär zu halten.

Anfänglich verfolge Mao seine Ziele durch eine massive Mobilisierung der Jugend. Sie organisierten sich in Gruppen, den sogenannten »Roten Wächtern«. Mao ordnete sowohl gegenüber der Partei als auch der Armee an, diese Bewegung nicht zu unterdrücken. Um die Kontrolle zu behalten, wurden Gewohnheiten umgedreht: Ärzte wurden zu Bauern, Bauern gingen in die Krankenhäuser – Traditionen wurden abgestoßen, darunter auch Religion, die traditionelle chinesische Medizin und Kung-Fu. Wer sich dabei erwischen ließ, etwas

anderes als Mao Tsedongs Worte zu predigen oder zu lehren, fand sich in Ausbildungscamps wieder – als Gefangener. Für viele Traditionen bedeutete dies das mögliche Ende – auch für das Shaolin Kung-Fu in China ...
Und noch während das althergebrachte Kung-Fu der Shaolin im Sterben lag, zog ein Buddhist in einen vergessenen Tempel irgendwo in China ein. Der ehrwürdige Mönch Su Xi widmete sein Leben den Menschen, die unter Hunger, Revolten und Unordnung litten. Seine kleine Gemeinschaft lebte fünf Jahrzehnte lang still und isoliert von dem aktuellen Geschehen in den Ruinen eines alten Shaolin-Tempels.

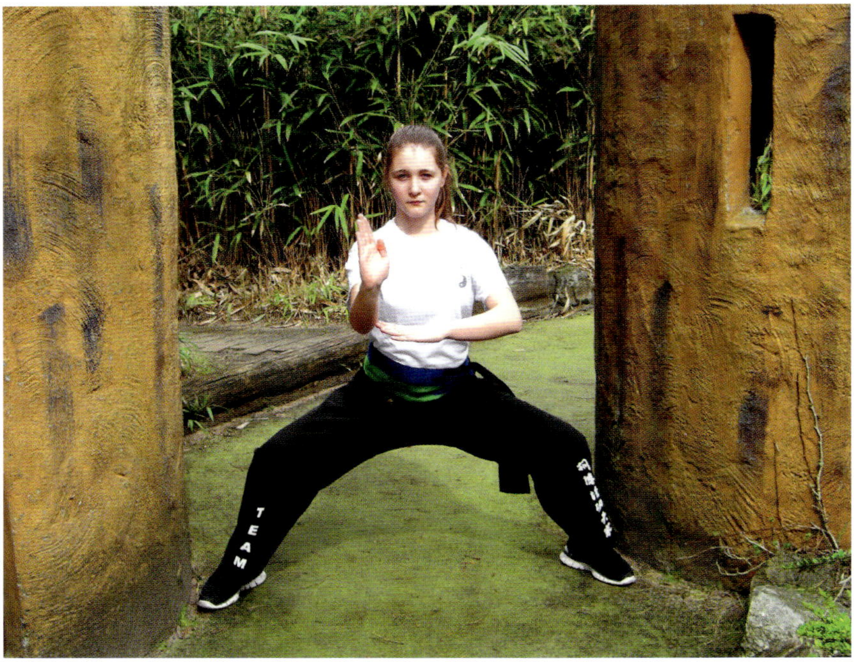

Eines Tages erfuhr jemand in Hong Kong von den Shaolin und drehte einen Spielfilm. Im Grunde wies der Film nicht viel Tiefgang auf, dennoch schlug er aus irgendeinem Grund ein. Shaolin-Filme aus Hong Kong erregten erstmalig auch westliche Aufmerksamkeit – etwas, das bislang keinem anderen asiatischen Film gelungen war. Bruce Lee präsentierte der Welt sein Kung-Fu, Jacky Chan stellte das Konzept der Shaolin vor, Jet Li sorgte mit dem Film »Shaolin Tempel« dafür, dass sich die Menschen wieder für die Shaolin interessierten – auch die Behörden in Peking. Alte Traditionen und Fähigkeiten

wurden neu entdeckt, Kung-Fu offiziell wieder erlaubt. Su Xi, der inzwischen sehr alte Mönch, wurde in allen Ehren pensioniert, und ein Beamter übernahm die Leitung des Shaolin-Tempels. Ein neuer Anfang war gemacht ...
Inzwischen vollzieht sich ein Wandel in den vielen Kung-Fu-Schulen der Welt: Der friedfertige Shaolin-Krieger des 21. Jh. kämpft weder im Krieg noch in Zwietracht, sondern vielmehr aus Spaß oder zu charakterbildenden Zwecken. Kung-Fu liegt im Geist und im Herzen des Kampfkünstlers, nicht in der Härte seines Schlages. Kung-Fu ist eine Lebenseinstellung, eine Reise zu uns selbst.

4.1.2 Die Fäuste des Südens und die Füße des Nordens

Hunderte unterschiedlicher Kung-Fu-Systeme entwickelten sich im Laufe tausender Jahre. Kung-Fu zählt zu den ältesten Kampfkünsten unseres gesamten Planeten. Tatsächlich wurden viele weitere Kampfkünste durch jene alten Kung-Fu-Stile beeinflusst, nachdem die Shaolin aus China fliehen mussten und so ihre Kampfkünste auch in anderen Teilen Asiens verbreiteten.
Die Unterschiede zwischen all den damals und heute existierenden Kung-Fu-Systemen zu erläutern, wäre müßig – und doch lassen sich zwei Kategorien der Kung-Fu-Stile deutlich herauskristallisieren: das südliche und das nördliche Kung-Fu. Die Beschaffenheit des Bodens, die Physis der Menschen, politische Entwicklungen und die Methoden des Kampfkunst-Unterrichts spielten eine wesentliche Rolle für diese regionalen Unterschiede.

Die Fäuste des Südens

Nachdem die Ching-Dynastie die Ming-Dynastie abgelöst hatte und auch der Tempel in der Provinz Fujian zerstört worden war, machten sich die wenigen Shaolin-Mönche, denen die Flucht gelang, auf den Weg nach Guangdong – einer Provinz im Süden Chinas. Sie unterrichteten die dort Ansässigen, um ihren Kampf gegen die Unterdrückung zu unterstützen. Doch da den Menschen in China zu diesem Zeitpunkt jedwede Ausübung einer Kampfkunst verboten war, geschah dies im Verborgenen.
Im Süden Chinas war das Gebiet deutlich flacher als im nördlichen China, und es zeigten sich viele offene, geradezu verlockende Flä-

chen. In den Städten hingegen lagen die Gebäude sehr dicht beieinander, was die Mobilität bedeutend einschränkte. Die Menschen waren in der Regel von eher kleiner Statur. Außerdem trainierten die Rebellen in einzelnen Mann-gegen-Mann-Kämpfen oder mit nur wenigen Kämpfern zugleich auf Straßen, die von den umstehenden Gebäuden eng umschlossen und somit nur sehr schwer einsehbar waren. Ausschweifende Tritte und wirbelnde Blöcke zeigten in einem so engen Kampf kaum Wirkung, also musste sich der südliche Stil zwangsläufig an die äußeren Bedingungen anpassen.
Die Kernmerkmale, die auch heute noch viele südliche Kung-Fu-Systeme charakterisieren, sind folglich:

- eng ausgeführte Techniken
- sehr tiefe Stellungen
- tiefe Fußstöße
- und ein verstärkter Gebrauch der Hände.

Die Schläge der Rebellen mussten aus einem Minimum an Bewegung maximale Schlagkraft herausholen. Stellungen waren sehr eng und bodennah auszuführen, damit der Kämpfer einen stabilen Stand behielt. Die Philosophie des Kampfes legte Wert auf sparsame Bewegungen – alles Unnötige wurde eliminiert. Und so entwickelte sich das südliche Kung-Fu zu einem sehr harten Stil, bei dem die Hände als Waffen dienten und größtmöglichen Schaden bewirkten. Tritte beschränkten sich auf Zonen unterhalb der Hüfte. Würfe gab es nur wenige. Der verstärkte Energieeinsatz in die Hand- und Armtechniken brachte den südlichen Kung-Fu-Systemen den fast schon poetisch klingenden Beinamen »Fäuste des Südens« ein.

Die Füße des Nordens

Für jemanden, der einen Kampf zwischen einem Kung-Fu-Künstler des südlichen Stils und einem Kung-Fu-Kämpfer des nördlichen Stils beobachtet, werden die unterschiedlichen Techniken sofort offensichtlich. Der nördliche Stil basiert im Allgemeinen auf einem deutlich höheren Stand, auf höheren Tritten und auf wesentlich mehr Beweglichkeit. Schwungvolle Bewegungen und gedrehte Tritte sind sehr charakteristisch für die Kung-Fu-Systeme des Nordens.
Das Terrain zeigte sich im Norden Chinas bedeutend felsiger als im Süden, und durch das ständige Hinauf- und Herunterklettern der Hügel stärkten die Menschen dort insbesondere ihre Beinmuskulatur. Auch wuchsen die Bewohner des Nordens in der Regel zu einer grö-

ßeren Statur heran und waren somit eher dazu in der Lage, Tritte auf lange Distanzen auszuführen (vgl. Kap. 5.7 – Die Selbstverteidigung und ihre rechtliche Seite). Mit der Bedrohung durch die Mongolen im Norden bestand die dringende Notwendigkeit, in dieser rauen Region eine Armee zum Schutze Chinas aufzustellen. Die Ausübung einer Kampfkunst erforderte in derartigen Situationen und unter den genannten Bedingungen eher fließende Bewegungen, denn im Laufe einer kriegerischen Schlacht wurde der Kämpfer von den Soldaten zu allen Seiten hin gedrängt, gezogen, geschoben und geschubst. Flüssig verlaufende Bewegungen sicherten trotz dieser ungünstigen Bedingungen sowohl einen sicheren Stand als auch schnelle Reaktionsmöglichkeiten. Da diese Schlachten für gewöhnlich mit Waffen in den Händen der Soldaten und Kampfkünstler ausgetragen wurden, erwiesen sich weite Tritte hier als äußerst nützlich.
Infolgedessen wird vielerorts davon ausgegangen, dass die Entwicklung der nördlichen Kung-Fu-Stile, die sich insbesondere durch zahlreiche Tritte und sehr viel Bewegung auszeichnen, hauptsächlich auf diesen Hintergründen beruht. Kennzeichnend für das Kung-Fu des Nordens sind also:

- Techniken für weite Distanzen
- ein schnelles Vorschnellen und Zurückweichen
- eine hohe Agilität
- vielfache Würfe
- ausladende und kraftvolle Bewegungen
- sowie ein geradezu akrobatischer Einsatz der Beine und Füße.

Diesem verstärkten Gebrauch der Tritttechniken verdanken die nördlichen Kung-Fu-Systeme den Beinamen »Füße des Nordens«.

4.2 Die Legende des Wing Tsun

Im Laufe der Geschichte des Kung-Fu kristallisierte sich aus Hunderten unterschiedlicher Kung-Fu-Systeme insbesondere auch der Wing Tsun-Stil heraus – ein Stil, der inzwischen weltweit unterrichtet wird. Was Wing Tsun so besonders macht, ist der Fokus auf die Kraft des Gegners – Wing Tsun lässt sich ohne viel eigene Kraft und ohne eine allzu komplizierte Akrobatik ausführen. Die Techniken basieren auf fließenden Bewegungen, die mit plötzlicher Schnelligkeit in einen koordinierten, faszinierenden Bewegungsablauf übergehen. Vermutlich behaupten die alten Mythen aus genau diesem Grund, dass

Wing Tsun eine von Frauen konzipierte Kampfkunst sei. Fakt und Fiktion lassen sich auch hier nicht mehr exakt voneinander trennen: Während einige Personen und Handlungen geschichtlich belegt sind, scheinen wesentliche Überlieferungen vielmehr der asiatischen Tradition aus Sagen und Legenden zu entspringen. Doch um der Historie des Wing Tsun-Stils wirklich auf den Grund zu gehen, müssen wir uns drei Jahrhunderte zurück in die Vergangenheit begeben – in die Zeit der Ching-Dynastie (1644–1911 n.Chr.), als die Regierung das Kloster der Shaolin angreifen ließ, um alle dort lebenden Mönche und Widerstandskämpfer zu töten (vgl. Kap. 4.1 – Shaolin und die Wurzeln des Kung-Fu).

So machten sich also die Truppen der Ching-Dynastie auf den Weg, das Kloster der Shaolin zu zerstören. Doch sie unterschätzten den Kampfgeist der Shaolin, die ihr Kloster in langen und sehr harten Kämpfen erfolgreich verteidigten. Erst eine Intrige des Beamten Chan Man Wai brachte die Shaolin schließlich zu Fall: Er überzeugte einige Mönche des Klosters davon, sich mit ihm zu verschwören – darunter auch Ma Ning Yee, der das Kloster schließlich in Brand gesteckt haben soll.

Viele Shaolin-Mönche verloren bei dem Brand ihr Leben, andere flohen – darunter auch die fünf Führer der Shaolin-Kampfkunst:

- Meister Chi Shin
- Meister Fung To Tak
- Meister Miu Hin
- Meister Pak Mei
- Meisterin Ng Mui.

Meister Chi Shin verlor bei dem Brand viele seiner Schüler und überzeugte seine Wegbegleiter, sich gegen das herrschende Regime aufzulehnen. Als die Regierung davon erfuhr, ließ sie im ganzen Land nach ihm suchen – und so tarnte er sich als Koch auf einer roten Dschonke: einem mehrmastigen chinesischen Segel- und Transportschiff. Auch die anderen Überlebenden trennten sich: Meister Miu Hin suchte Zuflucht bei den Yao- und Miao-Stämmen zwischen Yunnan und Sichuan, um später als Reisender durch China zu ziehen. Meisterin Ng Mui fand im Tempel des Weißen Kranichs am Berg Tai Leung Unterschlupf – hier übte die buddhistische Nonne weiterhin ihre Kampfkunst aus.

Immer und immer wieder dachte Ng Mui darüber nach, wie sie eine Kampfkunst erschaffen könnte, die auch körperlich unterlegene

Menschen in die Lage versetzt, im Kampf gegen erfahrene Kampfkünstler zu bestehen. Die Antwort fand sie schließlich in einem Zweikampf zwischen Fuchs und Kranich, der sich genau vor ihren Augen abspielte: Der überlegene Fuchs näherte sich einem Kranich, um diesen an seiner ungeschützten Flanke anzugreifen. Doch der Kranich wandte dem Fuchs stets nur die Brust zu. Wagte der Fuchs dennoch einen Versuch, das vermeintlich schwache und wehrlose Beutetier zu überwältigen, so wehrte der Kranich jeden Angriff mit dem Flügel ab, um gleich darauf einen Gegenangriff mit dem Schnabel auszuführen. Fuchs gegen Kranich – Kraft und Schnelligkeit gegen Methodik und Geschicklichkeit. So beeinflusst soll Ng Mui den Legenden zufolge eine Kampfkunst entwickelt haben, die sich mehr auf fließende Bewegungen als auf Stärke verließ.

Eines Tages lernte die buddhistische Kung-Fu-Meisterin auf dem Markt ein junges Mädchen namens »Yim Wing Tsun« – zu Deutsch: »schöner Frühling« – kennen. Das Mädchen war mit seinem Vater aus der Kwantung-Provinz geflüchtet, denn der Mann mit Namen Yim Lee kannte einige Kampftechniken und hatte diese dazu verwandt, in seinem Heimatdorf für mehr Gerechtigkeit zu sorgen. Dadurch hatte er sich und seine Familie in Schwierigkeiten gebracht, was ihn zwang, Schutz und Zuflucht am Tai Leung-Berg zu suchen.

Yim Wing Tsun wuchs zu einer wunderschönen jungen Frau heran und erregte die Aufmerksamkeit eines dorfbekannten Schlägers namens Wong. Als dieser jedoch die Kunde vernahm, dass seine Angebetete einem Salzkaufmann aus Fukien versprochen war, drohte er Gewalt an, sollte Yim Wing Tsun ihm nicht zu Willen sein. Weder Yim Lee noch andere Dorfbewohner vermochten sich Wong entgegenzusetzen, da dieser die Kunst des Kung-Fu meisterlich beherrschte. Das Leben der jungen Frau war fortan von Angst geprägt. Eine Angst, die auch Ng Mui nicht verborgen blieb, und so erkundigte sich die Nonne nach den Sorgen, die Yim Wing Tsun so sehr zu quälen schienen. Die hübsche Frau schüttete Ng Mui ihr Herz aus und weckte damit einen Gerechtigkeitssinn, der aus Ng Mui eine Lehrerin und aus Yim Wing Tsun eine gelehrige Schülerin machte.

Drei Jahre dauerte der Unterricht im Tempel des Weißen Kranichs; anschließend entließ Ng Mui ihre Schülerin zurück ins Dorf, wo Wong bereits auf sie wartete. Doch dieses Mal stellte sich Yim Wing Tsun dem Kampf gegen einen Peiniger, der sich bereits darauf freute, die junge Frau zu besiegen und für sich zu gewinnen.

Doch der Kampf sollte ein anderes Ende nehmen: Yim Wing Tsun schlug den kräftemäßig überlegenen Mann nieder, bis dieser zu Boden sank und reglos liegen blieb. Meisterin Ng Mui setzte den Unterricht für Yim Wing Tsun fort, bis die Nonne zu dem Entschluss kam, es sei nun endlich an der Zeit, weiterzureisen. Nicht ohne ihre Schülerin jedoch zu ermahnen, einen würdigen Nachfolger zu finden und diesen in einer Kampfkunst zu unterrichten, die von nun an den Namen der jungen Frau tragen sollte: »Wing Tsun«!
Eines Tages heiratete Yim Wing Tsun ihren Verlobten Leung Bok Chau, doch in der Kampfkunst sah er keine ebenbürtige Partnerin in ihr. Als schwache Frau könne sie kein wirklicher Gegner für einen Mann sein, der – wie er selbst – des Kung-Fu mächtig war. Erst als sich die Gelegenheit für einen Zweikampf ergab und Leung Bok Chau seine Niederlage nicht leugnen konnte, erkannte er die große Meisterin der Kampfkunst in seiner Frau. Von nun an ließ auch er sich in diesem ganz besonderen Kung-Fu-System unterweisen – ein System, das er zu Ehren seiner Gemahlin »Wing Tsun Kuen« nannte.
Leung Bok Chau seinerseits lehrte einen bescheidenen Mann namens Leung Lan Kwai die Kunst des Wing Tsun Kuen. Leung Lan Kwai verdiente seinen Lebensunterhalt als Kräuterexperte und Knochenarzt, niemand wusste um seine geheime Identität als Meister des Kung-Fu. Diese offenbarte sich erst im Kampf gegen eine Gruppe von Menschen, die einen einzelnen wehrlosen Mann niederschlagen wollten. Leung Lan Kwai hatte ursprünglich niemals daran gedacht, seine kämpferischen Fähigkeiten zu offenbaren, geschweige denn weiterzugeben. Nun aber geschah es, dass die Aufrichtigkeit, die Demut und das ausgeprägte Gerechtigkeitsempfinden eines Opernschauspielers mit Namen Wong Wah Bo ihn derart beeindruckten, dass er jenen Schauspieler als seinen Schüler annahm.
Dass Opernschauspieler eine Kampfkunst beherrschten, war zu der damaligen Zeit nichts Ungewöhnliches. Die »Jünger der Roten Dschonke« – wie diese Schauspieler einst genannt wurden – trugen für ihre Vorstellungen viel Schminke auf ihre Gesichter auf, um unerkannt zu bleiben. So kam es auch, dass sich Chi Shin – einer der fünf Kung-Fu-Meister, die nach dem Brand im Shaolin-Kloster entkommen konnten – auf eine rote Dschonke rettete, um seiner Verhaftung zu entgehen. Lange Zeit lebte er hier im Verborgenen, doch er fasste Vertrauen in die Schauspieler und offenbarte sich einigen

von ihnen. Und tatsächlich erwiesen sich die »Jünger der Roten Dschonke« als rechtsbewusste Menschen, die Meister Chi Shin nicht verrieten. Im Gegenteil: Sie schützten ihn vor sämtlichen Gefahren und erlernten von ihm die Kunst des Shaolin-Kung-Fu. Sie organisierten sich im Geheimen, um die verhasste Regierung eines Tages zu stürzen. Auf der roten Dschonke lebte und arbeitete noch ein weiterer Mann – kein Schauspieler, sondern ein Seemann: Leung Yee Tei. Er lenkte die Dschonke mit einer langen Stange, was naturgemäß dazu führte, dass er sich insbesondere für den Kampf mit dem Langstock interessierte. Meister Chi Shin – selbst erfahrener Langstock-Kämpfer – erkannte diese Begeisterung und befand Leung Yee Tei für würdig, diese Waffentechnik von ihm zu erlernen. Das Schicksal wollte es, dass sich Wong Wah Bo und Leung Yee Tai begegneten, und so führte es die Männer auf dieselbe Dschonke. Beide empfanden eine große Bewunderung für die kampfkünstlerischen Fähigkeiten des jeweils anderen – und so tauschten sie ihre Erfahrungen aus: Wong Wah Bo unterrichtete Leung Yee Tai im waffenlosen Wing Tsun; Leung Yee Tai lehrte Wong Wah Bo die Langstock-Technik. Sie ergänzten einander und verbanden zwei scheinbar unterschiedliche Kampfstile, indem beispielsweise Schritttechniken und Methoden des Wing Tsun in die Langstock-Technik hineinflossen.

Von Leung Yee Tai ging die Kunst des Kämpfens an Leung Jan weiter – einen Arzt in Fatshan, Südchina. Leung Jan widmete sein Leben drei Dingen: der Medizin, seiner Kräuter-Apotheke und dem Kung-Fu. Er erwies sich als äußerst talentierter Schüler, und viele Kämpfer versuchten erfolglos, sich mit dem »Kung-Fu-König des Wing Tsun« – wie er genannt wurde – zu messen. Er selbst unterrichtete nur wenige Schüler und das auch nur, um einen Partner für das eigene Studium des Wing Tsun zu finden, darunter seine Söhne Leung Tsun und Leung Bik sowie einen besonders kräftigen Mann namens Wah. Doch es gab noch einen weiteren Verehrer Leung Jans – einen Geldwechsler namens Chan Wah Shun. Er liebte Kung-Fu und hätte alles darum gegeben, von einem Lehrer wie Leung Jan unterrichtet zu werden. Doch da er nicht so wohlhabend und berühmt wie der Meister des Wing Tsun war, scheute er sich davor, ihn anzusprechen. Und tatsächlich: Als sich Chan Wah Shun eines Tages doch ein Herz fasste, erfuhr er Zurückweisung. Seine Leidenschaft für das Kung-Fu war jedoch ungebrochen und so schlich er sich

Abend für Abend in Leung Jans Apotheke, um dem Wing Tsun-Unterricht durch einen kleinen Spalt in der Tür zu folgen. Er lernte heimlich und freundete sich mit Wah – dem Schüler Leung Jans – an, der ihm ohne das Wissen seines Meisters Unterricht in Wing Tsun erteilte. Und so kam es, dass Wah seinen heimlichen Schüler eines Tages, als sich der Meister selbst auf Reisen befand, mit in die Apotheke nahm. Leung Tsun, der Sohn des Meisters, war neugierig auf den Fremden und forderte ihn umgehend zum Kampf heraus – ein ungleicher Kampf, denn Leung Tsun hatte nie derart hart, intensiv und leidenschaftlich trainiert wie der Geldwechsler Chan Wah Shun. Der Zweikampf dauerte in der Tat nicht lange, denn Chan Wah Shun traf Leung Tsun so hart, dass dieser in den Sessel seines Vaters geschleudert wurde und ein Bein jenes Sessels zerbrach. Sie tarnten ihr Missgeschick nur behelfsmäßig, und noch am selben Abend stürzte der Sessel unter dem Gewicht des inzwischen zurückgekehrten Meisters in sich zusammen. Leung Tsun sah sich nun gezwungen, seinem Vater von dem ungewöhnlichen Besuch zu erzählen und den verlorenen Kampf zu gestehen. Auch Wah musste sich verantworten, war (und ist) es einem Schüler doch verboten, einen anderen Schüler ohne Erlaubnis des Meisters zu unterrichten. Und doch zeigte sich Leung Jan von dem Verlangen und der Lernbereitschaft des Geldwechslers so beeindruckt, dass er ihn zu sich rufen ließ, um ihn endlich als Schüler – und Nachfolger – anzunehmen.

Chan Wah Shun, der einst so unbedeutende Geldwechsler, wurde somit ebenfalls ein Meister des Wing Tsun-Kung-Fu. Er unterrichtete 16 Schüler innerhalb von 36 Jahren, darunter auch seinen Sohn – ein verzogenes Kind, das häufig in Prügeleien verwickelt war und weder seinem Vater noch der Kampfkunst zu Ehren gereichte. Chan Wah Shun beschloss, ihm die höchsten Techniken des Wing Tsun zu verweigern und erwählte stattdessen Ip Man als seinen Nachfolger.

Ip Man erwies sich als außergewöhnlich bescheidener Mann, der Herzlichkeit, Offenheit und Gastfreundschaft lebte. Als Großmeister des Wing Tsun genoss er beträchtlichen Respekt – derart beträchtlich, dass er auch als Großmeister aller Stile Anerkennung fand. Oft sah man ihn im Teehaus im Kreise seiner Schüler – lachend, ausgelassen, lebensfroh. Mit ihm starb im Dezember 1972 der letzte Großmeister des gesamten Wing Tsun-Stils.

4.3 Taijiquan – die innere Kampfkunst

Wie der Titel dieses Abschnittes bereits verrät, zählt Taijiquan zu den Vertretern der sogenannten »inneren Stile« der chinesischen Kampfkünste. Hier geht es um die innere Energie, also um Kräfte, die aus weichen Bewegungen entstehen. Diese Weichheit stellt einen deutlichen Gegensatz zu den »äußeren Stilen« chinesischer Kampfkünste dar, welche mit äußeren Kräften arbeiten. Neben Taijiquan zählen auch Baguazhang und Xingyiquan zu den bekanntesten inneren Stilen. Das Kung-Fu der Shaolin stellt den vermutlich bekanntesten äußeren Stil dar.

Auch die Kunst des Taijiquan – bekannt und verbreitet unter dem Namen Tai Chi Chuan oder der abgekürzten Version Tai Chi – erfreut sich heute weltweiter Beliebtheit: Mehrere Millionen Menschen praktizieren das chinesische Schattenboxen Tag für Tag und machen Taijiquan somit zu einem der beliebtesten Kung-Fu-Stile innerhalb, allerdings auch außerhalb der Grenzen Chinas.

Die Ursprünge des Taijiquan reichen viele Hundert Jahre zurück in die Vergangenheit – und auch hier entstanden im Laufe der Zeit unterschiedlichste, zum Teil sogar vollkommen widersprüchliche Legenden über die Entstehungsgeschichte des Tai Chi: So behaupten manche Quellen, die Geschichte des Taijiquan habe vor rund 1500 Jahren in der Liang-Dynastie (502–557 christlicher Zeitrechnung) begonnen; andere wiederum erklären, die Kunst des Taijiquan sei lediglich innerhalb eines sehr engen Vertrautenkreises weitergetragen worden und somit historisch nicht mehr zu erfassen. Eine weitere chinesische Legende führt die Techniken des Taijiquan auf Zhang Sanfeng zurück: einen daoistischen Mönch, der irgendwann zwischen dem 10. und dem 14. Jh. gelebt haben soll. Zhang Sanfeng habe sich – so will es die uralte Sage – von einem Kampf zwischen einem Kranich und einer Schlange inspirieren lassen. Beeindruckt von der Fähigkeit der Schlange, den Stößen und Hieben des Kranichs immer wieder elegant auszuweichen, entwickelte Sanfeng Techniken der Selbstverteidigung, die weniger darauf abzielten, der Kraft des Gegners mit eigener Kraft zu begegnen, sondern vielmehr dessen Schlägen zu entgehen – und zwar so geschickt, dass der Kraftimpuls des Angreifers sich letztendlich gegen ihn selbst richtet.

Und dann gibt es noch die Erzählung von dem Offizier namens Chen Wangting aus dem 17. Jh.: Er lebte in der Henan-Provinz und genoss einen hervorragenden Ruf als Anführer der zivilen Schutztruppen im

Kampf gegen Räuber. Wangting beherrschte verschiedene Kampfkünste und kombinierte diese mit den Elementen des Qigong – damit brachte er den Stil der Chen-Familie hervor. Eines Tages kam es zu einem Kampf mit Jiang Fa, dem Hauptmann der Räuber. Jiang Fa war Meister der Wudang-Stile, doch er unterlag den Künsten Chen Wangtings. Fortan sollte der Offizier zum Lehrer und der Räuber zum Schüler werden, doch tatsächlich lernten wohl beide Männer von den Fähigkeiten und Kenntnissen des jeweils anderen. Letztendlich umfasste der Kung-Fu-Stil der Familie Chen nicht nur tiefe Stellungen und Sprünge, sondern auch langsame und bedächtige Bewegungen als Kontrast zu den explosiven Energie-Ausstößen. Chen Shi Taijiquan – dies war das Tai Chi der Familie Chen. In späteren Weiterentwicklungen verloren sich die schnellen Bewegungen und tiefen Stellungen.

Wo auch immer die Wurzeln des Taijiquan in dem dichten Nebel aus Legenden und Sagen nun auch wirklich zu finden sind – ursprünglich wurde das Tai Chi zum Zwecke der Selbstverteidigung mit und ohne Waffen entwickelt. Heute erfreut sich das Taijiquan insbesondere in Bezug auf die weichen Techniken wachsender Beliebtheit. Charakteristisch für das moderne Tai Chi sind die langsamen und sehr sanften Körperbewegungen, die sowohl dem Körper als auch dem Geist zu einer angenehmen Entspannung verhelfen. Tai Chi ist Meditation in Bewegung: Eine stehende Person führt eine Serie von Bewegungen aus – langsam und anmutig. Jede dieser Bewegungen geht vollkommen nahtlos in die nächste Technik über. Einst waren mehr als hundert Bewegungen bekannt, in der heutigen Praxis existieren zwei beliebte Versionen mit 18 bzw. 37 Bewegungsabläufen. Auch in China praktizieren schätzungsweise mehr als 10 Millionen Menschen Tai Chi – jeden Tag. Dies macht das Taijiquan zu einer der am meisten verbreiteten Kung-Fu-Stile weltweit.

Für gewöhnlich beginnt der Unterricht mit einer Meditation, um den Geist zu beruhigen und Energie zu sammeln. Erst danach beginnt das Aufwärmprogramm, und die Schüler erlernen die Grundlagen bestimmter Formen und Positionen. Die Formen des Tai Chi zu erlernen erfordert – wie es für die Kunst des Kung-Fu typisch ist – viel Geduld und Mühe. Sauber ausgeführte Bewegungen wirken besonnen und ruhig; sie sehen recht einfach aus, doch dieser Eindruck täuscht. Bei den Einzelformen vollzieht jeder Übende die Bewegungen für sich selbst. Es handelt sich dabei um klar definierte Bewegungsabläufe, die fließend ineinander übergehen und so den Kampf gegen einen imaginären Gegner symbolisieren – daher auch die Bezeichnung des »Schattenboxens« für das Taijiquan. Synchron in einer Gruppe ausgeführt zeigt sich auch der künstlerische und ästhetische Aspekt dieser Formen. Die einzelnen Bewegungen lassen sich als Bilder definieren, deren Abfolge festgelegt ist. Jedes Bild trägt einen Namen, der den Bewegungsablauf umschreibt, den Charakter der Bewegung wiedergibt oder eher von poetischer Natur ist. Da die Länge einer Form mit der Anzahl der enthaltenen Bilder zusammenhängt, kann eine Form nur wenige Minuten oder aber auch weit über eine Stunde dauern – die längsten Formen umfassen mehr als hundert einzelne Bilder.

Außer den Einzelformen existieren im Tai Chi auch sogenannte Partnerformen, die den Schüler in der Regel erstmalig mit einer Kampfsituation konfrontieren und somit den weiter Fortgeschrittenen vorbehalten bleiben. Unter diesen Partnerübungen finden sich zum Beispiel Hebeltechniken, für die ein besonders gut entwickeltes Körpergefühl notwendig ist. Derartige Partnerübungen variieren innerhalb der unterschiedlichen Stile des Taijiquan, manche bauen aufeinander auf, andere beziehen sich auf Verteidigungstechniken oder bereiten die Übenden auf einen Wettkampf vor. Auch hier sind die Formen nach Länge zu differenzieren, sie erwecken den Eindruck eines perfekt einstudierten Kampfes, der die Kampfkunst in formvollendeter Choreografie widerspiegelt.

Obgleich die meisten Formen des Taijiquan waffenlos ausgeführt werden, gilt dies nicht für alle Formen. Auch in diesem Kung-Fu-Stil sind Waffen geläufig – und auch hier werden in der Regel erst fortgeschrittene Schüler in den Umgang und die Formen mit Waffen eingeführt, darunter (vgl. Kap. 5.5 – Waffen):

- das chinesische Schwert (Jian)
- der chinesische Säbel (Dao)
- der Kurzstock (Qi Mei Gun)
- der Langstock (Gun)
- der drei Meter lange Stock (Dagan)
- der Speer (Qiang)
- der Fächer (Shan)
- die chinesische Hellebarde (Guan Dao).

Den jeweiligen Körperhaltungen kommt eine große Bedeutung zu, doch ebenso wichtig ist das richtige Atmen: Sind die Bewegungen bedächtig und fließend, so sollte das Atmen frei von Anstrengung und doch sehr tief erfolgen. Der erfahrene Tai Chi-Künstler hält während der gesamten Übungsabläufe die Körper-Balance und beherrscht die fünf wesentlichen Qualitäten des Taijiquan:

- Bedächtigkeit, um die Wahrnehmung zu erweitern
- Gleichgewicht, um den Körper nicht falsch zu belasten
- Klarheit, um den Geist zu fokussieren
- Leichtigkeit, um die Bewegungen fließend auszuführen
- Ruhe, um die Kontinuität zu bewahren.

In China werden bei den Übungen lockere, bequeme Kleidung und Socken oder weiche Schuhe getragen – manche bevorzugen es auch, die Techniken barfuß auszuführen. Auch wird Taijiquan in China vorzugsweise im Freien ausgeführt – am besten während der Dämmerung und in unmittelbarer Nähe zu Bäumen. Auch im Westen kristallisieren sich individuelle Vorlieben in Bezug auf Übungszeit und Übungsort heraus – Tai Chi entwickelt sich schnell zu einer persönlichen Leidenschaft. Und in der Regel lässt sich feststellen, dass Tai Chi-Begeisterte weniger an dramatischen Erfolgserlebnissen interessiert sind und sich vielmehr an den kleinen Fortschritten erfreuen, die sich über einen langen Zeitraum entwickeln.

Dem Taijiquan werden einige gesundheitsfördernde Aspekte zugeschrieben: So soll sich das Tai Chi besonders positiv auf den Blutdruck, das Herz-Kreislauf-System wie auch auf das Immunsystem, das Schmerzempfinden, das Gleichgewicht und die Beweglichkeit auswirken. Dehnungs- und Kräftigungsübungen machen den Körper geschmeidiger und weicher, kräftiger und schneller. Die anfänglich langsamen Bewegungen finden mit fortschreitender Praxiserfahrung ihren Höhepunkt in explosionsartigen Entladungen. Blockaden werden abgebaut – Körper, Geist und Seele gewinnen an Ausgeglichenheit. Es entsteht eine innere Balance, die sich positiv auf die Gesundheit auswirkt.

Weiterer Vorteil des Taijiquan: Es ist nie zu spät, um das Studium jener Techniken zu erlernen – besonders (jedoch nicht nur!) im Alter zeigen sich die positiven Auswirkungen auf die Physis wie auch auf die Psyche des Menschen.

Im Zusammenhang mit dem Tai Chi fällt häufig auch der Begriff »Qigong« – dabei handelt es sich um ein ebenfalls chinesisches Übungssystem, das sowohl in der Kampfkunst als auch in der Meditation zur Anwendung kommt. Neben Akupunktur, Massage, Arzneien und Diätologie zählt das Qigong zu den fünf Grundpfeilern der traditionellen Medizin Chinas. Im Qigong geht es vor allem darum, das »Qi« – also die Lebensenergie des eigenen Körpers – zu steuern; anders ausgedrückt die Energie, die uns am Leben erhält: die Nahrung, den Atem, alle Bewegungsabläufe. »Gong« steht für »Arbeit, beständiges Üben«. Qigong ist folglich als ständige Auseinandersetzung, ständiges Üben mit der Lebensenergie aufzufassen. Das können einfache Techniken, aber auch längere Bewegungsabfolgen sein, wie sie bereits aus dem Taijiquan bekannt sind. Beide Systeme beruhen auf denselben Bewegungsmustern und Prinzipien, beide Systeme können unabhängig vom Alter erlernt werden. Beide Systeme wirken sich kurz- und langfristig positiv auf die Gesundheit des Praktizierenden aus, beide führen zu einer körperlichen wie auch geistigen Entspannung.
Wer sich für weiterführende Informationen zum Taijiquan und/oder Qigong interessiert, findet in der Übersicht über Verbände in Deutschland (vgl. Kap. 6.1 – Verbände) sowie in unserem Quellenverzeichnis hilfreiche Webadressen wichtiger Vereinigungen.

4.4 Hu Chuan Pai Kung-Fu

Die vorangegangenen Kapitel lassen die Vielfalt der chinesischen Kampfkünste bereits grob erahnen, tatsächlich existieren heute mehrere Hundert traditionelle wie auch moderne Kung-Fu-Systeme in aller Welt – einige Quellen sprechen von vierhundert unterschiedlichen Stilen, andere von sechshundert, und so manch einer behauptet sogar, es seien mehr als zweitausend Systeme. Die Wahrheit liegt vermutlich irgendwo dazwischen – doch so oder so: Es ist unmöglich, all diesen Systemen und ihren Variationen in nur einem Buch gerecht zu werden. Als Meister und Schüler des Hu Chuan Pai Kung-Fu beziehen wir uns darum in diversen Kapiteln dieses Buches wiederholt auf explizit dieses Kung-Fu-System, welches 1984 von Si-Jo Jens Richter aus der Wiege gehoben wurde. Grund genug also, an dieser Stelle auch die Wurzeln des Hu Chuan Pai kurz vorzustellen:

Si-Jo Jens Richter, geboren 1965, entdeckte seine Begeisterung für die Kampfkunst bereits im jungen Alter von vier Jahren. Er befasste sich mit Judo, Taekwondo, Combat Karate und seit 1977 auch mit Kung-Fu sowie Kajukenbo unter seinem Meister Christopher Yim. Nur ein Jahr später wurde er zugleich auch Schüler des Großmeisters Min Tah Jao, der ihn bis heute im Süd-Shaolin-Kung-Fu unterrichtet. Mit 14 Jahren leitete er als Assistent seines Meisters bereits eine erste eigene Kindergruppe. 1985 legte er eine praktische und theoretische Prüfung vor Großmeister Min Tha Jao ab. Mit Anerkennung der Taipei Kung-Fu Association von Taiwan erhielt er den Titel des »Sifu« (vgl. Kap. 2.4 – Stammbaum einer Kung-Fu-Familie), was ihn zu einem der jüngsten Meister aller Zeiten dieses taiwanesischen Verbandes machte.

Die Geschichte des Hu Chuan Pai Kung-Fu geht auf das Jahr 1983 zurück, als Si-Jo Jens Richter an einem Sonntagmorgen auf eine Kampfkunstschule in Krefeld stieß, deren Türen offen standen und einen Blick auf einen ungewöhnlichen Unterricht gestatteten. Es zeigte sich ein hartes Training, an dem nur die Meister der Schule teilnahmen. Sie kämpften drei Stunden lang, ohne sich zurückzunehmen – und ohne Schutzausrüstung. Si-Jo Jens Richter zeigte sich beeindruckt und bat darum, an diesem außergewöhnlichen Training teilnehmen zu dürfen – und obgleich er kein Schüler dieser Krefelder Kampfkunstschule war, erhielt er diese Erlaubnis.

Von diesem Zeitpunkt an nahm Si-Jo Jens Richter regelmäßig an jenen sonntäglichen Trainingseinheiten teil, bis der Meister dieser Schule an ihn herantrat und ihn bat, ihn zu einer Vorführung zu begleiten, um hier diverse Techniken seiner Kung-Fu-Kunst zu präsentieren. Es folgten mehrere Vorführungen innerhalb eines verhältnismäßig kurzen Zeitraumes: Si-Jo Jens Richter demonstrierte sowohl Techniken der Selbstverteidigung als auch Elemente aus den Formen einschließlich gesprungener Sequenzen. Und tatsächlich kamen Interessenten in die Krefelder Kampfkunstschule – Interessenten, die von ihm die Kunst des Kung-Fu erlernen wollten. Im November des Jahres 1984 gründete er seine erste Gruppe in Krefeld.

Er wandte sich an seine Meister Christopher Yim und Min Tah Jao, um sich ihren Segen für sein Vorhaben zu holen. Dieser wurde ihm auch gewährt, doch was sollte er nun unterrichten? Beide Meister hatten ihn Techniken gelehrt, die er gerne an seine Schüler weitergeben wollte. Auch wollte er die bis dahin eher stiefmütterlich be-

handelten Fußtechniken in seinem Kung-Fu-Programm vertiefen. Hebel waren bis dato nie direkt aus Angriffen entstanden, auch dies wollte Si-Jo Jens Richter ändern, um einen realistischeren Bezug zu tatsächlichen Auseinandersetzungen herzustellen. Die Südshaolin unterrichteten keine Handkombinationen und ihre Formen waren lang, infolgedessen nicht für Turniere geeignet. Und so trat er erneut an seine beiden Meister heran – diesmal mit der Bitte, Elemente aus beiden Kung-Fu-Stilen mit seinen eigenen Vorstellungen kombinieren zu dürfen, um so eine Art Selektivsystem zu entwickeln. Seine Meister schlugen ihm auch diesen Wunsch nicht ab.
Si-Jo Jens Richter entwickelte also ein Programm, das zum damaligen Zeitpunkt den Namen »Liu Sui Tao« tragen sollte. Dieser Name stellte einen eindrucksvollen Bezug zum fließenden Wasser her: Das Wasser kann sowohl sanft als auch hart sein. Es bahnt sich immer einen Weg – selbst durch das härteste Gestein. Manchmal schlägt es einen Bogen ein, um ein Hindernis zu umfließen; manchmal strömt es einfach darüber hinweg – doch am Ende ist das Wasser durch nichts wirklich aufzuhalten. Und genau dies sollte ursprünglich die Philosophie seiner Kung-Fu-Schule werden: Finde deinen Weg wie das Wasser, so kannst du am Ende gewinnen! Erst Jahrzehnte später stieß er auf ein – dank YouTube und den sozialen Medien – inzwischen stark verbreitetes Video, in welchem Bruce Lee einen sehr ähnlichen Gedanken vertritt: »Sei Wasser, mein Freund!« Doch zu dieser Zeit trug seine Kung-Fu-Familie bereits einen anderen Namen …
Die Nachfrage nach seinen Techniken stieg konsequent an, und so fasste Si-Jo Jens Richter im Jahr 1986 den naheliegenden Entschluss, seine eigene Schule zu gründen: Am 12. April 1986 eröffnete er seine erste Kung-Fu-Schule in Duisburg. In seinen Anfängen bot der damals gerade mal 21-Jährige ab 18:00 Uhr Kung-Fu-Kurse in der »Sportakademie Richter« an – 1987 begann seine Erfolgsserie von mehr als hundert Turniersiegen in Folge: Formen im südlichen Hard- und im nördlichen Softstyle, Waffenformen und Zweikämpfe. Mit dem Weltmeistertitel wuchs der Zulauf in seiner Kung-Fu-Schule schlagartig an. Jeder wollte ein Weltmeister werden, jeder wollte auf einem Turnier starten. Bis zu 26 Wochenenden im Jahr – nur unterbrochen von der Sommer- und Winterpause – verbrachte Si-Jo Jens Richter mit seinen Schülern auf nationalen wie auch internationalen Turnieren. Damals wurde er erstmalig mit der sich wandelnden Nachfrage in Bezug auf das Erlernen einer Kampfkunst konfrontiert.

Eines Tages – er unterrichtete bereits seit mehreren Jahren an der Sportakademie Richter – befand sich unter seinen Schülern eine junge Studentin der chinesischen Sprache und Kultur. Sie berichtete ihrem Professor von der Kunst des »Liu Sui Tao«, woraufhin dieser erwiderte: »Dein Kung-Fu-Meister hat ein sehr gutes Gefühl für die chinesische Philosophie. Er hat einen wundervollen Namen ausgewählt, doch es ist kein Name für Kung-Fu. Niemand würde in China vermuten, dass hinter diesem Namen eine Kung-Fu-Familie steckt. Es ist ein guter Name für eine Philosophie, jedoch unpassend für eine Kampfkunst.«

Und so begann eine erneute Suche nach einem passenden Namen: »Richter Ga« – zu Deutsch: »Familie Richter« – stellte eine der möglichen Optionen dar, wurde jedoch schnell wieder verworfen, da »Richter« zu viele Bedeutungen beinhaltet und somit zu unklar definiert ist. Die Studentin sprach ein weiteres Mal mit ihrem Professor, und dieser fragte sie: »Worauf legt dein Meister besonderen Wert?« – Sie antwortete: »Auf Mut!« Und damit war der neue Name gefunden: »Hu Chuan Pai« – übersetzt:

- Hu = Tiger – in Asien das Symbol für Mut
- Chuan = Faust
- Pai = Gruppe.

Hu Chuan Pai ist heute ein anerkanntes Kung-Fu-System des IKFF-Verbandes (International Kung-Fu Federation). Im Jahr 2009 wurde Si-Jo Jens Richter vonseiten der International Kung-Fu Federation sowie der World Martial Arts Association, Taiwan, als Begründer der Hu Chuan Pai Kung-Fu-Familie anerkannt – in diesem Zusammenhang erhielt er den offiziellen Titel des »Si-Jo« (vgl. Kap. 2.4 – Stammbaum einer Kung-Fu-Familie).

Bis heute geht die Kunst des Hu Chuan Pai Kung-Fu an inzwischen acht Kung-Fu-Schulen innerhalb Nordrhein-Westfalens (www.sportakademie-richter.de) von den Meistern an die Schüler über. In knapp dreißig Jahren wurden mehr als 3.000 Schüler im Hu Chuan Pai Kung-Fu unterrichtet.

4.5 Schärpen und Farben

Viele Kung-Fu-Schulen ehren ihre Schüler nach erfolgreich abgelegter Prüfung mit einer farbigen Schärpe, welche Rang und Graduierung des betreffenden Schülers anzeigt. Mit steigendem Trainingsgrad kommt der Kampfkünstler seinem Traum von der »schwarzen Schärpe« und damit dem ersten Meistergrad (= ersten Dan) immer wieder ein Stückchen näher – eben durch genau die Attribute, für die das Kung-Fu steht: Hingabe, Fleiß und harte Arbeit.

Weniger bekannt ist allerdings die Tatsache, dass dieses Schärpensystem verhältnismäßig jung ist – es wurde erst im 20. Jahrhundert in die Kunst des Kung-Fu integriert. Vorbild – so wird behauptet – sei das frühere Rangsystem der Mönche, die eine Kesa um die Schultern trugen, welche die Stufe des Schülers von der des Meisters unterschied. Bei der Kesa handelt es sich um ein Schultertuch, das einst von Buddha selbst aus Leichentüchern erschaffen worden sein soll. Sie ist Bestandteil der Mönchsgewandung, welche wiederum zu den acht Besitztümern eines buddhistischen Mönches zählt:

- Besitz I–III: drei Mönchsroben
- Besitz IV: eine Almosenschale
- Besitz V: ein Bettelstab
- Besitz VI: ein Wassertopf/eine Wasserkanne
- Besitz VII: ein Sieb
- Besitz VIII: eine Decke/ein Handtuch.

Außerdem dürfen buddhistische Mönche auch Nadel und Faden bei sich haben, einen Kleidergürtel tragen und einen Rasierer besitzen, um sich den Kopf kahl zu rasieren.

Die Kleidung der Mönche sollte ein bescheidenes Leben symbolisieren und den Körper lediglich vor Unterkühlung, vor Überhitzung sowie vor Insekten schützen – aus diesem Grund wurden früher Stoffreste verwendet, die ansonsten nicht mehr hätten getragen werden können: Leichentücher, mit Blut verschmutzte Tücher, von Ratten angenagte Tücher usw. Diese Tücher wurden dann zusammengenäht und mithilfe natürlicher Farbstoffe eingefärbt; darunter auch Safran und Kurkuma, die dem Mönchsgewand die typisch gelbliche Farbe verliehen. Weder für die Kleidung noch für die Kesa durften Materialien verwendet werden, die eine Verletzung oder Tötung von Tieren voraussetzten: Fell, Leder, Seide oder auch tierische Farbstoffe waren untersagt. Noch heute erhält jeder Schüler des Buddhismus die Kesa als Symbol der Weitergabe buddhistischer Lehren während seiner Ordination vom Meister verliehen.

Manche buddhistischen Orden legen Wert darauf, dass der Mönchsanwärter selbst eine Kesa anfertigt, da der Mönchsrobe erst durch die Verwertung alter Stoffe und Kleider sowie durch die sorgfältige Arbeit von Hand auch eine geistige Bedeutung zukommt. Der Kung-Fu-Neuling beginnt in der Regel mit der weißen Schärpe, anschließend folgen die Farben Gelb, Orange und Grün. Bis hierhin darf von dem Schüler erwartet werden, dass er die Grundtechniken des Kung-Fu beherrscht. Mit der blauen und braunen Schärpe steigen die Anforderungen, so sollten die Techniken bereits härter, schneller und vor allem sauberer und zielgerichteter durchgeführt werden. Der Unterricht – insbesondere in Bezug auf die Selbstverteidigung – wird nun fordernder und anspruchsvoller. Zudem übernimmt der Schüler Verantwortung, indem er sein bisher erworbenes Wissen mit neueren Kung-Fu-Schülern teilt. In manchen Kung-Fu-Schulen setzt in dieser Phase auch der erste Umgang mit Waffen ein, zum Beispiel Säbel, Stock und Messer.

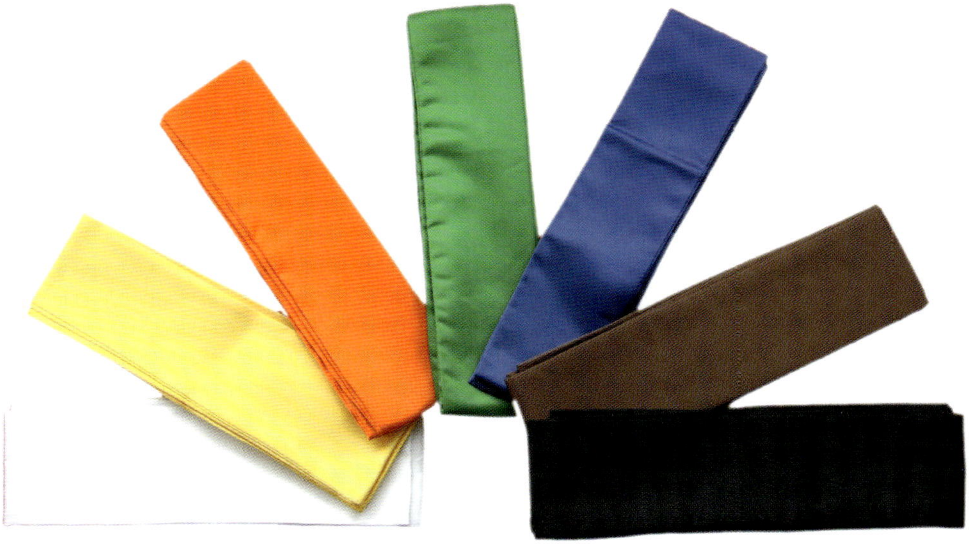

Nach einigen Jahren intensiven Trainings stellt der Kung-Fu-Schüler seine nunmehr ausgereiften Fähigkeiten in der Prüfung zum ersten Dan – und somit zum Meister des Kung-Fu – unter Beweis. Mit Erreichen der schwarzen Schärpe hat das Lernen jedoch noch kein Ende, vielmehr beginnt ein neuer Abschnitt im Leben des Kung-Fu-Kämpfers: Der Schüler wird zum Lehrer, er genießt den Respekt und die Anerkennung, die er bislang seinem eigenen Meister geschuldet hat und auch weiterhin schulden wird. Formen, Waffentraining, Selbstverteidigung – all dies findet weiterhin statt, und während der junge Meister sich sowohl dem Training als auch der Weitergabe der von ihm erlernten Kampfkunst widmet, erarbeitet er sich den nächsten Dan (Meistergrad). Ein Leben lang!

Wie lange der Weg von der weißen bis zur schwarzen Schärpe dauert, lässt sich nicht explizit festlegen, denn dies hängt von dem individuellen Einsatz des Schülers und seiner Leidenschaft für Kung-Fu ab. Wer zweimal oder gar dreimal die Woche trainiert und auch fleißig zu Hause übt, kommt schneller voran als der, der sich nur einmal die Woche Zeit für sein Kung-Fu-Studium nimmt.

Hinzu kommt, dass es für das beschriebene Graduierungssystem keine festgelegte Norm gibt – es variiert folglich von Schule zu Schule. So kann es beispielsweise Schulen geben, in denen der Kung-Fu-Schüler die gelbe Schärpe drei Jahre lang trägt, ehe er die nächste Stufe erreicht. Währenddessen hat der Schüler einer anderen Kung-Fu-Familie gerade erfolgreich die Prüfung für die grüne Schärpe abgelegt. Auch in den Farben gibt es Unterschiede: Weiß – Gelb – Orange – Grün – Blau – Braun – Schwarz – Rot. Eine Reihenfolge, die nicht selbstverständlich ist, denn Grün und Blau können durchaus mal vertauscht sein. Manche Schulen integrieren auch die Farbe Lila oder sogenannte »halbe Farben« in ihr Graduierungssystem: Weiß – Weiß-Gelb – Gelb – Gelb-Orange – Orange – Orange-Grün – Grün – Grün-Blau – Blau – Blau-Braun – Braun – Braun-Schwarz – Schwarz.

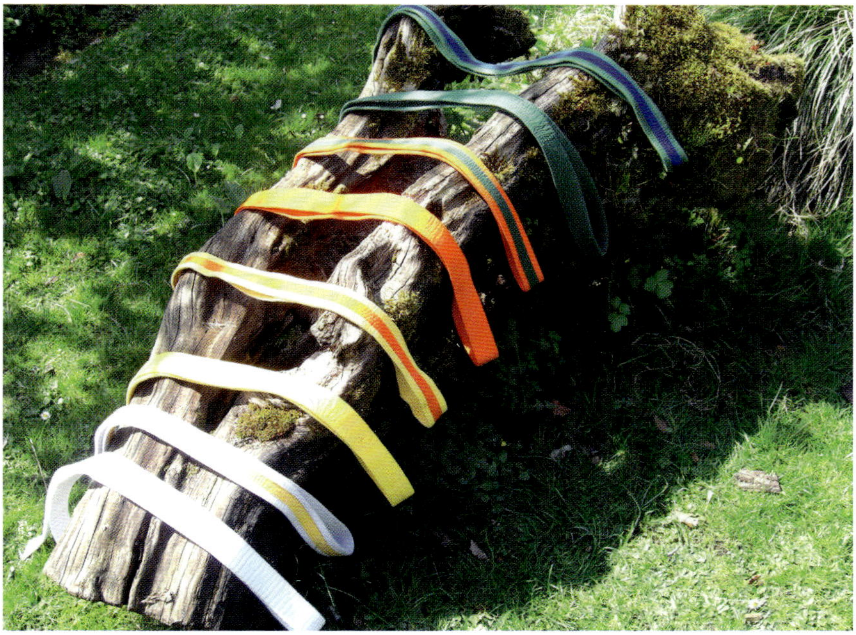

Im Hu Chuan Pai Kung-Fu gibt es zudem auch altersspezifische Graduierungsabstufungen zwischen Kindern, Jugendlichen und Erwachsenen: Während Teenager und Erwachsene bereits Schärpen tragen, erhalten Kinder einen Gürtel – auch wenn wir uns der Tatsache, dass das Gürtelsystem (jap. »Kyu/Dan«) ursprünglich aus Japan stammt, durchaus bewusst sind.

So ist das Gürtelsystem auf den Begründer der japanischen Kampfkunst Judo – Jigoro Kano (1860–1938) – zurückzuführen, der den Gürtel als Zeichen des individuellen Ranges eines Kampfkünstlers einsetzte, indem er seine Schüler in zwei Gruppen einteilte: in die Schüler ohne Graduierung (mudansha) und die Schüler mit Graduierung (yudansha). Wer das System des Judo zu beherrschen gelernt hatte, erreichte die erste Stufe und damit den ersten Dan. Das erste Gürtelsystem enthielt somit lediglich zwei unterschiedliche Gürtel: den Weißgurt für die Schüler ohne Graduierung und den Schwarzgurt für die Schüler mit Graduierung. Die Farbgurte stammen aus dem Jahr 1935, als Kawaishi Mikonosuke Judo in Paris, Frankreich, unterrichtete: Die farblichen Abstufungen haben keine weitere Bedeutung, sie wurden mit ansteigender Graduierung nur immer dunkler, damit der Gürtel problemlos umgefärbt werden konnte. Kurz darauf übernahm der Japaner Gichin Funakoshi (1868–1957) ein ähnliches Kyu/Dan-System für sein Shotokan Karate: Kyu benennt die einzelnen Schülergrade, während sich der Dan auf die Meistergraduierungen bezieht. Der Erfolg dieses Gürtelsystems blieb auch den anderen Kampfkünsten nicht verborgen – und bis in die 1970er Jahre hatte es sich auch kampfkunstübergreifend durchgesetzt.

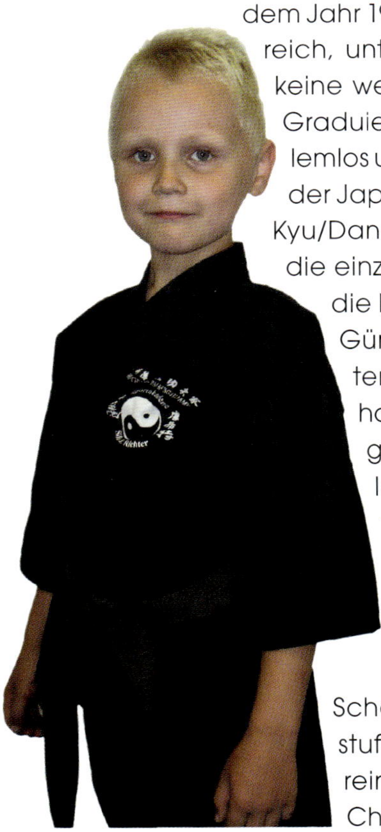

Im Zuge der Wertevermittlung erhalten die jüngsten Schüler des Hu Chuan Pai Kung-Fu Streifen für Mut, Disziplin, Aufmerksamkeit, Anerkennung, Respekt, Motivation und Kontrolle (vgl. Kap. 2.2 – Werte fürs Leben). Diese Streifen lassen sich an einem Gürtel besser befestigen als an einer Schärpe. Außerdem macht er die Graduierungsabstufungen besser sichtbar, und somit sprechen auch rein praktische Gründe für das Gürtelsystem im Hu Chuan Pai-Kinderprogramm.

Die Kinder sind – verdientermaßen – sehr stolz auf ihren Gürtel. Erfahrungsgemäß geben sie sich hier besonders viel Mühe, wenn sie den Gürtel nach dem Unterricht wieder zurück in die Sporttasche packen. Sie wissen, dass der Gürtel den Boden möglichst nicht berühren sollte und dass er nicht einfach in eine Ecke – oder eben in eine Sporttasche – geworfen werden darf. Auch ein Gürtel ist mit Respekt zu behandeln, also wird er in der Regel in mühevoller Arbeit und mit perfekter Akkuratesse aufgewickelt. Die Folge: Beim nächsten Kung-Fu-Unterricht kringeln sich die beiden Enden nach oben, statt glatt anzuliegen – dies hinterlässt in keiner Kampfkunst einen besonders guten Eindruck. Tatsächlich ist der Gürtel – ähnlich der Schärpe – vielmehr zusammenzulegen. Das nebenstehende Foto veranschaulicht, wie.

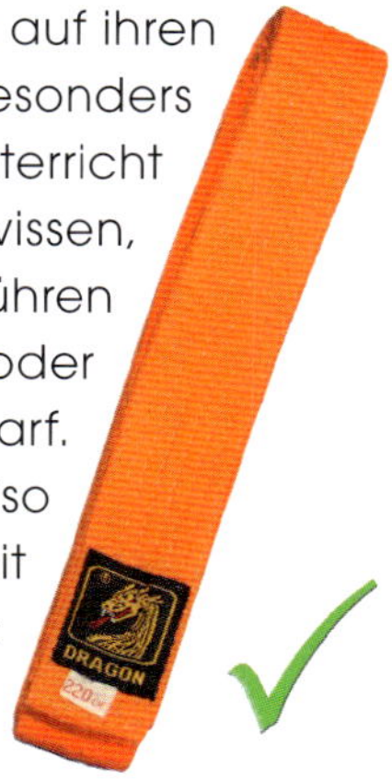

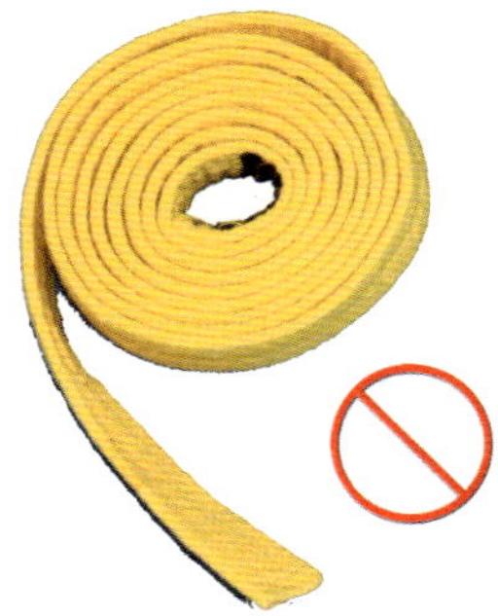

Fest steht – nach dieser kleinen Exkursion von den Schärpen zu den Gürteln – eigentlich nur, dass Kung-Fu viele Jahre der Hingabe, der Geduld und der Disziplin sowie den Willen, über die eigenen Grenzen hinauszuwachsen, erfordert. Kung-Fu ist ein Reifeprozess, der sich nicht über Nacht vollzieht. Sich mit anderen zu vergleichen, ist folglich sinnlos und demotivierend, schließlich geht es um die eigene Persönlichkeit, um das eigene Bestreben, im Kung-Fu und im Leben voranzukommen – der eine schneller, der andere etwas langsamer. Oder um es mit einer japanischen Weisheit zu sagen: »Fürchte dich nicht vor der langsamen Veränderung – fürchte den Stillstand!«
Doch neben dem zum Teil recht differenzierten Farb- und dem damit verbundenen Graduierungssystem ist es auch wichtig, die Schärpe richtig zu binden:

1. Zunächst wird ein Ende der Schärpe gefasst und seitlich so angesetzt, dass sich dieses Ende ungefähr auf Kniehöhe befindet – mit ein wenig Zeit und Übung bekommt der Träger das richtige Gefühl für die optimale Stelle.

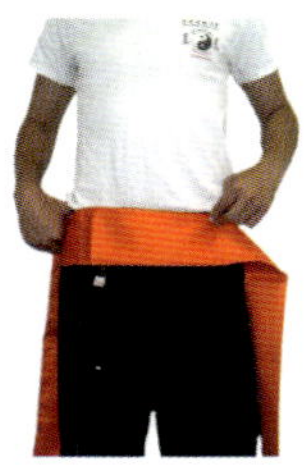

2. Während das eine Ende der Schärpe nun also seitlich festgehalten wird, ist das andere Ende der Schärpe zweimal um den

Körper herumzuwickeln. Am Ende sollten auf einer Körperseite drei Lagen der Schärpe vorhanden sein, auf der anderen Seite sind es zwei Lagen.

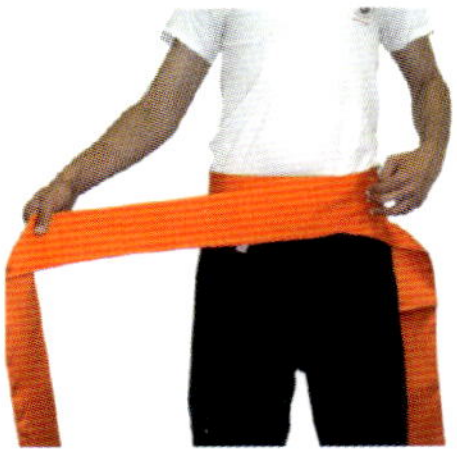

3. Als Nächstes ist das freie Ende der Schärpe von unten nach oben durch beide Lagen durchzustecken.

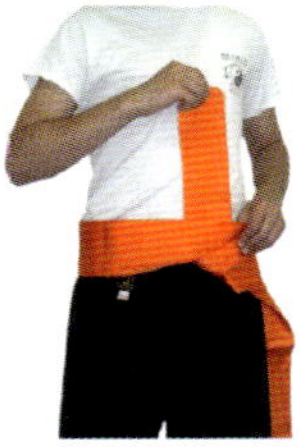

4. Um nun den Knoten zu binden, ist ein Ende der Schärpe über das andere Ende zu legen und dann durch die entstandene Öffnung zu ziehen.

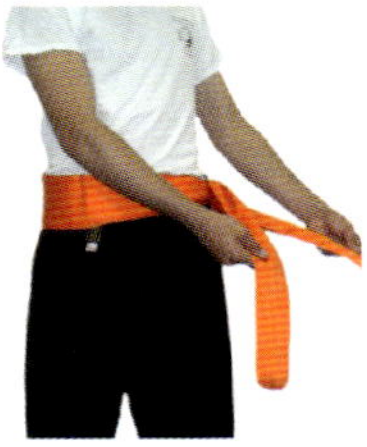

5. Wichtig im Hu Chuan Pai Kung-Fu ist, dass die nun seitlich des Knotens herabhängenden Enden gleichlang sind. In anderen Systemen können die Enden auch eine unterschiedliche Länge aufweisen, sie dürfen jedoch nicht über das Knie hinausgehen!

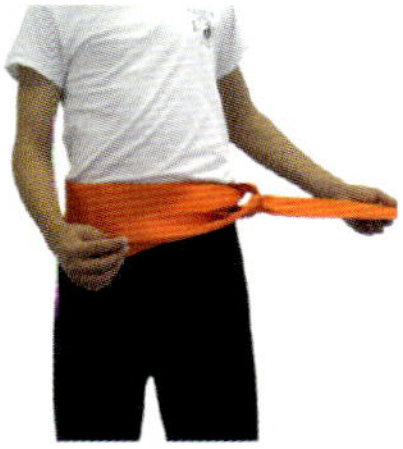

6. Während der Schüler den Knoten der Schärpe linksseitig trägt, bindet sich der hochrangige Meister den Knoten seiner Schärpe auf der rechten Seite.

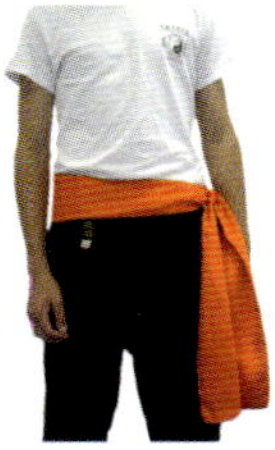

Die wichtigsten Fauxpas im Hinblick auf die Kung-Fu-Schärpe

- Gerade Anfänger neigen dazu, die Schärpe nach dem Unterricht zusammenzuknüllen und in der Trainingstasche zu verstauen. Das Ergebnis: Beim nächsten Tragen sind die Knicke und Falten deutlich zu sehen, was im Allgemeinen keinen guten Eindruck hinterlässt.

- Wurde die Schärpe einmal getragen, so sollte diese nicht mehr gewaschen werden, denn damit würde auch all die Anstrengung und das, was sich der Schüler erarbeitet hat, herausgewaschen. Dieser »Aberglaube« existiert übrigens auch für das japanische Gürtelsystem.

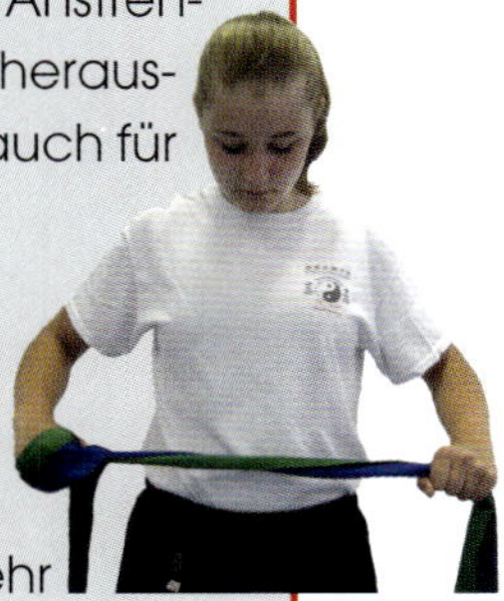

- Der Einfachheit halber wickeln sich manche Schüler die Schärpe, indem sie sie mit beiden Fäusten greifen und in den geschlossenen Händen zusammenknüllen. Dadurch liegt die Schärpe jedoch nicht mehr glatt an.

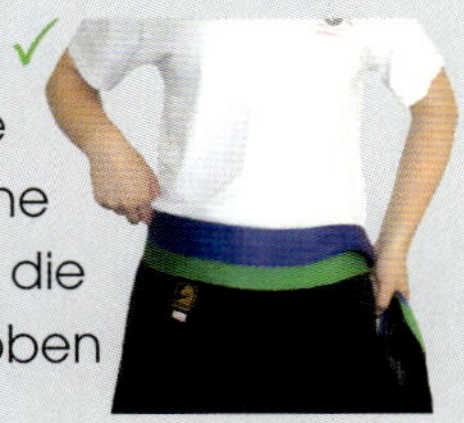

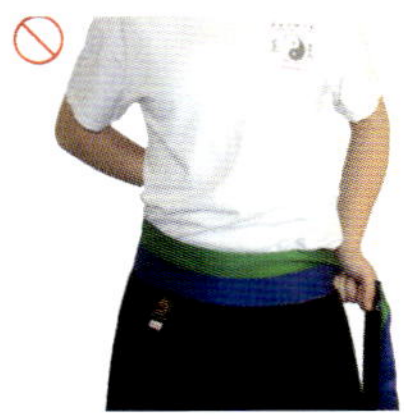

- Bei halben Graduierungen ist unbedingt darauf zu achten, dass die niedrigere Farbe stets nach unten zeigt. So ist zum Beispiel eine orange-grüne Schärpe so zu wickeln, dass die Farbe Orange unten und die Farbe Grün oben zu sehen ist.

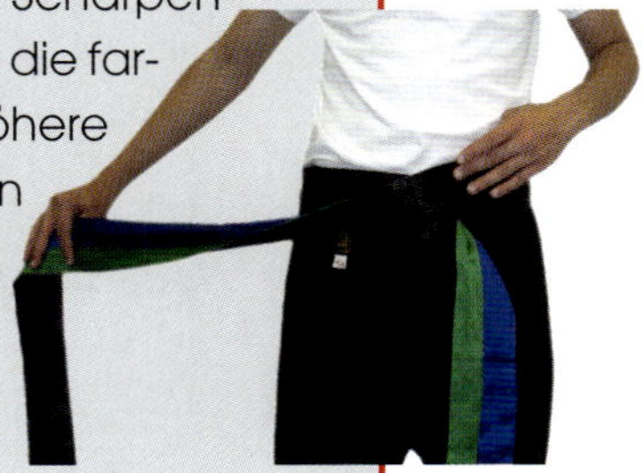

- Besonders vermessen ist es, die bei manchen Schärpen schwarze Rückseite nach außen zu drehen und die farbige Seite innen zu verbergen, um somit eine höhere Graduierung vorzutäuschen. Dies beweist den mangelnden Respekt des Schülers vor seinem Meister und der Kung-Fu-Kunst.

Kung-Fu – weiß zu schwarz

»Der Unterschied zwischen einem Weissgurt und einem Schwarzgurt ist: Der Schwarzgurt findet immer einen Weg!«

Si-Fu Jens Richter, Kampfkünstler und Si-Jo der Hu Chuan Pai Kung-Fu-Familie, *1965

5

Auch in den folgenden Abschnitten möchten wir einen umfassenden Eindruck der Kampfkunst Kung-Fu vermitteln, doch Überlieferungen, Unterrichtsmethoden und auch Techniken gibt es viele – unmöglich, wirklich allen gerecht zu werden. Meister eines Kung-Fu-Stiles trennen sich, sie gehen eigene Wege und sorgen somit für eine unterschiedliche Weiterentwicklung beispielsweise der Formen. Altes Wissen geht verloren, Neues wird hinzugefügt. Aus diesem Grund möchten wir an dieser Stelle nochmals darauf hinweisen, dass die beschriebenen Formen, Hand- und Fußtechniken etc. in erster Linie – wenn auch nicht ausschließlich – auf dem Hu Chuan Pai Kung-Fu unter Si-Jo Jens Richter beruhen. Sie sind lediglich als Beispiele zu verstehen, denn von Schule zu Schule wie auch von System zu System sind Abweichungen mehr als wahrscheinlich.

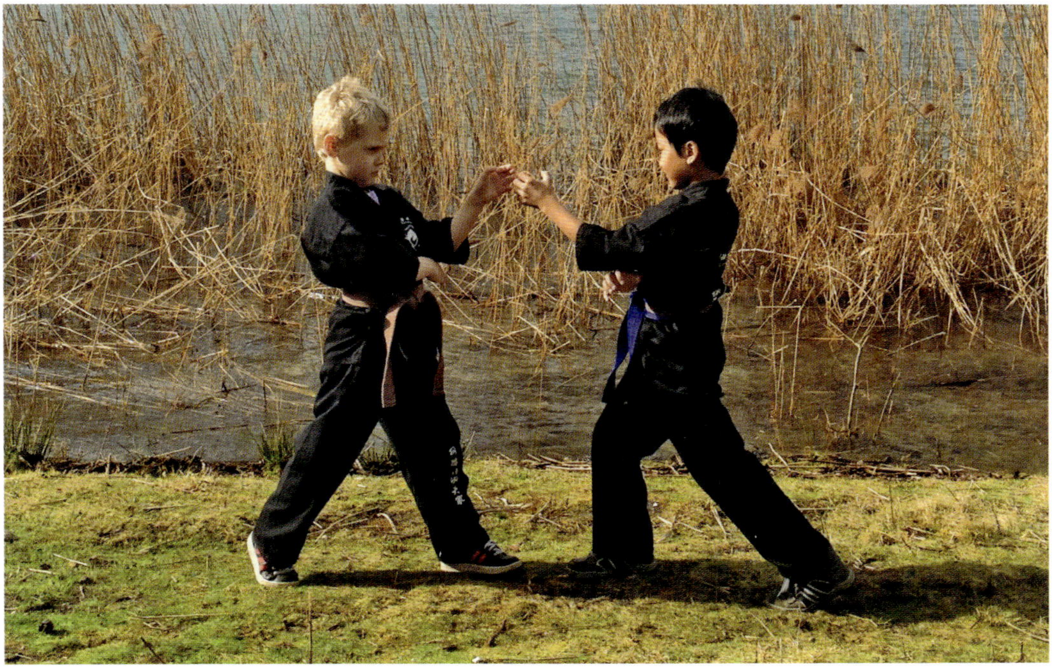

Eine traditionelle Kung-Fu-Schule in China umfasst gut und gerne 30.000 Schüler oder sogar noch mehr. Individualität gibt es hier nicht, alle Übungen dienen dazu, eine kollektive Mentalität zu erschaffen. Bilder und Videoaufnahmen chinesischer Kung-Fu-Schulen zeigen Tausende von Schülern, die in Reih und Glied auf dem Hof stehen und ihre Übungen in perfekter Synchronität absolvieren. So viele einzelne Menschen, die eine Einheit bilden.

Ein solcher Anblick bietet eine gewisse Faszination, der sich das Auge kaum entziehen will. Dass Kung-Fu übersetzt »etwas durch harte Arbeit erreichen« bedeutet, bezweifelt hier sicher niemand. Doch könnte eine solche Schule in dem individualistisch geprägten Westen überhaupt bestehen? Während die Kung-Fu-Schüler traditioneller Schulen in China nur für die Gemeinschaft leben, geht es bei uns im Westen vielmehr um das persönliche Vorankommen jedes Einzelnen. Hier gilt nicht die Selbstaufgabe, sondern vielmehr Selbsterfüllung: Was sind meine Ziele? Wie erfülle ich mir meine Träume? Wo ist mein Platz in der Gesellschaft?

Im Grunde spiegeln die Kung-Fu-Schulen das Bild einer bestehenden Gesellschaft wider. In China galt stets die Devise: Das Wohl der Familie wiegt schwerer als das Wohl des Einzelnen. Und nur intakte

Familien begründen eine funktionierende und gesunde Gesellschaft. Indes darf und soll der Einzelne in unserer Welt eigene Wege gehen – und zwar ohne zwangsläufig erst den Segen der Familie einzuholen. Die Überlebensprognosen für eine chinesisch geprägte Kung-Fu-Schule in westlichen Ländern fielen folglich mehr als bescheiden aus. Nichtsdestotrotz fühlen sich auch westliche Kung-Fu-Schulen traditionellen Werten wie Disziplin, Respekt, Geduld oder Mut verbunden.

Besonders in der Vergangenheit zeichneten sich europäische Kampfkunstschulen durch strenge Meister, einen harten und wenig abwechslungsreichen Unterricht sowie durch eine unumstößliche Hierarchie aus. Dem Schüler wurde ein – für westliche Verhältnisse – Maximum an Disziplin abverlangt: Stundenlang wiederholte er ein und dieselbe Übung, um seine Techniken zu verfeinern. Den Aufstieg innerhalb der Kung-Fu-Familie musste er sich hart erarbeiten, nicht viele Schüler hielten dem Druck bis zum ersten Dan stand.

Der moderne Unterricht vollzieht einen Wandel, der die Individualität des Einzelnen zunehmend in den Fokus stellt. Werte wie Traditionsbewusstsein, Respekt und Disziplin bilden nach wie vor das Herz der Kung-Fu-Kunst, doch nun zählen auch Auffassungsgabe, Talent und Körperbewusstsein des Schülers. Was kann der Schüler – und was kann er erreichen? Bringt der Schüler besondere Fähigkeiten mit, so werden diese auch besonders gefördert. An spezifischen Schwächen wird gefeilt, bis der Schüler genug Selbstvertrauen entwickelt, um seine Schwächen zu besiegen. Der Unterricht moderner Schulen ist abwechslungsreicher – durch die Persönlichkeiten der Lehrer wie auch der Schüler. Individuelle Charaktereigenschaften und körperliche Voraussetzungen werden heute eben nicht mehr unterdrückt und in eine Form gepresst, sondern vielmehr gefördert und herausgebildet. Kung-Fu lebt nach wie vor durch Wiederholungen, doch unterschiedliche Übungen machen diese Wiederholungen weniger spürbar und in der Konsequenz auch weniger langweilig. Selbst die Unterrichtsmaterialien sind interessanter geworden: Bestand das Equipment bis vor wenigen Jahren maximal aus Pratzen und Sandsäcken, so spielen die Lehrer inzwischen mit einer weit größeren Variationsvielfalt, die auch Ringe, Becher, Wavemaster oder kleine Hürden zur Erhöhung der Sprungkraft etc. umfasst.

Obgleich sich an der Hierarchie einer Kung-Fu-Schule nicht viel geändert hat, geht es dem Meister inzwischen nicht mehr allein darum, dass seine Anweisungen blind befolgt werden. Vielmehr nutzt er neueste Erkenntnisse rund ums Lehren und Lernen, die auch die sogenannten »didaktischen Prinzipien« berücksichtigen. Kung-Fu-Schüler profitieren infolgedessen von einem Unterricht, der speziell auf ihre Bedürfnisse zugeschnittenen ist und auf eine dauerhaft positive Lernerfahrung setzt:

- Fasslichkeit: Der Lehrer berücksichtigt individuelle Voraussetzungen seiner Schüler, um so eine Über- oder Unterforderung und einen daraus resultierenden Motivationsverlust zu vermeiden.
- Verständlichkeit: Alle Lerninhalte werden wiederholt erläutert, sodass sich die Schüler darüber im Klaren sind, was von ihnen erwartet wird.
- Individualisierung: Jeder hat gute und schlechte Tage – auch dies wird neben anderen persönlichen Faktoren wie Interesse und Vorwissen, Aufnahmefähigkeit etc. beachtet.
- Motivation: Jede neue Graduierung, jede neue Farbe der Schärpe ist ein Ziel, das der Schüler erreichen möchte – und mit jedem kleinen Erfolg, den er im Unterricht erfährt, rückt dieses Ziel ein Stückchen näher.
- Lernerfolgssicherung: Regelmäßige Rückmeldungen über vollbrachte Fortschritte bestätigen den Schüler und schaffen eine optimale Basis für zukünftige Lernerfolge.

Der Wandel in den modernen und doch traditionsbewussten Kung-Fu-Schulen ist vergleichbar mit dem Wandel, den unser westliches Schulsystem durchläuft: Wissen ältere Generationen noch von der Bestrafung mit dem Rohrstock zu berichten, so sind derartige Disziplinarmaßnahmen heute unter Strafe verboten. Selbst stupides Abschreiben der Hausordnung wird durch die Allgemeine Schulordnung (ASchO) der Länder als Strafarbeit ausgeschlossen. Dies ändert natürlich nichts an dem Lernziel: den Schüler in die Lage zu versetzen, eines nicht allzu weit entfernten Tages ein selbstbestimmtes und finanziell abgesichertes Leben zu führen. Es ist allein der Weg zu diesem Ziel, der sich verändert; ein Weg, der sich an die gesellschaftlichen Anforderungen, an unsere Werte und Normen anpasst – und sich damit an Merkmalen orientiert, die selbst einem stetigen Wandel unterliegen.

Die Kunst des Kung-Fu ist eine lebendige Kunst. Eine Kunst, die atmet, die wächst, die reift. Traditionen sollten bewahrt werden, doch Veränderungen sind unumgänglich.

5.1 Begrüßung

Was heute in der westlichen Welt das Händeschütteln ist, bestand im alten China vielmehr aus einem Handzeichen. Dabei gibt es sehr unterschiedliche Begrüßungsrituale (chinesisch: Jing-Li). Eine auch im Westen sehr gebräuchliche Variante und ihre Entstehung:

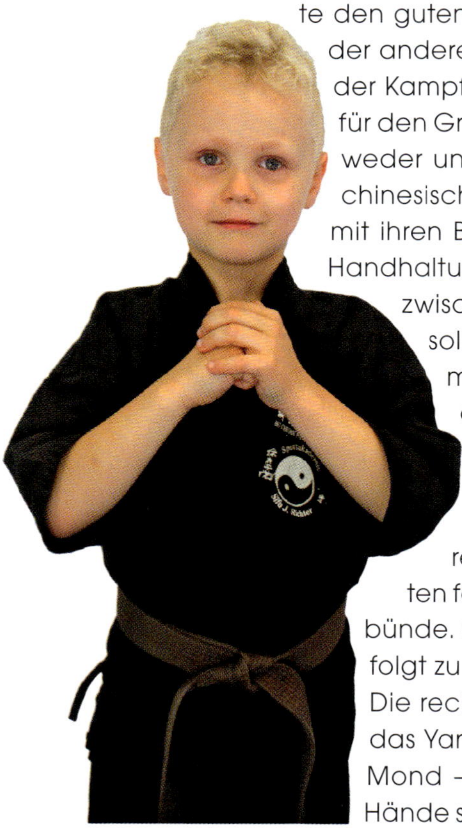

Die rechte offene Hand bedeckte die linke Faust – dies symbolisierte den guten Willen und die friedliche Absicht gegenüber der anderen Person. Doch Soldaten, Krieger und Meister der Kampfkünste vermieden es konsequent, ihre Waffen für den Gruß aus der Hand zu legen. Sie handelten damit weder ungewöhnlich noch respektlos, denn nach der chinesischen Denkweise waren die Waffen untrennbar mit ihren Besitzern verbunden. Und so änderte sich die Handhaltung im Laufe der Zeit. Es fand ein Rollentausch zwischen rechter und linker Hand statt: Von nun an sollte die offene linke (also die von Herzen kommende) Hand die rechte Faust bedecken, um die eigene Friedfertigkeit auszudrücken.

In den unterschiedlichen Kampfkunststilen kristallisierten sich noch weitere Handhaltungen heraus, welche dem ursprünglichen Gruß recht nahe kamen. Sie fielen nicht auf und dienten folglich als Erkennungszeichen diverser Geheimbünde. So soll der oben beschriebene Gruß auch wie folgt zu interpretieren gewesen sein:

Die rechte Faust symbolisierte die Sonne – und damit das Yang. Die linke Faust hingegen symbolisierte den Mond – und damit das Yin. Die Vereinigung beider Hände stand damit zugleich auch für den Einklang von Yin und Yang (vgl. Kap. 5.2 – Die Tiere des Kung-Fu). Zudem stellen das Schriftzeichen für Sonne und das Schriftzeichen für Mond zusammengenommen das Schriftzeichen für »Ming« dar – so könnte dieser Gruß auch als Geheimgruß der Ming-Anhänger unter der Ching-Herrschaft gedient haben.

Noch heute beginnt und endet jeder traditionelle Kung-Fu-Unterricht mit einem Gruß, der Respekt und Höflichkeit zum Ausdruck bringt. Es ist für jeden Schüler von wesentlicher Bedeutung, diesen Gruß mit großer Sorgfalt zu erlernen und nicht zu unterschätzen, denn eine nachlässig ausgeführte Bewegungsabfolge stellt für die andere

Person eine offene Beleidigung dar – schlimmstenfalls sogar eine Herausforderung zum Kampf. Wer beispielsweise seine offene Hand vor die Faust führt, ohne die Faust damit zu bedecken oder zu umschließen, sagt in manchen Kung-Fu-Stilen aus: »Kämpfe mit mir auf Leben und Tod!«

Begrüßung außerhalb des Dojos

Grundsätzlich begrüßt der Jüngere bzw. niedriger Graduierte den Älteren bzw. höher Graduierten. Beide reichen sich die rechten Hände – ähnlich unserem heutigen Händeschütteln. Dann legt der Jüngere seine linke Hand auf die beiden Rechten, der Ältere wiederum legt seine linke Hand obenauf. Eine Erklärung dieser Begrüßungsform besagt, dass der Jüngere dem Älteren durch diese »Unterordnung« seinen Respekt erweist. Der Ältere verspricht dem Jüngeren durch das Handauflegen, diesen stets zu beschützen.

Begrüßung des Dojos

Das Dojo (chinesisch: Kwoon) ist der Raum, in dem der Lehrer seine Kunst vermittelt. Dieser Unterrichtsraum hält einen traditionellen Standard der Einfachheit; viele Schulen bewahren hier auch ihre Ausstattung für das regelmäßige Training auf: Waffen, Schlagkissen etc. Die vordere Wand des Dojos gilt als »Ort der Ehre« – hier finden sich insbesondere in sehr traditionsbewussten Schulen häufig Bilder des Familienbegründers und des Lehrers bzw. Meisters, der hier unterrichtet.
Nun ist es in fast allen Kampfkünsten Tradition, das Dojo beim Betreten und Verlassen – zum Beispiel durch eine kurze Verbeugung – zu begrüßen. Tatsächlich gilt dieser respektvolle Gruß nicht allein dem Raum, in dem der Schüler seinen Körper und Geist in scheinbar endloser Arbeit trainiert, sondern auch den Bildern, die symbolisch für den Si-Jo (vgl. Kap. 2.4 – Stammbaum einer Kung-Fu-Familie) und Meister stehen. Auf diese Weise zollt der Schüler seinem Meister und/oder Familienoberhaupt auch dann seinen Respekt, wenn dieser selbst nicht persönlich anwesend sein kann.

Begrüßung innerhalb des Dojos

Eine Gruppe von Schülern stellt sich nach dem Rang ihrer jeweiligen Graduierung vor dem Meister auf. Der höchstgraduierte – und somit in der Regel auch der älteste – Schüler spricht die Grußformel: »Si-Fu,

sing-li!« Übersetzen lässt sich diese Begrüßung mit: »Meister, wir grüßen dich!«
Begleitet werden die gesprochenen Worte durch den nachfolgend beschriebenen Bewegungsablauf: Im Hu Chuan Pai Kung-Fu stehen die Schüler in aufrechter Position mit geschlossenen Füßen da, während die geschlossene rechte Faust in der offenen linken Hand liegt. Sie befinden sich in einer »Obacht«-Position und registrieren alles, was um sie herum geschieht. Während die Schüler nun die mittlere Katzenstellung – links vor – einnehmen (vgl. Kap. 5.2 – Die Tiere des Kung-Fu), führen sie ihre rechte Hand als Faust und die linke Handfläche an der Faust durch leichten Druck seitens der offenen Hand seitlich am Körper vorbei nach hinten. Durch den Schritt nach vorne demonstrieren sie, dass sie im Notfall noch immer zum Kampf bereit sind. Daraufhin erfolgt der Wechsel in die mittlere Katzenstellung – rechts vor, zugleich wird die von der linken Hand umschlossene Faust wieder nach vorne geführt. Beide Hände – sozusagen die Waffen des Kämpfers – symbolisieren in ihrer offenen und geschlossenen Form die harten und weichen Techniken des Kung-Fu. Sie stehen für die Wiedervereinigung einzelner Techniken zu einer Gesamtheit. Der vorgestellte, rechte Fuß demonstriert erneut die Bereitschaft zum Kampf, sollte ein solcher unvermeidlich sein. Anschließend findet die Öffnung der Arme in einer weiten Kreisbewegung statt, während sich der Schüler zweieinhalb Schritte zurückbewegt. Die Begrüßung endet mit geschlossenen Füßen und beiden Fäusten an den kurzen Rippen. Die zuvor geöffneten Arme stehen für die innere Kraft, die freigesetzt wird – das daraufhin erfolgte Zurückziehen der Hände steht für den Sieg durch Nachgeben.
Ob der Schüler nun das Dojo, seinen Übungspartner, den Meister oder die Ahnen begrüßt, wichtig ist seine ehrliche Absicht hinter dem Gruß! Das in Europa üblich gewordene Kopfnicken oder die vage Andeutung einer Verbeugung sagt genau das Gegenteil einer respektvollen Begrüßung aus: Augenscheinlich handelt es sich bei dem Gegenüber um eine eher lästige Person, und die Zeit für einen echten Gruß ist zu kostbar, um an sie verschwendet zu werden.
An dieser Stelle sei darauf hingewiesen, dass ein Schüler für jeden Übungspartner dankbar sein sollte, auch wenn die Übung zunächst für das eigene Vorankommen sinnlos erscheinen mag: Selbst der fortgeschrittene Schüler kann von dem Jüngeren lernen. Nur durch diese Lernbereitschaft und Akzeptanz meistert der Kung-Fu-Schüler

einen weiteren Abschnitt auf dem Weg seiner Kampfkunst – und erfährt so eine Bereicherung für sich und sein Leben.

5.2 Die Tiere des Kung-Fu

Die Song-Dynastie – 960 bis 1279 christlicher Zeitrechnung – erwies sich als eine der Hochzeiten chinesischer Kampfkünste: Aus dieser Zeit entspringt das von den Tieren beeinflusste Kung-Fu. Alten Shaolin-Sagen zufolge könnte es aber auch schon Bodhidharma (440 bis ca. 528 n.Chr.) gewesen sein, der einst acht Tiere beobachtete und in verschiedene Methoden seiner Selbstverteidigung einfließen ließ, darunter: der Affe, der Drache, der Tiger, der Adler, der Kranich, der Leopard oder auch der Panther, die Schlange und die Gottesanbeterin. Unstreitig ist indes, dass diese Tiere nicht nur als Vorbild für Kung-Fu-Techniken, sondern auch als symbolhafte Typisierung verschiedener Charaktereigenschaften herangezogen wurden.

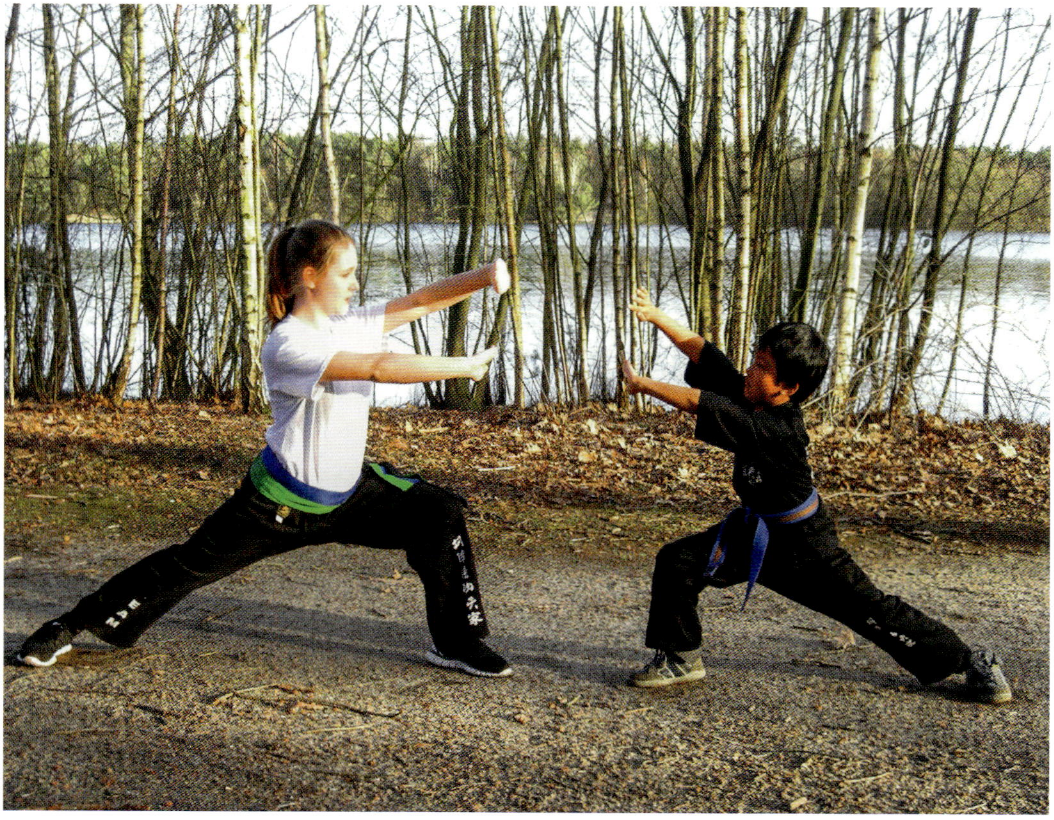

Drache

Der Drache – in China ein Symbol des Glücks – stellt den Kämpfer dar, der einen Kampf zu vermeiden weiß, ohne dabei als Verlierer zu enden – eine besondere Herausforderung, die selbst für einen Shaolin kaum zu bewältigen ist. Der Drache symbolisiert geistige Stärke, Konzentrationsvermögen und eine ausgeprägte Ausbildung des Sehsinns. Er ist äußerst gewandt und in seinen Bewegungen unglaublich flexibel, was ihn für seinen Angreifer sehr schwer vorhersehbar macht.

Tiger

Er demonstriert den starken, großen und mächtigen Kämpfer, der einen Konflikt schnell zum Ende bringt. Sein Schlüssel ist Einfach- und Direktheit; eine enorme Kraft gepaart mit einer hohen Schmerzgrenze. Seine Bewegungen sind sowohl anmutig wie auch gefährlich und kraftvoll – er symbolisiert die Kräftigung der Gelenke und Knochen.

Affe

Der Affe bezeichnet sehr wendige und agile Kämpfer, die flink ausweichen und Angriffe blitzschnell auszuführen wissen. Rollen, Purzelbäume und Saltos sind fester Bestandteil ihres kampfkünstlerischen Repertoires.

Gottesanbeterin

Die Gottesanbeterin ist dem Affen recht ähnlich, insbesondere in Bezug auf die recht stürmischen Arm-, Hand- und Beintechniken. Sie ist vielleicht noch ein klein wenig wilder und draufgängerischer als der Affe.

Panther/Leopard

Er stellt den aggressiven, dominanten Kämpfer dar, der allerdings weniger auf körperlicher als auf mentaler und strategischer Ebene agiert. Er ist intelligent, schnell und äußerst manipulativ. Seine Bewegungen sind geschmeidig und präzise; er symbolisiert die Stärkung der Muskulatur.

Kranich

Der Kranich steht für den kleinen, friedliebenden Kämpfer, der einem Kampf lieber aus dem Weg geht. Es ist kein Stil, um zu gewinnen, sondern vielmehr, um ein Umfeld zu kreieren, in dem der Angreifer verliert. Der Kranich ist agil, flexibel und genau. Er wartet passiv und voller Geduld auf den Moment, da die Konzentration seines Gegners nachlässt und einen schnellen, präzisen Angriff ermöglicht.

Schlange
Sie demonstriert den Kämpfer, der Druck- und Angriffspunkte nutzt, um seinen Angreifer präzise außer Gefecht zu setzen. Er kennt die menschliche Physiologie und erschafft Schmerz, ohne zu verletzen. Zudem symbolisiert die Schlange die Atmung und Vitalkraft eines Menschen – das sogenannte »Chi« oder »Qi«.

Adler
Der Adler benötigt nur minimalen Aufwand, um die Kontrolle über seinen Gegner zu erlangen. Seine Angriffe sind gefährlich und zielen direkt auf die empfindlichen Vitalpunkte des Körpers ab.

Die sogenannten »fünf Tiersysteme der Shaolin« sollen hingegen im 16. Jh. entstanden sein und auf einen chinesischen Arzt namens Hua Tuo zurückgehen, der im 2. Jh. gelebt und ein Bewegungssystem entwickelt haben soll, das dem Spiel der Tiere ähnelt. Diese fünf Tiersysteme umfassen:

- Longquan – Drachenstil: Der Drache symbolisiert das Üben des Geistes.
- Huxingquan – Tigerstil: Der Tiger symbolisiert das Üben der Knochen.
- Baoquan – Leopardenstil: Der Leopard symbolisiert das Üben der Kraft.
- Hokquan/Hequan – Kranichstil: Der Kranich symbolisiert das Üben der Essenz.
- Shequan – Schlangenstil: Die Schlange symbolisiert das Üben der Lebensenergie Qi (vgl. Kap. 4.3 – Taijiquan – Die Innere Kampfkunst).

Ob nun aus der Zeit Bodhidharmas, aus der Song-Dynastie oder sonstigen Überlieferungen zufolge: Im Laufe der Jahrhunderte erfuhr die Kunst des Kung-Fu zahlreiche Veränderungen, Verluste und Ergänzungen. Inzwischen gibt es schier unzählige Variationen der

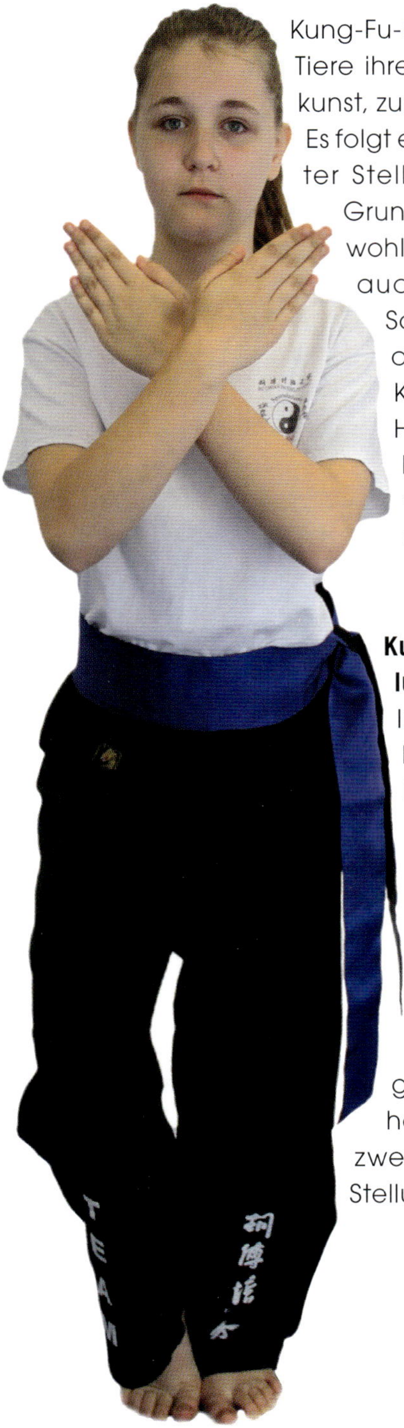

Kung-Fu-Kunst! Und so fanden auch weitere Tiere ihren Weg in die chinesische Kampfkunst, zum Beispiel das Pferd und die Katze. Es folgt eine Beschreibung häufig praktizierter Stellungen aus der Tierwelt, die als Grundlage der Formen dienen und sowohl die Stabilität und Dehnbarkeit wie auch die Geduld und Disziplin des Schülers fördern. Wichtig zu wissen ist, dass jede Stellung im Hu Chuan Pai Kung-Fu mehrere Variationen der Handhaltung umfasst – essenzielles Merkmal einer Stellung sind somit vor allem die Gewichtsverteilung und die Körperhaltung.

Kurze Katzenstellung – Gewichtsverteilung: 95 % zu 5 %

In der Ausgangsposition stehen die Füße dicht nebeneinander, dabei bilden sie eine gerade Linie. Der rechte Fuß steht auf den Fußballen (5 %), beide Beine sind leicht geknickt und der Rücken nimmt eine gerade Haltung an. Die rechte Hand befindet sich in Kinnhöhe gestreckt vor der linken Hand.

Es handelt sich hierbei um eine sogenannte Übergangsstellung, das heißt: Sie wird benutzt, um zwischen zwei Richtungen oder zwischen zwei Stellungen zu wechseln.

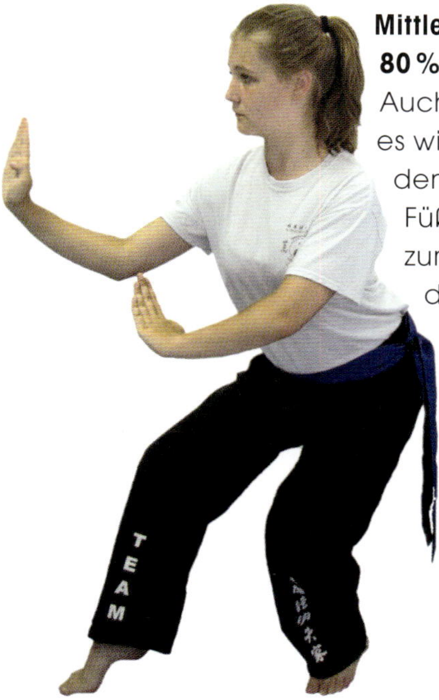

Mittlere Katzenstellung – Gewichtsverteilung: 80 % zu 20 %

Auch bei der »mittleren Katzenstellung« ist es wichtig, dass beide Füße eine Linie bilden und beide Beine geknickt sind. Die Füße befinden sich in einem 45 °-Winkel zum Gegner, wobei der vordere Fuß auf den Fußballen (20 %) steht und der größte Teil des Körpergewichts auf das hintere Bein (80 %) verlagert wird. Die Handflächen zeigen in die Richtung des Gegners, die Fingerspitzen sind zusammengepresst.

Diese Stellung dient hauptsächlich der Defensive, das vordere Bein ist zum Tritt bereit.

Lange Katzenstellung – Gewichtsverteilung: 70 % zu 30 %

Wieder bilden beide Füße eine Linie, der Abstand ist hier allerdings etwas größer. Das Gewicht verlagert sich größtenteils auf das rechte Bein (70 %), wobei der Kämpfer so tief in die Knie geht, dass dieses Bein einen Winkel von 90 ° formt. Das linke Bein (30 %) wird ebenfalls leicht geknickt, relativ schnell stellt sich ein schmerzhaftes Ziehen ein. Die rechte Hand schützt den Kopf gegen Angriffe von oben, während die linke Hand Angriffe von der Seite abwehrt. Der Blick konzentriert sich dabei auf die nach links gestreckte Hand, wobei der Arm nicht komplett durchgedrückt werden darf. Das Handgelenk ist so einzuknicken, dass die Finger nach oben und die

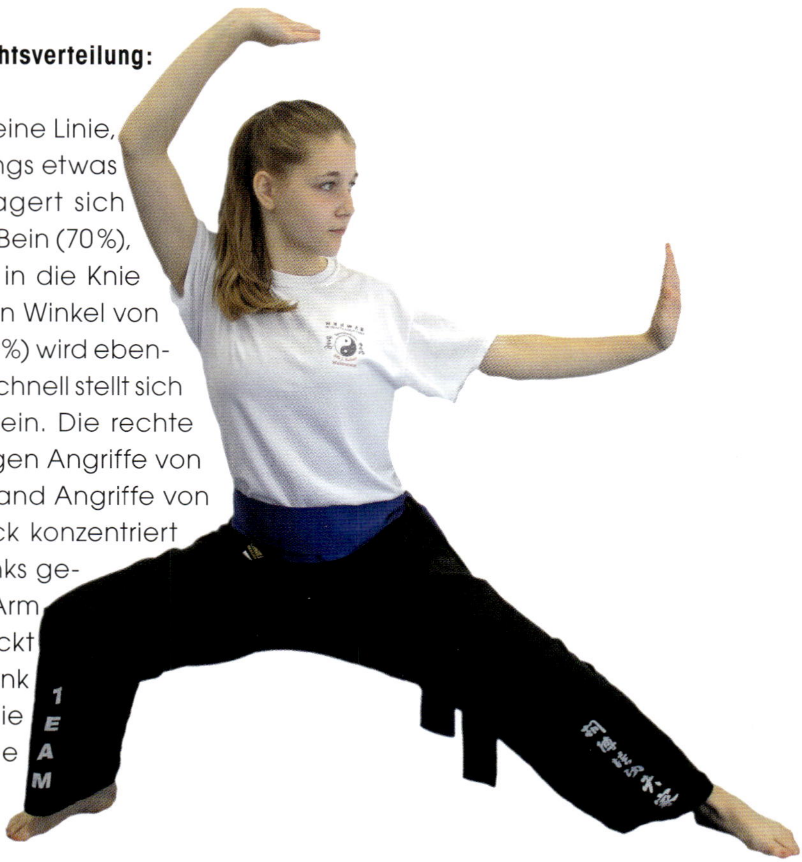

Handfläche nach außen zeigen. Die »lange Katzenstellung« wird häufig auch als »verlängerte mittlere Katzenstellung« bezeichnet, allerdings dient auch sie eher als Übergangsstellung bei einem Stellungs- oder Richtungswechsel.

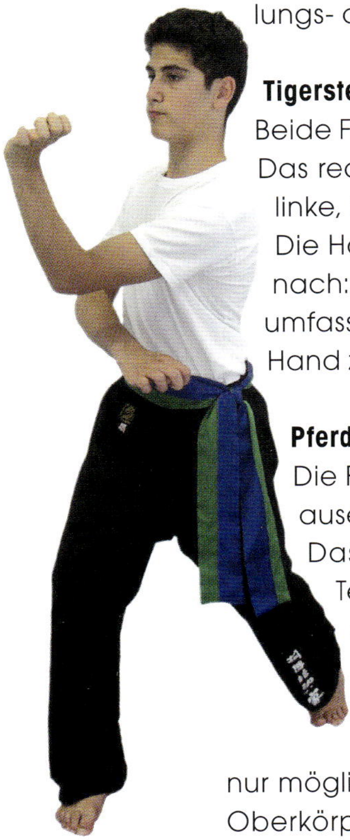

Tigerstellung – Gewichtsverteilung: 70 % zu 30 %
Beide Füße bilden eine Linie sowie einen 45 °-Winkel zum Gegner. Das rechte, vordere Bein (70%) ist leicht geknickt – so auch das linke, hintere Bein (30%), wobei der Fuß auf den Fußballen steht. Die Handballen und Finger beider Hände ahmen Tigerpranken nach: Die rechte »Klaue« schützt dabei die linke Körperseite und umfasst den Arm eines imaginären Angreifers, während die linke Hand zum Hals eben dieses Angreifers zielt.

Pferdestellung – Gewichtsverteilung: 50 % zu 50 %
Die Füße stehen parallel und nur etwas weiter als schulterbreit auseinander, die Zehen zeigen dabei nach vorne.

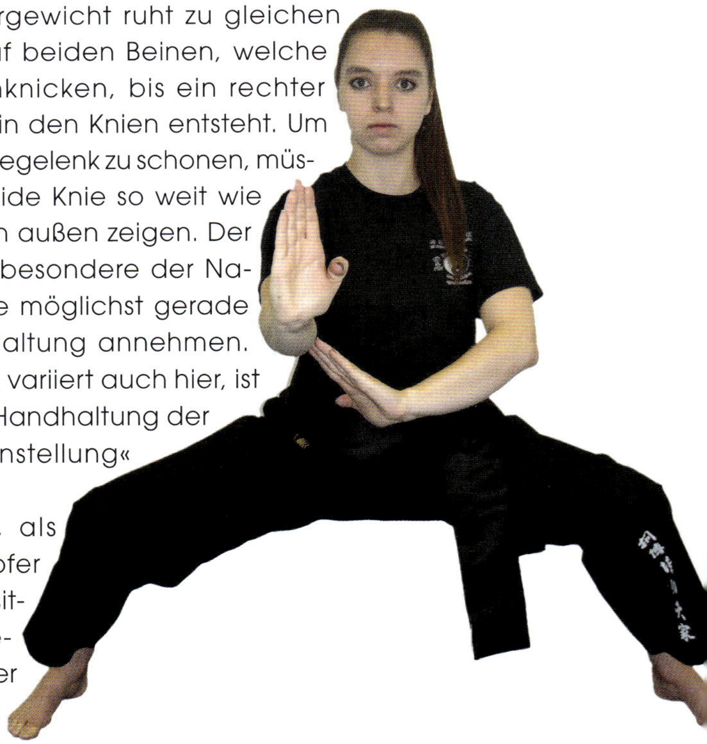

Das Körpergewicht ruht zu gleichen Teilen auf beiden Beinen, welche nun einknicken, bis ein rechter Winkel in den Knien entsteht. Um das Kniegelenk zu schonen, müssen beide Knie so weit wie nur möglich nach außen zeigen. Der Oberkörper – insbesondere der Nacken – sollte eine möglichst gerade und aufrechte Haltung annehmen. Die Handhaltung variiert auch hier, ist aber häufig der Handhaltung der »mittleren Katzenstellung« gleichgesetzt.
Da es aussieht, als würde der Kämpfer auf einem Pferd sitzen, ist die Pferdestellung auch unter der Bezeichnung »Reiterstellung« bekannt. Der chinesische Begriff lautet »Mabu«.

Glaspferdestellung – Gewichtsverteilung: 70 % zu 30 %

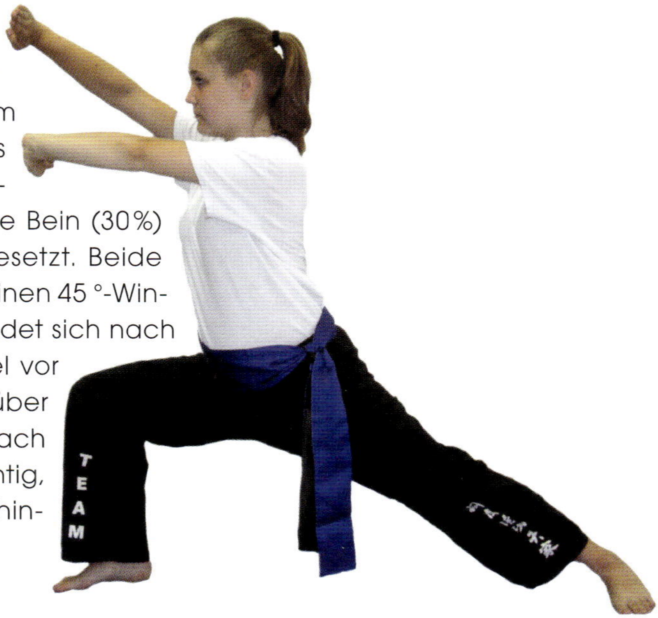

Das rechte Bein (70 %) beugt sich zur rechten Seite, bis ein rechter Winkel im Kniegelenk entsteht; dabei darf das Knie jedoch nicht über den Fuß hinausgeschoben werden. Das linke, hintere Bein (30 %) bleibt gestreckt, der Fuß ganz aufgesetzt. Beide Füße bilden eine gerade Linie sowie einen 45 °-Winkel zum Gegner. Der Oberkörper wendet sich nach rechts, und die Arme werden parallel vor dem Körper gehalten – rechter Arm über linken Arm, die Handflächen weisen nach außen. Der Kung-Fu-Kämpfer steht richtig, wenn der Blick zwischen den Armen hindurchfällt.

Glaspferdestellung mit geknicktem Bein – Gewichtsverteilung: 75 % zu 25 %

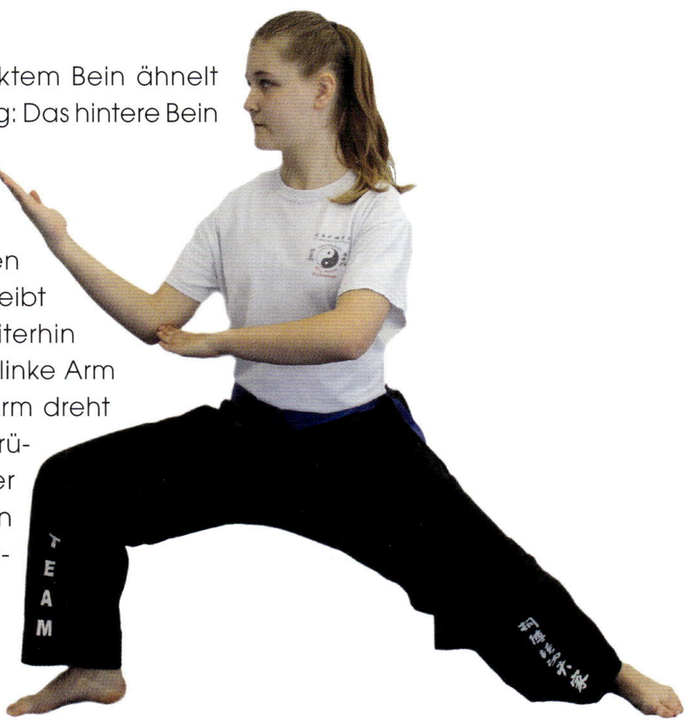

Die Glaspferdestellung mit geknicktem Bein ähnelt der ursprünglichen Glaspferdstellung: Das hintere Bein (25 %) knickt hier ebenfalls ein, sodass eine geringfügige Gewichtsverlagerung auf das vordere Bein (75 %) entsteht. Die Füße bleiben in einer Linie, und der hintere Fuß bleibt aufgesetzt. Der Oberkörper ist weiterhin zur rechten Seite ausgerichtet, der linke Arm hält die Position, und der rechte Arm dreht sich so nach oben, dass der Handrücken nach außen zeigt. Wenn der Blick knapp über die Fingerspitzen fällt, hat der rechte Arm die optimale Höhe erreicht.

Gedrehte Pferdestellung – Gewichtsverteilung: 2/3 zu 1/3 beziehungsweise 66,6 % zu 33,3 %

Ausgangsstellung ist die Pferdestellung aka Reiterstellung aka Mabu: Das rechte Bein setzt vor dem linken Bein nach hinten über, der Oberkörper bleibt dabei nach vorne gerichtet. Der rechte Fuß bleibt aufgesetzt (33,3 %), der linke Fuß (66,6 %) steht auf den Ballen. Der rechte Arm wird nach vorne gestreckt (leicht gebeugt lassen), die Handfläche zeigt nach außen, die Fingerspitzen nach oben. Der linke Arm wird vor dem Körper ebenfalls nach vorne geführt, die Handhaltung ist gleich, wobei die Fingerspitzen leicht den rechten Ellenbogen berühren.

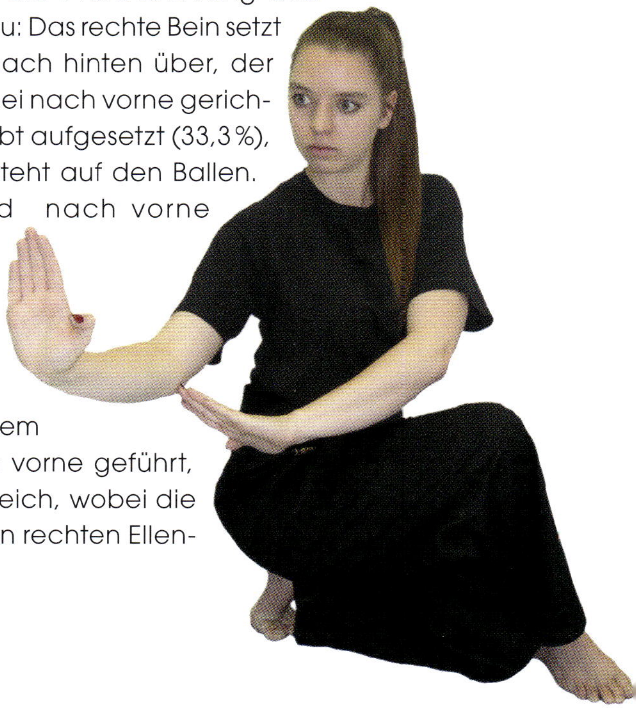

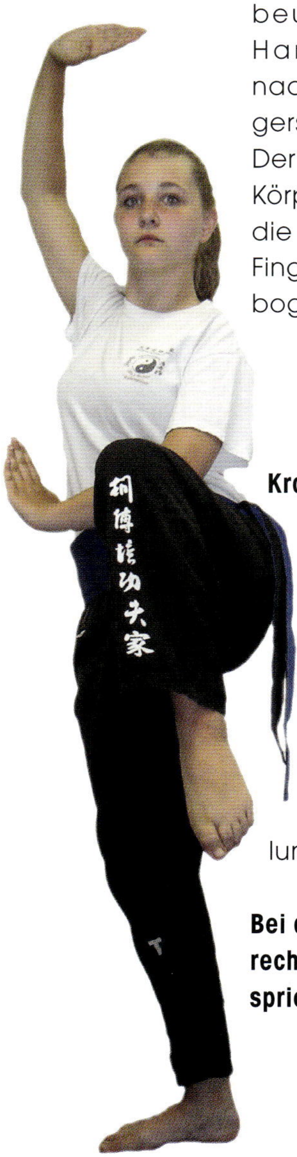

Kranichstellung – Gewichtsverteilung: 100 % zu 0 %

Der Kung-Fu-Kämpfer steht ausschließlich auf dem leicht eingeknickten rechten Bein (100 %), der Fuß ist um 45 ° nach außen gedreht. Das linke Knie wird so hoch wie möglich gezogen, denn das Schienbein soll sowohl den Unterleib als auch den Solarplexus vor Angriffen schützen. Der linke Fuß wird in der Luft gestreckt, das heißt: Die Fußspitzen zeigen nach unten. Der rechte Arm wird über den Kopf geführt, er blockt Angriffe von oben. Der linke Arm schützt die Rippen. Diese recht defensive Stellung eignet sich auch sehr gut als Ausgangsposition offensiver Handlungen, zum Beispiel für schnelle Tritte.

Bei den hier dargestellten Stellungen handelt es sich ausschließlich um die rechtsseitige Ausführung, alle Stellungen werden auch spiegelverkehrt – sprich: linksseitig – einstudiert.

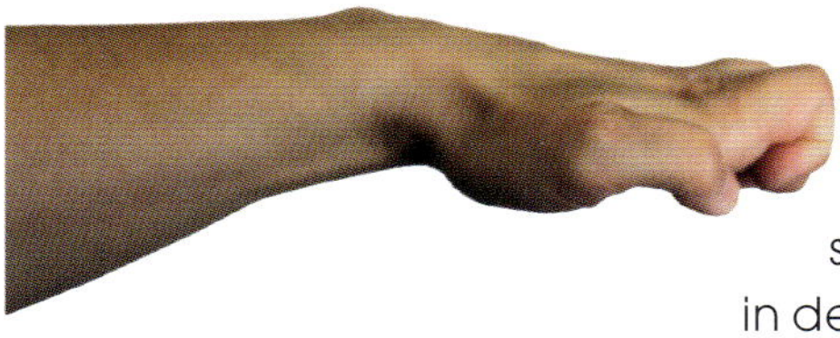

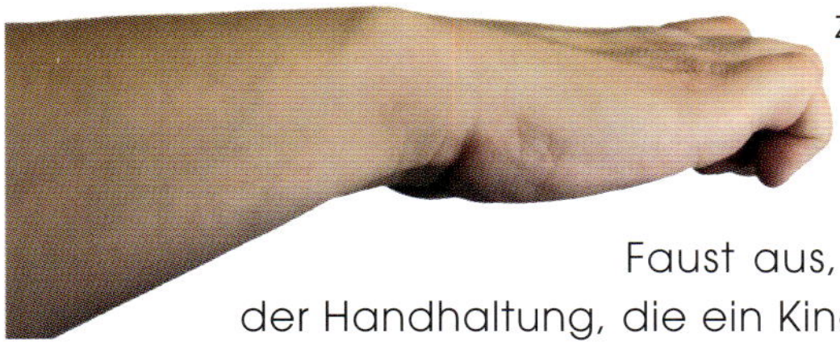

Doch die Tiere des Kung-Fu finden sich nicht nur in den Grundstellungen. Der aufmerksame Schüler entdeckt sie auch in den Formen (Kuen), in den Schlägen und in der Selbstverteidigung, zum Beispiel:

Pantherfaust

Die Pantherfaust sieht nicht wie eine typische Faust aus, sondern ähnelt vielmehr der Handhaltung, die ein Kind macht, um eine Katzenpfote nachzuahmen: Die Handfläche bleibt gerade, die Finger werden angewinkelt, und der Daumen wird – ebenfalls angewinkelt – eng an die Handfläche gelegt. Der Schlag ist so auszuführen, dass die harten und spitzen Fingerknöchel auf den gegnerischen Angreifer treffen.

Affenform (Hau Kuen)

Die Hau Kuen (übersetzt: Affenform) zählt – abhängig von dem jeweiligen Kung-Fu-System – mitunter zu den ersten Formen, die ein Kung-Fu-Schüler erlernt (vgl. Kap. 5.6 – Die Bedeutung hinter den Formen). Ihren Namen verdankt diese Form insbesondere den sehr tief in den Knien ausgeführten Bewegungen, welche an die natürlichen Bewegungen der Affen erinnern. Die sich mehrfach wiederholende Mabu-Stellung beinhaltet einen Block, bei dem beide Arme überkreuzt und nach oben gestreckt werden – auch diese Bewegung ähnelt einem Affen, während er nach frischen, noch an einem Baum hängenden Früchten greift.

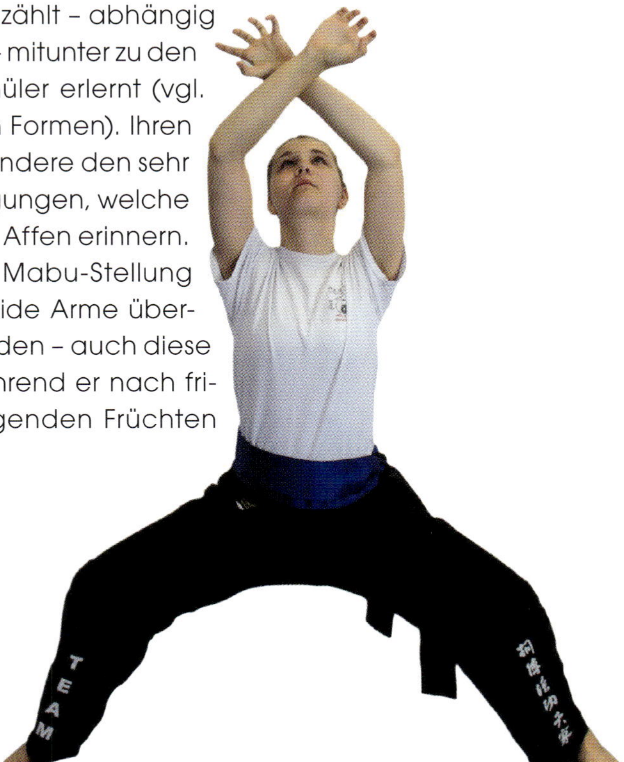

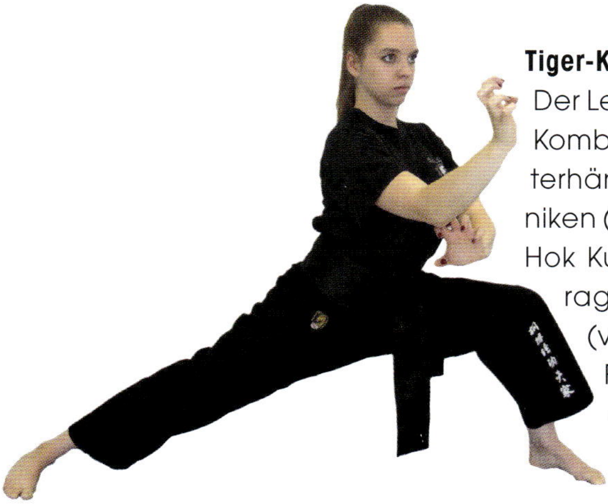

Tiger-Kranich

Der Legende zufolge entspringt die Tiger-Kranich-Kombination dem südlichen Shaolin-Stil: Der Kräuterhändler Hung Hei Guan kombinierte Tigertechniken (Fok Fu Kuen) mit den Kranichtechniken (Bak Hok Kuen), die er von seiner Frau – einer hervorragenden Kranich-Kämpferin – erlernt hatte (vgl. Kap. 5.6 – Die Bedeutung hinter den Formen). Dank der für die Tiger-Kranich-Form charakteristischen Techniken ist das System vergleichbar mit dem Yin und Yang der chinesischen Philosophie: Es beschreibt gegensätzliche und doch aufeinander bezogene Kräfte und Prinzipien. Das Taijitu symbolisiert das weiße Yang, welches für Helligkeit, Härte, Hitze, Männlichkeit und Aktivität steht, sowie das dunkle Yin, das Dunkelheit, Weichheit, Kälte, Weiblichkeit und Ruhe ausstrahlt.

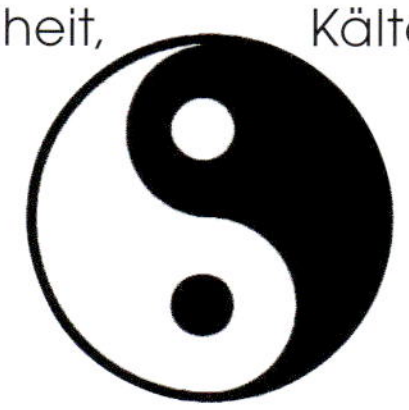

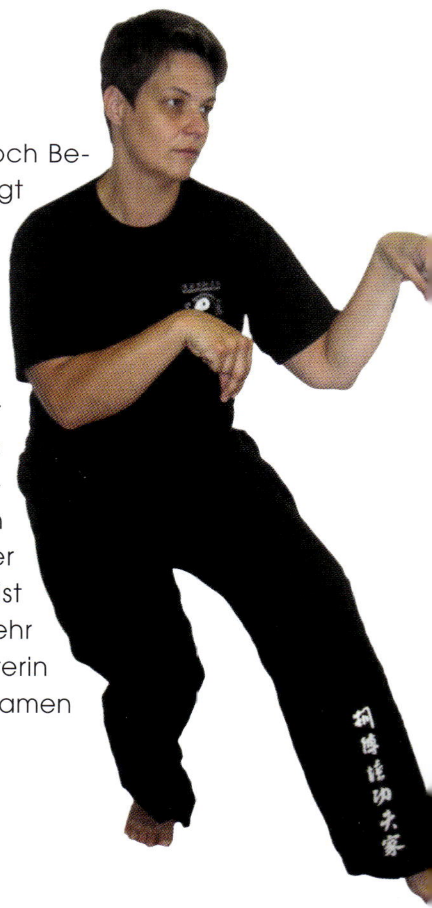

Gottesanbeterin

Auch die Gottesanbeterin ist heute noch Bestandteil der Kung-Fu-Kunst. Sie verbirgt sich beispielsweise in einer Form namens »Pak Pai«: Die Fußstellung gleicht der mittleren Katzenstellung, während die Arme leicht eingeknickt nach vorne gerichtet werden. Die Fingerspitzen von Daumen, Zeigefinger und Mittelfinger liegen aufeinander; dabei ist darauf zu achten, dass Ringfinger und kleiner Finger nicht abgespreizt sind. So bilden beide Hände eine Art »Schnabel«, der nach unten weist. Die vordere Hand ist etwas höher als die hintere Hand, was sehr stark an die Haltung der Gottesanbeterin erinnert und dieser Stellung somit ihren Namen verleiht.

5.3 Angriffspunkte

Der menschliche Körper weist etwa 250 sensible Angriffspunkte auf, die besonders empfindlich auf Schläge, Stöße oder Druck reagieren. Die Wirkung solch gezielter Attacken ist unangenehm und äußerst schmerzhaft – bei den rund 70 kritischen Zielen können sie sogar einen lähmenden oder tödlichen Verlauf nehmen. Es gilt also stets abzuwägen, welche Antwort auf einen gegnerischen Angriff wirklich angemessen ist – immerhin lassen sich über die Angriffspunkte irreparable Schäden hervorrufen. An dieser Stelle sei auch auf den »Notwehrparagrafen« hingewiesen, welcher in Kapitel 5.6 (Die Selbstverteidigung und ihre rechtliche Seite) noch eingehend erläutert wird.

Generell ist zu beachten, dass unterschiedliche Körperstellen auch unterschiedliche Angriffstechniken erfordern. So gibt es beispielsweise Angriffspunkte, die am effektivsten durch Schläge und Tritte attackiert werden – andere Stellen wiederum sprechen wesentlich besser auf Druck durch spezielle Grifftechniken an. Die größte Schwierigkeit bei den Angriffspunkten liegt in der Regel darin, dass der Gegner sich im Normalfall nicht still und abwartend verhält. Er schützt sich gegen Angriffe, er weicht aus, er blockt, er geht selbst in die Offensive. Diese Tatsache macht es nicht unbedingt leichter, die Angriffspunkte wirklich zu treffen – und das dann auch noch mit der nötigen Kraft. Außerdem sollte jede gegnerische Bewegung fest im Blick gehalten werden, denn Techniken, die sich gegen die Gelenke richten – zum Beispiel gegen Knie- und Ellenbogengelenke – erweisen sich nur dann als effektiv, wenn der Gegner sein Gelenk in dem Moment des Angriffs durchstreckt. Tut er dies nicht und der Schlag oder Tritt trifft auf ein angewinkeltes Gelenk, so können Verletzungen der eigenen Person die unerwünschte Folge sein. Ferner ist zu bedenken, dass Angriffe auf stark durchblutete Organe wie Leber oder Nieren zu inneren Blutungen führen könnten, die zum Teil unerkannt verlaufen und so Tage später zum Tod führen. Erste Anzeichen sind Übelkeit und Erbrechen, Blässe, Schwindelgefühle und Druckschmerzen. Selbst wenn es nicht unmittelbar nach der Auseinandersetzung zum Aderriss kommt, so können die Adern dennoch derart stark verletzt worden sein, dass eine zusätzliche Belastung – zum Beispiel beim Sport – letztendlich doch noch zu dem Riss und den damit verbundenen tödlichen Blutungen führt.

Im Folgenden werden die Angriffspunkte zwar grob vorgestellt, dennoch soll an dieser Stelle ausdrücklich darauf hingewiesen werden, dass nur ein regelmäßiges und zielgerichtetes Training unter einem verantwortungsvollen und erfahrenen Kampfkunst-Lehrer zu einer möglichst sicheren Anwendung dieses Wissens führt. Wer sich selbst überschätzt, geht damit – zusammengefasst – folgende Risiken ein:

- Die Technik verunglückt und führt dazu, dass sich der Anwender selbst schwer verletzt.
- Die Technik wird nicht sauber, nicht kräftig und nicht zielgerichtet genug ausgeführt – ihre Wirkung verpufft.
- Der Technik fehlt es an Selbstkontrolle/-beherrschung und der Gegner verliert sein Bewusstsein oder erleidet irreparable Verletzungen, schlimmstenfalls den Tod.

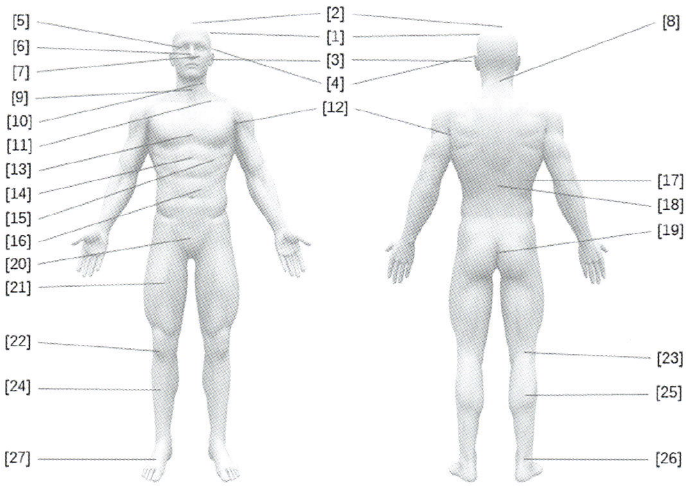

(1) Haare

Die Haare als Angriffspunkt aufzuzählen, mag zunächst merkwürdig klingen, da hier keine Nervenbahnen verlaufen, die dem Gehirn ein Schmerzempfinden signalisieren oder den Gegner sonstwie außer Gefecht setzen. Doch bei genauerer Betrachtung erschließt sich der Sinn dahinter: Egal, ob kurzes oder langes Haar – ein fester Griff sorgt für einen festen Zug an der Kopfhaut – und damit eben doch wieder für Schmerzen. Um diesen zu entgehen, wird der Gegner der Schmerzquelle automatisch folgen, das heißt: Er lässt sich äußerst effizient kontrollieren, führen und auch zu Boden bringen.

(2) Schädelbasis

Die Schädelbasis umfasst sowohl den Boden des Hirnschädels als auch das Dach des Gesichtsschädels. Ein gezielter Stoß oder Schlag auf die Schädelbasis führt einen schmerzhaften Bruch herbei, der sich durch Blutungen aus Ohren und Nase sowie durch Blutergüsse im Bereich der Augen bemerkbar macht. Ist schlimmstenfalls die gesamte Schädeldecke gebrochen oder gesplittert, so kann es zu Rissen in der Hirnhaut oder zu Verletzungen der Hirnmasse kommen. Ein sicheres Zeichen ist Gehirnflüssigkeit, die durch Nase, Mund und Ohren austritt. Die Folgen sind verheerend: Bewusstseinsstörungen, neurologische Ausfallerscheinungen, Tod.

(3) Ohren

Ein Schlag auf die Ohren ist äußerst schmerzhaft und kann sogar zu einer Verletzung des Trommelfells führen. Das Hörvermögen wird eingeschränkt, das Gleichgewichtsorgan - welches sich im Inneren des Ohres befindet - erschüttert.

(4) Schläfen

Kurz hinter den Schläfen befindet sich das Gehirn, weshalb ein stumpfer Schlag auf die beim Menschen gut sichtbare Schläfengrube verheerende Folgen nach sich ziehen kann - angefangen bei Übelkeit und Erbrechen, Kreislaufstörungen, Atemproblemen und einer Beeinträchtigung des Sehvermögens. Schlimmstenfalls sind auch Bewusstlosigkeit und Tod nicht auszuschließen.

(5) Augen

Die Augen bilden eines unserer wichtigsten Sinnesorgane, die uns auch im Kampf helfen, die Orientierung zu bewahren. Zu seinem Schutz liegt der Augapfel in der Augenhöhle, welche durch das Jochbein (lat. Os zygomaticum), das Stirnbein (lat. Os frontale) und den Oberkieferknochen geformt wird. Ansonsten ist der Augapfel recht ungeschützt und somit sehr anfällig für gezielte Gewalteinwirkungen, zum Beispiel durch Fingerstich (vgl. Kap. 5.4 - Schlag- und Trritttechniken). Das Sehvermögen wird vermindert oder vollständig ausgelöscht - der verletzte Kämpfer ist seinem Angreifer somit wehrlos ausgeliefert. Schlimmstenfalls wird eine »Schockwelle« ausgelöst, die sich durch die Gefäße zum Beispiel bis ins Ohr ausweitet und hier zu einem Riss des Trommelfells führt.

(6) Nase

Ein Griff in die Nase hilft, den Kopf und damit die weiteren Bewegungen des Gegners zu kontrollieren. Schon ein schwacher Schlag kann zu starkem Nasenbluten führen, denn durch den Schlag reißen die Blutgefäße, die sich in der Nase befinden. Die empfindliche Nase bricht verhältnis-

mäßig schnell, was sehr unangenehm und schmerzhaft, aber nicht zwangsläufig auch lebensbedrohlich ist. Dennoch ist eine Verletzung der Nase nicht zu unterschätzen: Splittert oder bricht der Nasenknochen, so kann es zu Rückstauprellungen kommen, die sich bis in den Schädel hinein ausweiten. Dies könnte eine starke Gehirnerschütterung auslösen – Bewussteinsverlust und Tod sind nahezu, jedoch nicht hundertprozentig ausgeschlossen. Doch schon ein leichter Treffer auf die Nase führt zu tränenden Augen und somit auch zu einer eingeschränkten Sicht und Kampffähigkeit des Gegners.

(7) Jochbein

Das Jochbein (lat. Os zygomaticum) befindet sich paarig neben und unterhalb der Augenhöhlen. Eine starke Gewalteinwirkung auf das Jochbein kann zum Bruch führen und in diesem Zusammenhang auch mit heftigen Schmerzen verbunden sein. Häufig tritt ein solcher Jochbein-Bruch nicht allein, sondern in Verbindung mit einem Bruch des Nasenbeins oder einer Fraktur der Augenhöhle auf.

(8) Nacken

Ein Angriff auf den Nacken ist immer auch ein Angriff auf die Halswirbelsäule – und infolgedessen mit schwerwiegenden Risiken verbunden. Bei sehr harten und offensiven Techniken besteht Bruchgefahr und daraus resultierend auch die Gefahr von Bewusstseinsverlust, Lähmung und im schlimmsten Falle dem Tod.

(9) Kehlkopf

Ein harter Schlag gegen den Kehlkopf kann diesen eindrücken und infolgedessen eine akute Erstickungsgefahr auslösen. Hier hilft nur noch ein Luftröhrenschnitt, ansonsten drohen Bewusstseinsverlust und Tod durch Ersticken.

(10) Halsschlagader

Die paarig verlaufende Halsschlagader dient der Versorgung von Kopf und Hals mit Blut, welches wiederum den Sauerstoff transportiert. Ein Schlag auf die Halsschlagader unterbricht die Blut- und Sauerstoffzufuhr und kann sogar zur Bewusstlosigkeit führen. Wird die Zufuhr nicht innerhalb kürzester Zeit wieder freigegeben – zum Beispiel bei einem länger andauernden Griff – so besteht das Risiko des Hirntods.

(11) Schlüsselbein

Das Schlüsselbein (lat. Clavicula) ist im mittleren Schaftbereich am empfindlichsten, da der Durchmesser des Knochens und der Schutz durch umliegende Bänder an dieser Stelle äußerst gering sind. Ein schmerzhafter Bruch ist verhältnismäßig leicht herbeizuführen: Ein Schlag mit der Außenhandkante genügt.

(12) Achselhöhle

Die Achselregion beherbergt sowohl Lymphknoten als auch die Armschlagader Arteria brachialis, die den Arm mit Blut und Sauerstoff versorgt. Dies macht die Achselhöhle zu einer sehr schmerzempfindlichen Körperregion. Eine zum Beispiel durch entsprechenden Griff unterbrochene Blut- und Sauerstoffzufuhr führt zu einem Taubheitsgefühl, das den Gegner zumindest vorübergehend außer Gefecht setzt.

(13) Brustbein

Eine äußere Gewalteinwirkung auf das Brustbein ist nicht nur sehr unangenehm und schmerzhaft, eine Verletzung des Brustbeinfortsatzes kann sogar zur Bewusstlosigkeit bis hin zum Tod führen.

(14) Solarplexus

Der Solarplexus stellt einen sehr empfindlichen sternenförmigen Nervenknotenpunkt dar, der die Funktion der inneren Organe steuert. Eine starke Krafteinwirkung in Richtung der Körpermitte lähmt das Zwerchfell und macht das Atmen vorübergehend nahezu unmöglich. Außerdem kann es zu einem Kreislaufkollaps, zum Verlust des Bewusstseins (insbesondere bei Asthmatikern) und auch zu einer Beeinträchtigung der inneren Organe kommen. Zudem ist ein Schlag, Tritt oder Stoß gegen den Solarplexus mit starken Schmerzen verbunden – hier ist allerdings auch auf die Kleidung des Gegners zu achten: Trägt dieser zum Beispiel eine Winterjacke, so dürfte jede Maßnahme, die sich gegen den Solarplexus richtet, wirkungslos verpuffen.

(15) Rippen

Auch die Rippenknochen (lat. Costae) brechen verhältnismäßig schnell, dafür aber umso schmerzhafter. Besonders gefährlich: Die Rippen dienen unter anderem dem Schutz innerer Organe – eine Rippenfraktur könnte zu schwerwiegenden inneren Verletzungen führen.

(16) Magen
Ein Schlag in den Magen bzw. in die Magengrube bewirkt, dass dem Gegner sprichwörtlich die Luft wegbleibt. Ein schmerzhaftes Ziehen breitet sich aus, möglicherweise kommt es sogar zur Bewusstlosigkeit.

(17) Nieren
Ein heftiger Stoß, Schlag oder Tritt gegen die Nieren führt nicht nur zu sehr starken Schmerzen, sondern auch zu einer gefährlichen Beeinträchtigung des Bluthaushalts. Schlimmstenfalls kommt es zu einem schweren Nierentrauma oder sogar zum Tod.

(18) Wirbelsäule/Rückgrat
Eine Verletzung der Wirbelsäule ist mit irreparablen Schäden verbunden: Ist der Gegner nicht auf der Stelle tot, so wird er doch zumindest von der verletzten Stelle der Wirbelsäule an abwärts gelähmt sein.

(19) Steißbein
Eine äußere Gewalteinwirkung auf das Steißbein (lat. Os coccygis) führt in der Regel nicht zum Bruch, sondern vielmehr zu einer Verletzung des umliegenden Weichteilgewebes. Da das Steißbein nicht durch Fettgewebe geschützt ist, ist es besonders anfällig, und die Folge sind Blutergüsse sowie Flüssigkeitseinlagerungen, die eine Schwellung hervorrufen, welche wiederum das Nervengeflecht reizt. Der Betroffene erleidet starke Schmerzen – vermutlich über einen längeren Zeitraum.

(20) Unterleib
Im Unterleib befinden sich der Schambereich und die äußerst empfindlichen Genitalien, die beim Mann ungeschützter und damit schmerzanfälliger als bei der Frau sind. Eine gezielte Gewalteinwirkung zum Beispiel auf die Hoden führt zu einem starken, nur langsam abklingenden Schmerz und gegebenenfalls auch zu einer Hodenprellung. Ist die Krafteinwirkung zu stark, so kann es zu einer dauerhaften Beschädigung des Hodengewebes und damit zu einer bleibenden Unfruchtbarkeit kommen.

(21) Oberschenkel
Der Oberschenkel (lat. Femur) wird gerne unterschätzt, doch führt ein gezielt auf den Musculus quadriceps femoris – also den vierköp-

figen Beinstrecker – ausgeführter Schlag zu extremen Schmerzen, welche zumindest die Möglichkeit einer Flucht eröffnen.

(22) Knie

Eine starke Gewalteinwirkung gegen das Knie kann eine äußerst schmerzhafte Fraktur der Kniescheibe (lat. Patella) herbeiführen. Der Unterschenkel lässt sich dann nicht mehr strecken – Hintergrund: Der Oberschenkelmuskel – Musculus quadriceps femoris – überträgt seine Kraft über die Kniescheibe auf den Unterschenkel. Nach einer Patellafraktur ist eine solche Kraftübertragung nicht mehr möglich.

(23) Kniekehle

Richtet sich eine starke Kraft gegen die Kniekehle, so kann das gegnerische Bein einknicken und den sicheren Stand gefährden. Weitere Risiken: Überdehnung bzw. Bänderriss.

(24) Schienbein

Das Schienbein (lat. Tibia) reagiert extrem schmerzempfindlich, und bei starker Krafteinwirkung kann es sogar zum Bruch kommen. Der Gegner ist dann in den Beinen vollkommen bewegungs- und kampfunfähig.

(25) Wade

Der Zwillingswadenmuskel (lat. Musculus gastrocnemius) ist sehr schmerzempfindlich – schon ein Druck mit dem Finger an der richtigen Stelle wird als sehr unangenehm empfunden. Unter starker Krafteinwirkung kann dieser Muskel verletzt werden, das heißt: Es kann zu einem sehr schmerzhaften Muskelfaserriss oder einer Zerrung kommen.

(26) Achillessehne

Die Achillessehne verdankt ihren Namen der griechischen Mythologie: Der kleine Junge namens Achilleus – Sohn des Königs Peleus und der Meernymphe Thetis – wurde von seiner Mutter in den Styx, den Fluss der Unterwelt, getaucht und damit unverwundbar. Doch Thetis hielt ihren Sohn dabei an der Ferse fest, die folglich nicht in Berührung mit dem magischen Wasser kam – ein Umstand, der eines Tages sein Schicksal besiegeln sollte. Von jeher gilt die Achillessehne als Schwachpunkt des menschlichen Körpers – und das mit Recht: Eine offensive Krafteinwirkung führt zu einer Sehnenreizung, schlimms-

tenfalls zu einem stark schmerzenden Riss der Sehne, der umgehend ärztlich behandelt werden sollte.

(27) Mittelfuß
Ein Angriff auf den Mittelfuß beansprucht zunächst nur die Bänder, kann bei größerer Gewalteinwirkung aber auch zum Bruch mehrerer Mittelfußknochen (lat. Ossa metatarsalia) und zu einer unangenehmen Weichteilbeeinflussung führen. Sollte es zu einem erhöhten Gewebedruck kommen, so sind auch Gewebeschädigungen und Kompressionen der Nerven- wie auch Gefäßversorgung nicht auszuschließen. Bei einem schweren Trauma wird die gesamte Fußsäule destabilisiert.

Die hier beschriebenen Angriffspunkte und die Konsequenzen einer starken Gewalt- bzw. Krafteinwirkung beziehen sich ausschließlich auf waffenlose Techniken. Vermeintlich weniger gefährdete Körperzonen können im Zusammenhang mit Waffen – zum Beispiel Messerangriffen – schnell zu tödlichen Regionen werden. Beispiele sind Hals (Halsschlagader) und Achselhöhle (Armschlagader): Eine offene Verletzung führt hier zu einem äußerst starken Blutverlust und – sofern ärztliche Hilfe ausbleibt – zum Tode.

5.4 Schlag- und Tritttechniken

Das Erlernen der Tritttechniken dient nicht allein der Schulung kämpferischer Fähigkeiten, sondern verbessert zugleich auch das Gefühl für Stabilität und Gleichgewicht, Koordination und Zielsicherheit. Jede neue Bewegung sollte sehr langsam ausgeführt werden – mit Zeit und Muße, um die jeweilige Technik bewusst zu spüren und kennenzulernen. Eine solche sanft ausgeführte Übung trainiert zugleich auch die Bein-, Bauch- und Gesäßmuskeln, was sich über ein leicht schmerzendes Ziehen bemerkbar machen kann. Sie benötigt allerdings eine gewisse Balance: Anfänger können sich seitlich an eine Wand stellen und sich mit einer Hand leicht anlehnen (beim Rückwärtstritt beidhändig), um das Gleichgewicht zu halten und sich vollkommen auf die technisch saubere Ausführung zu konzentrieren.

Bis auf wenige Ausnahmen bestehen fast alle Tritttechniken aus vier einzelnen Phasen:

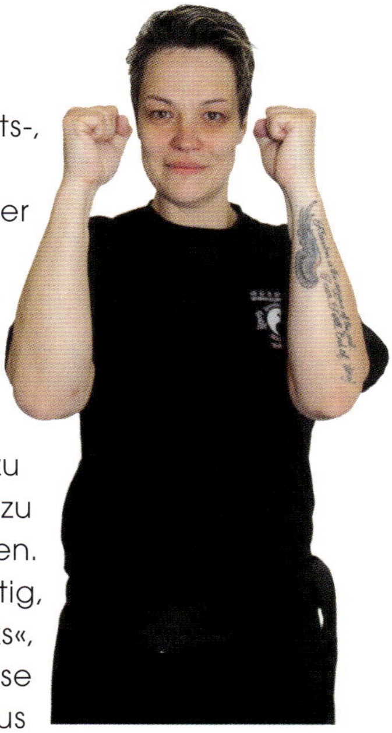

1. Das Knie wird hochgezogen und angewinkelt.
2. Die jeweilige Technik – zum Beispiel: Vorwärts-, Seitwärts-, Rund- oder Rückwärtstritt – wird ausgeführt.
3. Das Bein wird wieder angezogen, sodass Phase 1 wieder erreicht wird.
4. Das Bein wird abgesetzt und damit wieder in Ausgangsstellung gebracht.

Wichtig ist, bei der Ausführung nicht allein auf die Beintechnik zu achten, sondern stets auch die eigene Deckung im Blick zu halten: Dazu werden beide Arme erhoben und die Hände zu Fäusten geballt, welche sich ungefähr in Schläfenhöhe befinden. Um die weiteren Bewegungsabläufe zu verstehen, ist es wichtig, die jeweiligen Richtungen genau zu erfassen. »Rechts«, »links«, »vor« und »zurück« ist an dieser Stelle zu ungenau, da sich diese Angaben allein auf vier mögliche Richtungen beziehen. Aus diesem Grund orientiert sich die Kampfkunst hier an der Uhr, deren Zeiger in zwölf (und wahlweise sogar noch mehr) Richtungen weisen: »Vor« ist gleichbedeutend mit »12 Uhr«, während »zurück« mit »6 Uhr« beschrieben wird. «Nach rechts« heißt nun »3 Uhr« und »nach links« definiert der Kampfkünstler als »9 Uhr«. Daneben gibt es natürlich noch die zusätzlichen Richtungsangaben: 1 Uhr, 2 Uhr, 4 Uhr, 5 Uhr, 7 Uhr, 8 Uhr, 10 Uhr und 11 Uhr – wenn nötig sogar noch 1.30 Uhr oder 10.30 Uhr, wenn sich der Ausübende in einem Winkel von 45 ° nach rechts oder links bewegt.

Zur Veranschaulichung folgende Abbildung:

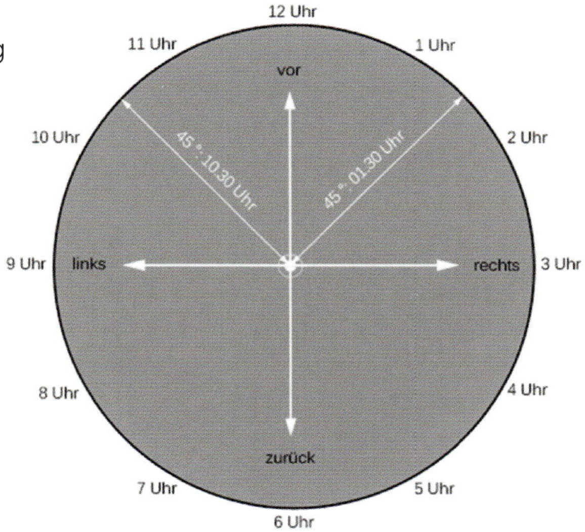

5.4.1 Vorwärtstritt/Front Kick

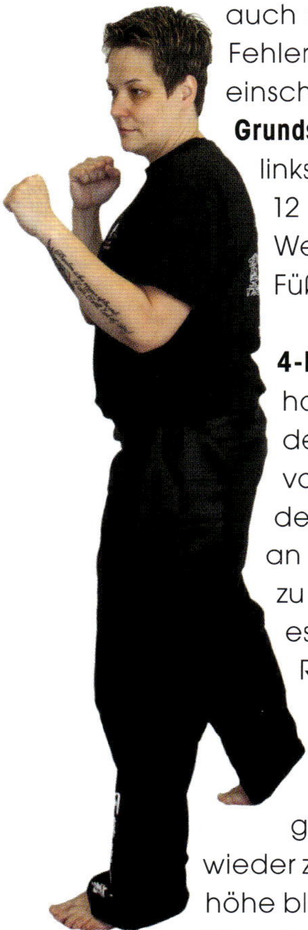

Der Vorwärtstritt zählt zu den ersten Tritttechniken, die ein Schüler erlernt, doch dies bedeutet nicht, dass es sich bei dem Front Kick auch um den einfachsten aller Tritte handelt. Er bietet vielerlei Fehlerquellen, die sich gerade bei einem Anfänger sehr leicht einschleichen.

Grundstellung: Um mit rechts zu treten, geht der Kämpfer in die linksseitige Tigerstellung, das heißt: Der linke Fuß geht vorne auf 12 Uhr raus (vgl. Kap. 5.2 – Die Tiere des Kung-Fu). Achtung: Wer diese Übung an der Wand ausführen möchte, sollte die Füße hüftbreit und parallel zueinander stellen.

4-Phasen-Ausführung: Im ersten Schritt wird das rechte Bein hochgezogen und angewinkelt – dabei sollte das Knie mindestens Bauchhöhe erreichen. Nun wird das rechte Bein nach vorne gestreckt, wobei unbedingt darauf zu achten ist, dass der linke Fuß des Standbeins vollständig am Boden bleibt. Um an Höhe zu gewinnen, neigen viele Schüler dazu, den Fehler zu begehen, auch den Standfuß anzuheben – dadurch kommt es jedoch zu einem sehr instabilen Stand, und es besteht das Risiko, mit dem Fuß umzuknicken und sich somit zu verletzen. Die Trefferfläche ist beim Vorwärtstritt der Fußballen, das bedeutet: Der Fuß ist beim Tritt unbedingt anzuwinkeln; bleibt er gestreckt, so können schmerzhafte Verstauchungen im Zehenbereich entstehen. Anschließend wird das Bein wieder zurückgezogen und angewinkelt, wobei das Knie in Bauchhöhe bleibt. Erst im vierten Schritt wird das Bein abgesetzt und der Kämpfer nimmt seine Ausgangsposition – die linksseitige Tigerstellung – ein.

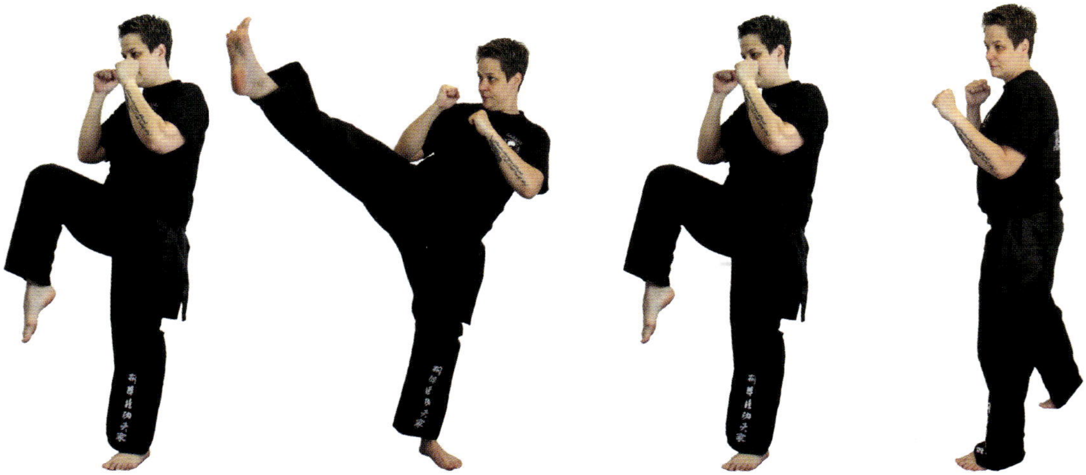

5.4.2 Seitwärtstritt/Side Kick

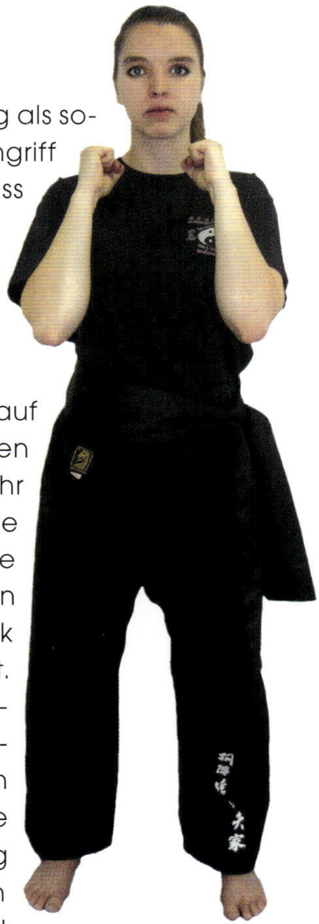

Der Seitwärtstritt hat sich vor allem in der Selbstverteidigung als sogenannter »Stopp-Tritt« bewährt, um den gegnerischen Angriff aufzuhalten. In einem solchen Falle ist darauf zu achten, dass der Side Kick maximal in Bauchhöhe ausgeführt wird.

Grundstellung: Der Kämpfer steht hüftbreit mit Blick in Richtung 9 Uhr, um mit rechts zu treten.

4-Phasen-Ausführung: Im ersten Schritt wird das Gewicht auf das linke Bein verlagert und das rechte Bein hochgezogen sowie angewinkelt. Dabei sollte das Knie in Richtung 9 Uhr weisen und mindestens Bauchhöhe erreichen. Das erhobene Bein wird nun in Richtung 12 Uhr vorgeschoben – Trefferfläche ist die Ferse. Gleichzeitig wird der linke Fuß über den Ballen eingedreht, sodass die Zehen in Richtung 6 Uhr zeigen. Blick und rechte Schulter sind dem Gegner auf 12 Uhr zugewandt. Oft neigen Anfänger dazu, mit dem Ballen an Stelle der Ferse treffen zu wollen, dies verhindert jedoch die Kraftübertragung der Hüfte. Eine weitere Fehlerquelle ist es, den linken Fuß über die Ferse einzudrehen, was dazu führt, dass das Knie blockiert und der Abstand zum Gegner nicht mehr stimmig ist. Anschließend wird das rechte Bein wieder zurückgezogen und angewinkelt, wobei das Knie in Bauchhöhe bleibt. Erst im vierten Schritt wird das Bein abgesetzt, und der Kämpfer nimmt seine Ausgangsposition ein.

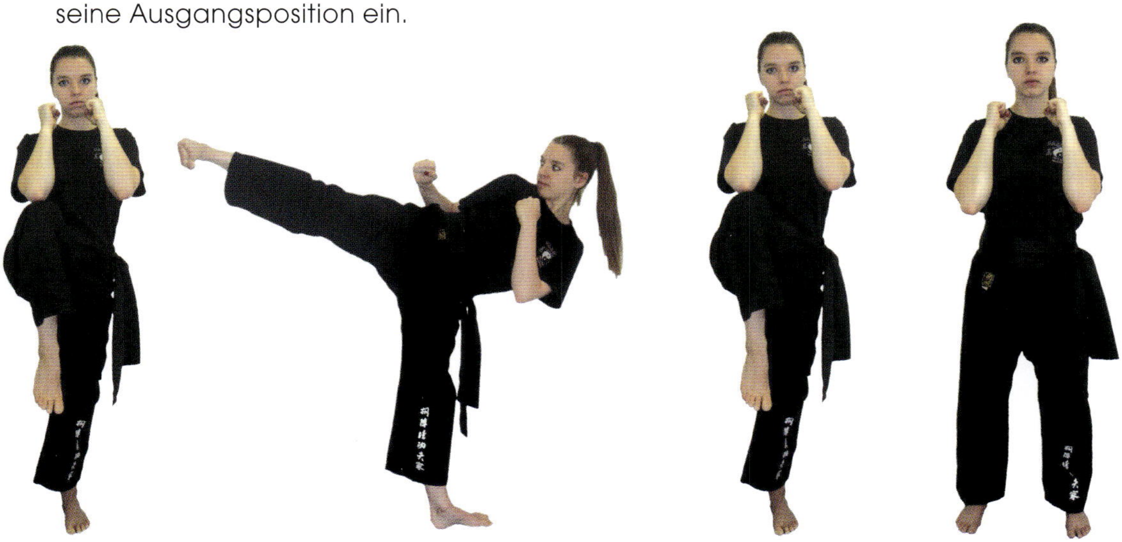

5.4.3 Rundtritt/Round Kick

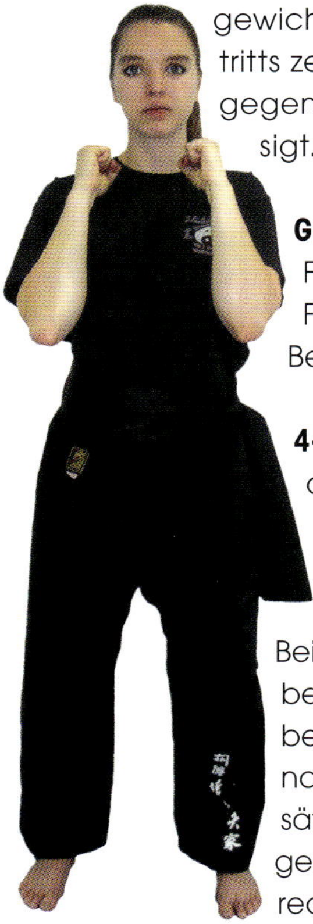

Der Rundtritt eignet sich hervorragend, um Koordination, Gleichgewicht und Körpergefühl zu schulen. Ein weiterer Vorteil des Rundtritts zeigt sich insbesondere dann, wenn sich der Gegner frontal gegen Angriffe schützt und seine Deckung nur seitlich vernachlässigt.

Grundstellung: Ähnlich wie beim Seitwärtstritt nimmt der Kung-Fu-Kämpfer auch hier eine seitlich ausgerichtete Stellung – die Füße hüftbreit auseinander – ein, um den Tritt mit dem rechten Bein auszuführen.

4-Phasen-Ausführung: Der Standfuß darf beim Rundtritt bereits vor der ersten Phase auf 6 Uhr eingedreht werden – dies ist wichtig, um auch die Hüfte in die Technik einfließen zu lassen und das Maximum an Kraft herauszuholen. Im ersten Schritt wird nun das Gewicht auf das linke Bein verlagert und das rechte Bein hoch- sowie angezogen, bis die Wade den Oberschenkel berührt – das erhobene Knie weist in Richtung 10.30 h. Hier ist insbesondere darauf zu achten, dass das Knie in einem 45 °-Winkel nach oben zeigt: Der nachfolgend ausgeführte Tritt folgt grundsätzlich der Richtung des Knies. In Phase 2 wird das rechte Bein gestreckt, sodass der Fußspann auf den Gegner trifft. Blick und rechte Schulter sind dem Gegner auf 12 Uhr zugewandt. Anschließend wird das rechte Bein wieder zurück- und angezogen. Erst im vierten Schritt wird das Bein abgesetzt, und der Kämpfer nimmt seine Ausgangsposition ein.

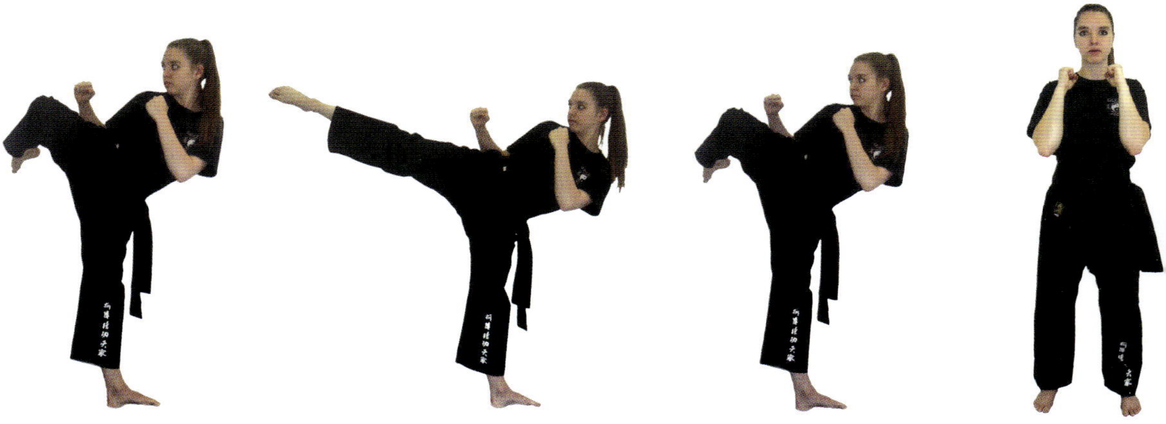

5.4.4 Rückwärtstritt/Back Kick

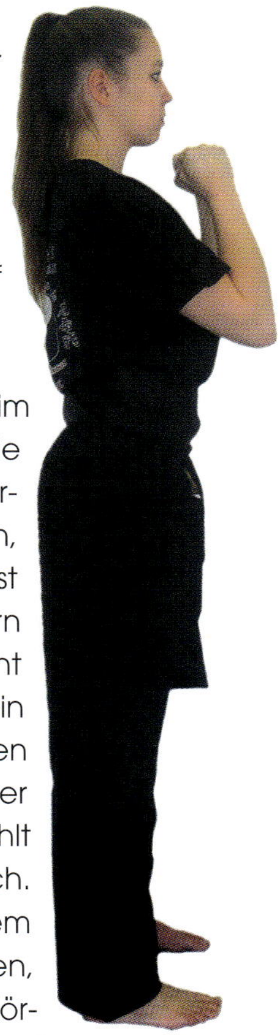

Angreifer nähern sich nicht immer von vorne. Greift ein Gegner von hinten an, so kann der Rückwärtstritt ausreichend Luft verschaffen.

Grundstellung: Um mit rechts zu treten, geht der Kämpfer in die linksseitige Tigerstellung, das heißt: Der linke Fuß geht vorne auf 12 Uhr raus (vgl. Kap. 5.2 – Die Tiere des Kung-Fu).

4-Phasen-Ausführung: Im ersten Schritt wird das rechte Bein wie beim Vorwärtstritt hochgezogen und angewinkelt – dabei sollte das Knie mindestens Bauchhöhe erreichen und der Fuß angezogen werden. Nun wird das erhobene Bein allerdings nicht vorgeschoben, sondern nach hinten in Richtung 6 Uhr gestreckt – Trefferfläche ist die Ferse. Wichtig ist, dass der Oberkörper nicht versteift, sondern leicht vorgeneigt wird, um ein Gleichgewicht herzustellen. Versucht ein Schüler, den Oberkörper geradezuhalten, so wird er sein Bein hinten nicht hoch genug ziehen und keine Kraft in den Tritt fließen lassen können. Weitere Fehlerquelle: der Blick. Generell gilt, dass der Blick auf den Gegner zu richten ist – auch beim Rückwärtstritt. Fehlt diese Fixierung, ist ein zielgerichtetes Treten so gut wie unmöglich. Der Blick muss über die rechte Schulter (beim Rückwärtstritt mit dem linken Bein entsprechend über die linke Schulter) nach hinten fallen, nur so wird die Wirbelsäule stabilisiert und der Kämpfer hält das Körpergleichgewicht. In Phase 3 richtet sich der Oberkörper wieder auf. Das nach hinten gestreckte Bein wird zurückgezogen und angewinkelt, bis sich das Knie wieder in Bauchhöhe befindet. Anschließend wird das Bein abgesetzt und der Kämpfer geht in seine Ausgangsstellung – die linksseitige Tigerstellung – zurück.

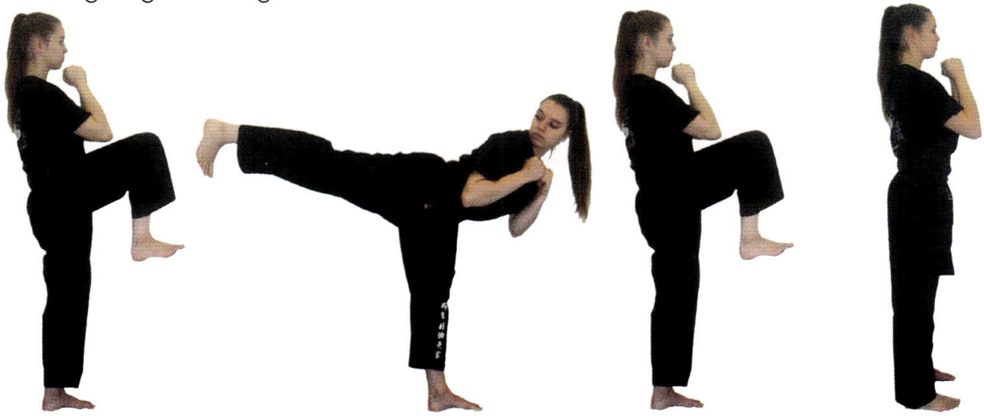

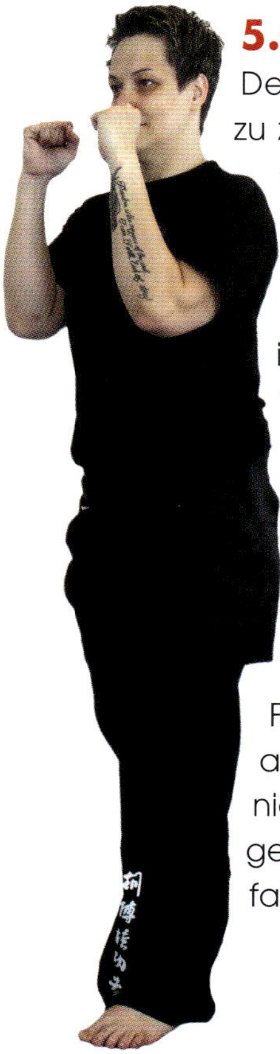

5.4.5 Axttritt/Axe Kick

Der Axttritt ist eine Möglichkeit, die Deckung eines Gegners zu zerstören – sofern der Abstand für diese Trittechnik ausreicht. Besonderes Merkmal: Die 4-Phasen-Technik kommt beim Axttritt nicht zur Anwendung.

Grundstellung: Um mit rechts zu treten, geht der Kämpfer in die linksseitige Tigerstellung, das heißt: Der linke Fuß geht vorne auf 12 Uhr raus (vgl. Kap. 5.2 – Die Tiere des Kung-Fu).

Ausführung: Das rechte Bein wird gestreckt in Richtung 11 Uhr hochgezogen und dann mit Kraft auf 12 Uhr heruntergeführt – die Trefferfläche ist der Fußballen. Um eine größere und effektivere Wirkung zu erzielen, kann auch die Ferse als Trefferfläche dienen. Trotz der schnell und kräftig ausgeführten Bewegung ist darauf zu achten, dass der Fuß nicht mit voller Wucht auf den Boden trifft, sondern sanft abgesetzt wird – andernfalls besteht eine erhöhte Verletzungsgefahr.

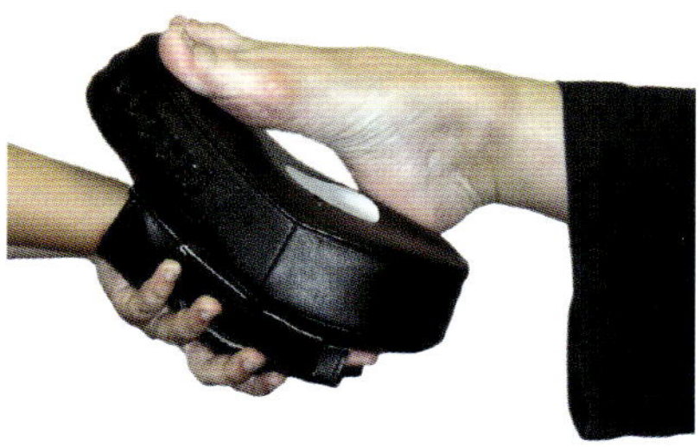

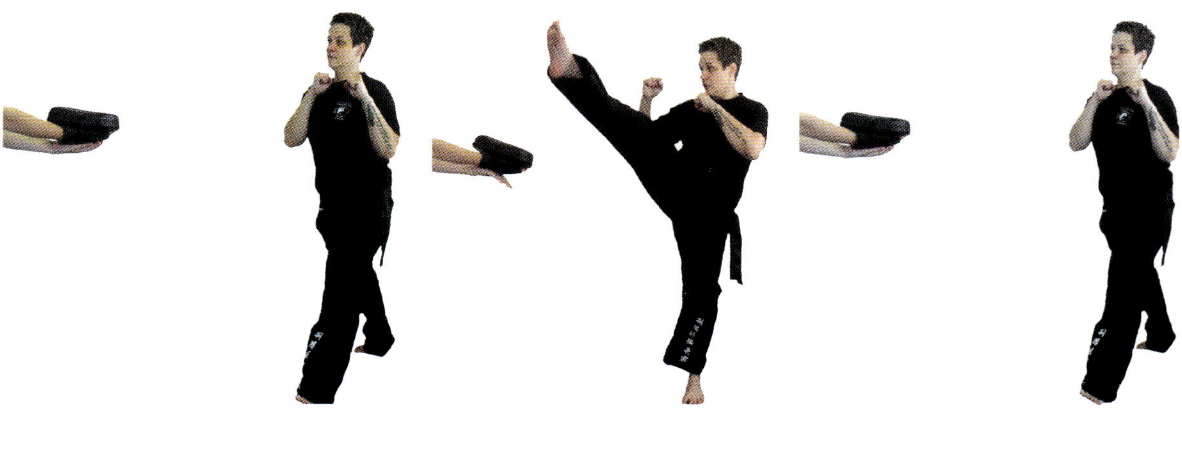

5.4.6 Halbmondtritt/Halfmoon Kick

Auch der Halbmondtritt kommt ohne die 4-Phasen-Technik aus – hier gibt es ebenfalls zwei Varianten in Bezug auf die Trefferfläche: Innenrist oder Außenrist.

Grundstellung: Um mit rechts zu treten, geht der Kämpfer in die linksseitige Tigerstellung, das heißt: Der linke Fuß geht vorne auf 12 Uhr raus (vgl. Kap. 5.2 – Die Tiere des Kung-Fu).

Ausführung: Das rechte Bein wird gestreckt in Richtung 11 Uhr nach oben geführt und dann mit Kraft in Richtung 3 Uhr durchgezogen – die Trefferfläche ist der Außenrist. Alternativ kann das Bein auch in Richtung 13 Uhr hochgezogen und in Richtung 9 Uhr durchgezogen werden – die Trefferfläche ist dann der Innenrist. Trotz der schnell und kräftig ausgeführten Bewegung ist darauf zu achten, dass der Fuß nicht mit voller Wucht auf den Boden trifft, sondern sanft abgesetzt wird – andernfalls besteht eine erhöhte Verletzungsgefahr.

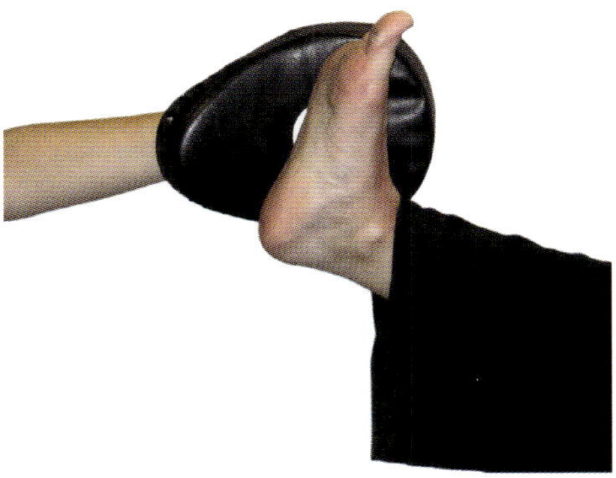

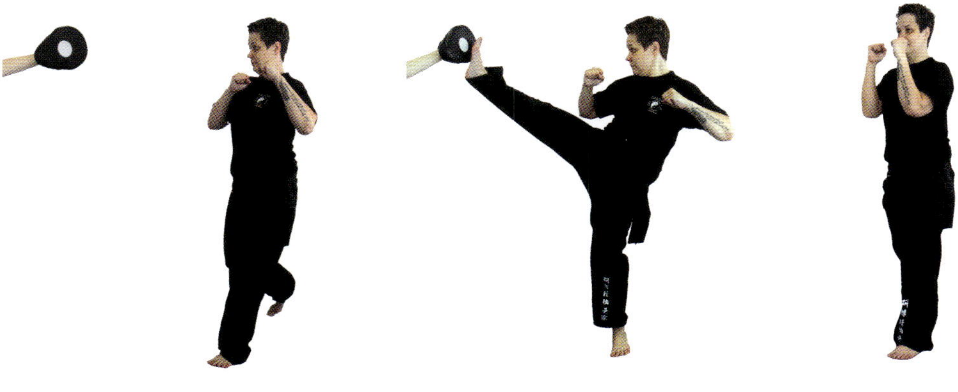

Auch in Bezug auf die Schläge sind zunächst einige grundlegende Aspekte festzuhalten: So sollte ein Schlag zum Beispiel niemals allein aus dem Arm kommen, sondern mit dem gesamten Körper ausgeführt werden. Die beschleunigende Kraft entsteht bereits in den Füßen und wird dann über Beine, Hüfte und Schultern in die Faust und damit in den Schlag hineingeleitet. Außerdem verbessert der Hüft- und Schultereinsatz nicht nur die Kraft, sondern auch die Reichweite eines Schlages.

Die Tigerstellung (vgl. Kap. 5.2 – Die Tiere des Kung-Fu) bietet hier – wie schon bei den Tritttechniken – die perfekte Ausgangsstellung. Der Kung-Fu-Schüler steht stabil genug, um ein erstes Gefühl für die neu zu erlernende Schlagtechnik zu bekommen, gleichzeitig erleichtert diese Stellung den Einsatz des gesamten Körpers. Alle im Folgenden beschriebenen Schläge sollten aus der Tigerstellung heraus und bei ständiger Deckung durch die zurückbleibende Hand/Faust ausgeführt werden.

Nicht zuletzt sollte auch der Faust ein besonderes Augenmerk zukommen: Unterarm und Faustrücken müssen eine gerade Linie bilden. Gerade Anfänger neigen dazu, die Hand im Gelenk nach oben oder unten abzuknicken. Dies destabilisiert das Gelenk, und ein kräftig ausgeführter Schlag kann zum Bruch führen.

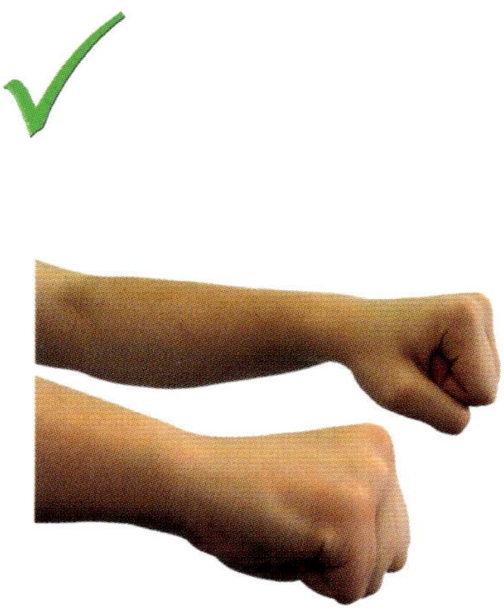

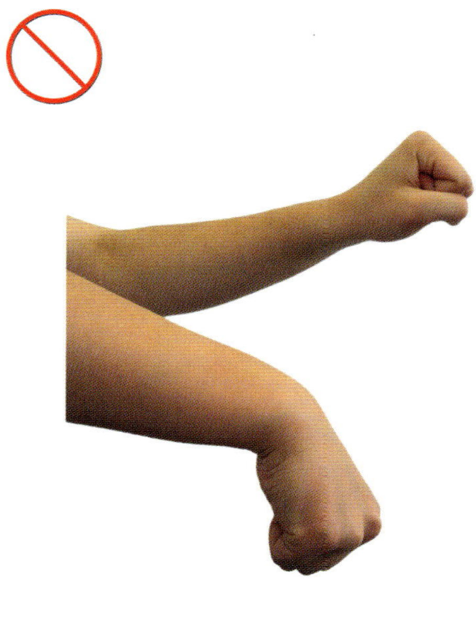

5.4.7 Gerader Schlag – horizontal

Dieser Schlag ist im Boxen als »Jab« oder »Führhand« bekannt, wenn die vordere Hand schlägt. Schlägt jedoch die hintere Hand, während die Vordere die Deckung hält, so spricht der Boxer vom »Cross«.

Ausführung: Beide Hände werden zur Faust geformt, wobei der Daumen nicht im Inneren der Faust verschwinden darf, sondern außen aufliegt, ohne dabei ab- oder überzustehen – ansonsten besteht das Risiko eines schmerzhaften Bruchs der zerbrechlichen Daumenknochen. Der Schlag erfolgt in einer schnellen und kräftigen Bewegung von hinten nach vorne, der gesamte Körper geht mit. Der Faustrücken zeichnet bei ausgestrecktem Arm eine horizontale Linie, welche für die Namensgebung dieser Schlagtechnik maßgeblich ist. Wichtig ist die Zielgenauigkeit, ansonsten kommt es zu Verletzungen in Form einer Prellung oder sogar eines Bruchs der Hand. Auch auf die Deckung ist unbedingt zu achten.

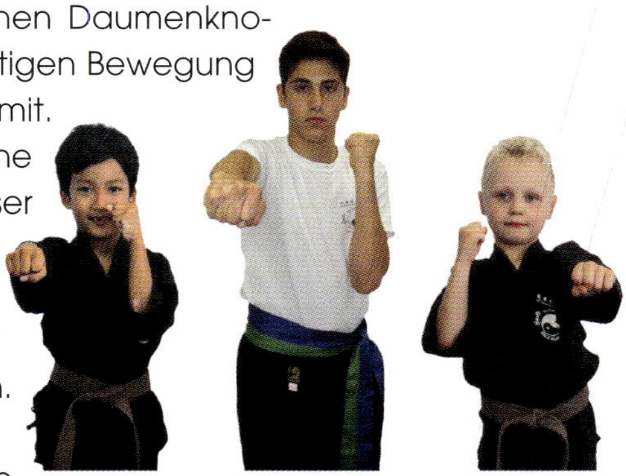

Beispiele für gegnerische Zielpunkte: Gesicht, Bauch

5.4.8 Gerader Schlag – vertikal

Fällt die Distanz zum Gegner ein wenig geringer aus als bei dem zuvor beschriebenen Horizontal-Schlag, so bietet der gerade, vertikale Schlag eine optimale Alternative.

Ausführung: Beide Hände werden auch hier zur Faust geformt – die Deckung ist während der gesamten Technik unbedingt hochzuhalten. Der Schlag erfolgt in einer schnellen und kräftigen Bewegung von hinten nach vorne, der gesamte Körper geht mit. Wie der Name des Schlages auch hier wieder verrät, zeichnet der Faustrücken bei gestrecktem Arm eine vertikale Linie. Wichtig ist die Zielgenauigkeit, ansonsten kommt es zu Verletzungen in Form einer Prellung oder sogar eines Bruchs der Hand.

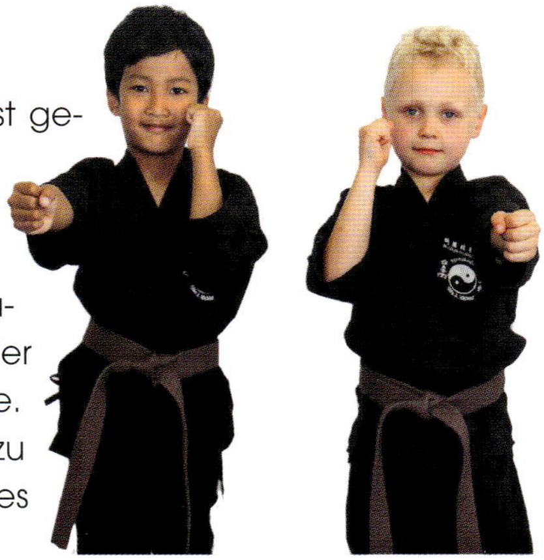

Beispiele für gegnerische Zielpunkte: Brustbein, Solarplexus

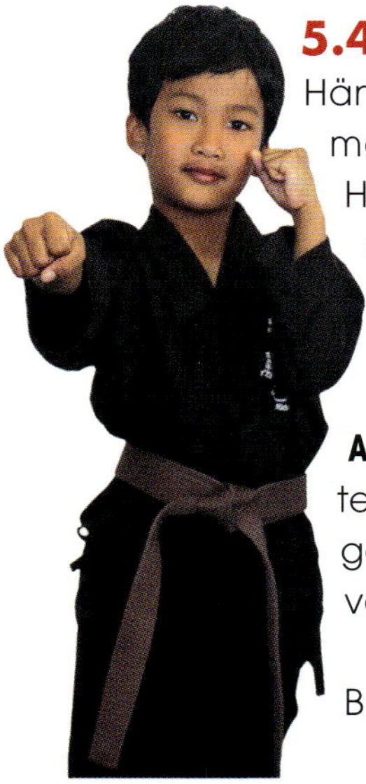

5.4.9 Gerader Schlag – halbgedreht

Hängen die Arme locker herab, so nehmen die Hände automatisch einen Winkel von 45 ° zum Körper ein. Werden die Hände nun in diesem Winkel zur Faust geballt und die Arme ausgestreckt, so verbleiben Muskeln, Knochen und Sehnen in ihrer natürlichen Haltung. So sollte auch der gerade, halbgedrehte Schlag aussehen.

Ausführung: Die Ausführung entspricht den beiden vorgenannten Schlägen (Gerader Schlag – horizontal und vertikal), sprich: ganzer Körpereinsatz, Deckung, Bewegung von hinten nach vorne.

Beispiele für gegnerische Zielpunkte: Gesicht, Bauch

5.4.10 Fingerstich

Der Fingerstich dient weniger der Verletzung des Gegners als vielmehr dessen Irritation. Er soll den Angreifer von weiteren Aktionen ablenken und abhalten.

Ausführung: Die Finger werden ausgestreckt und leicht abgespreizt. In einer schnellen und kräftigen Bewegung schiebt der Kung-Fu-Kämpfer seine Finger von hinten nach vorne in Richtung des Gegners, bis die Fingerkuppen ihr Ziel erreichen. Die andere Hand hält die Deckung.

Gegnerisches Ziel: Augen

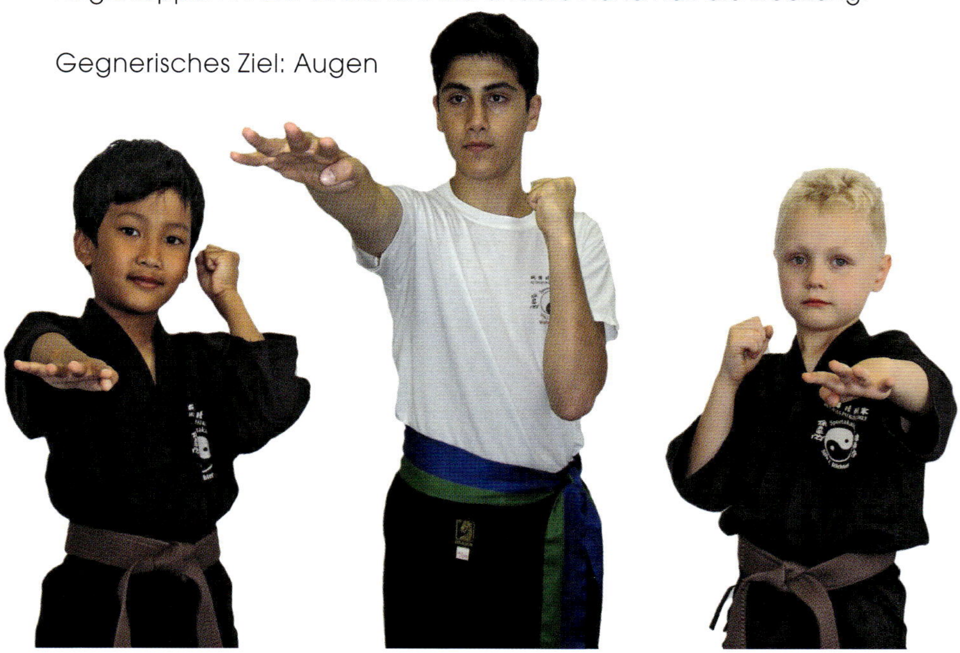

5.4.11 Pantherfaust

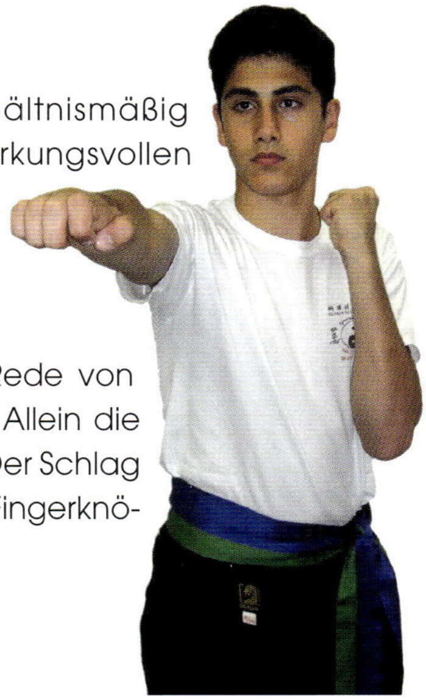

Der Hals des Gegners bietet nur eine verhältnismäßig schmale Fläche, um einen gezielten und wirkungsvollen Schlag auszuführen. Die Pantherfaust stellt eine von mehreren Optionen dar, den Hals effektiv zu treffen.

Ausführung: Obgleich bei dieser Technik die Rede von einer Faust ist, bleibt die Handfläche gerade. Allein die Finger und der Daumen werden angewinkelt. Der Schlag ist so auszuführen, dass die harten und spitzen Fingerknöchel auf den gegnerischen Angreifer treffen.

Gegnerisches Ziel: Hals

5.4.12 Äußere Handkante

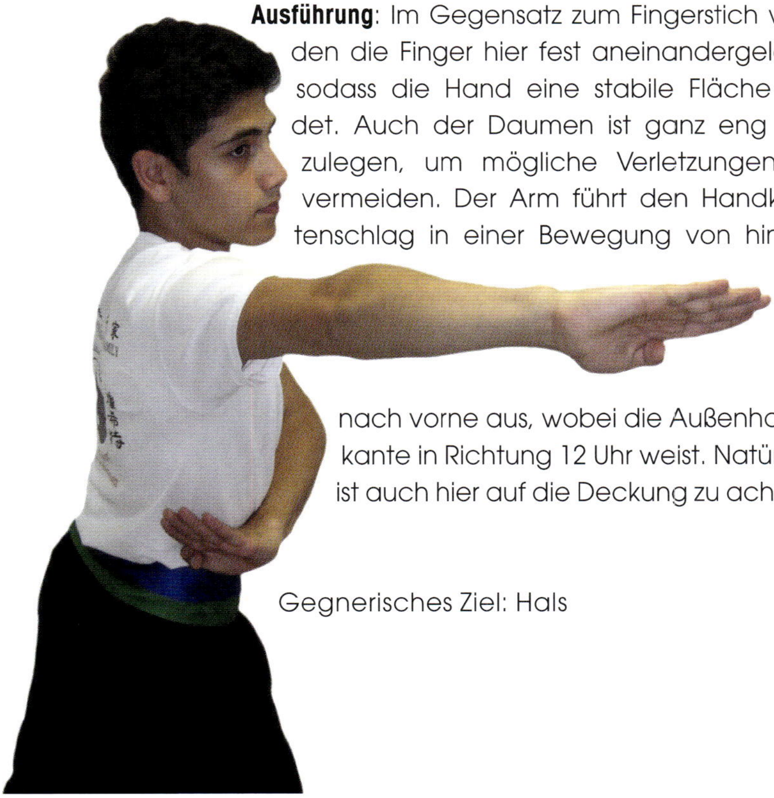

Ausführung: Im Gegensatz zum Fingerstich werden die Finger hier fest aneinandergelegt, sodass die Hand eine stabile Fläche bildet. Auch der Daumen ist ganz eng anzulegen, um mögliche Verletzungen zu vermeiden. Der Arm führt den Handkantenschlag in einer Bewegung von hinten nach vorne aus, wobei die Außenhandkante in Richtung 12 Uhr weist. Natürlich ist auch hier auf die Deckung zu achten.

Gegnerisches Ziel: Hals

5.4.13 Innere Handkante

Ein Schlag mit der inneren Handkante ist äußerst wirkungsvoll, allerdings eignet sich die innere Hand auch sehr gut, um den Gegner zu fixieren.

Ausführung: Auch hier werden die Finger eng zusammengedrückt, um die Hand zu stabilisieren und Verletzungen zu verhindern. Der Daumen verbleibt zu seiner Sicherheit unter der Handfläche. Der schlagende Arm beschreibt einen Bogen von außen in Richtung Körpermitte. Trefferfläche ist die Innenhandkante, nicht die Finger. Während des Schlags hält die andere Hand die Deckung oben.

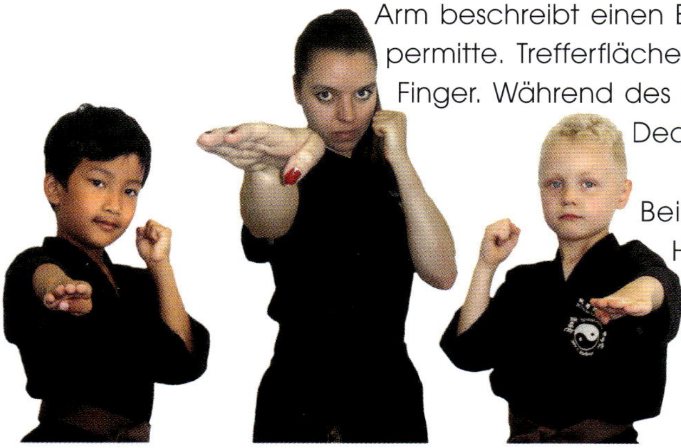

Beispiele für gegnerische Zielpunkte: Hals, Schläfe

5.4.14 Tassenschlag

Ein Schlag, den insbesondere Anfänger als recht harmlos fehlinterpretieren – tatsächlich sollte stets bedacht werden, dass der Tassenschlag zu großen Schäden am Ohr führen und den Gleichgewichtssinn im Ohr gehörig durcheinanderbringen kann.

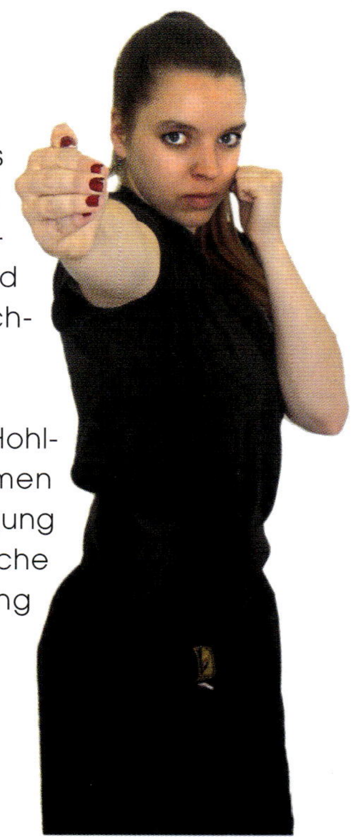

Ausführung: Zunächst wird die Hand zu einem Hohlraum geformt, was dem Schlag seinen Namen verleiht. Dann schwingt der Arm in einer Bewegung von außen nach innen direkt auf das gegnerische Ohr, während die andere Hand die Deckung aufrechterhält.

Gegnerisches Ziel: Ohr

5.4.15 Gerader Schlag zum Rippenbogen

Dieser Schlag macht sich die Zerbrechlichkeit der Rippen zunutze – insbesondere der »schwebenden« Rippe, die nicht am Brustbein oder an anderen Rippen fixiert ist.

Ausführung: Beide Hände werden zur Faust geformt – die Deckung ist während der gesamten Technik unbedingt hochzuhalten. Der Schlag erfolgt in einer schnellen und kräftigen Bewegung von hinten nach vorne in Richtung Rippen, der gesamte Körper geht mit. Der Faustrücken zeigt nach unten.

Gegnerisches Ziel: Rippenbogen

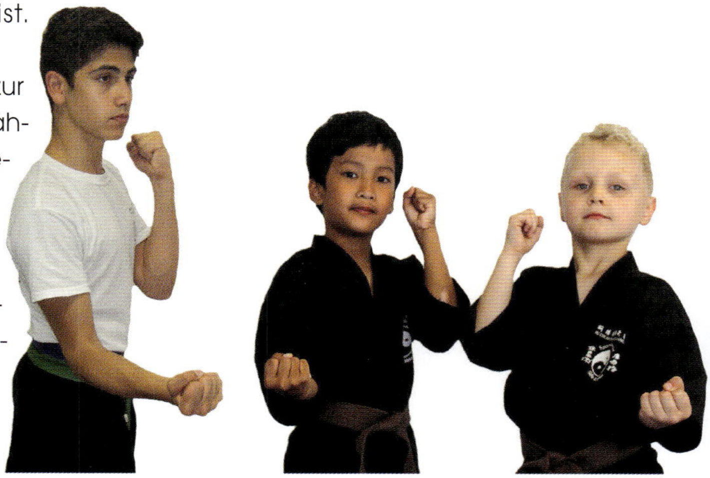

5.4.16 Aufwärtshaken

Der Aufwärtshaken ist jedem Boxer und Box-Fan als »Upper Cut« bekannt.

Ausführung: Auch hier werden beide Hände zur Faust geformt, die Handhaltung ist ähnlich dem geraden Schlag zum Rippenbogen. Der Aufwärtshaken wird unter Einsatz der Hüfte in einer Bewegung von unten nach oben ausgeführt, wobei die zurückbleibende Hand die Deckung oben hält.

Beispiele für gegnerische Zielpunkte:
Kopf, Bauch

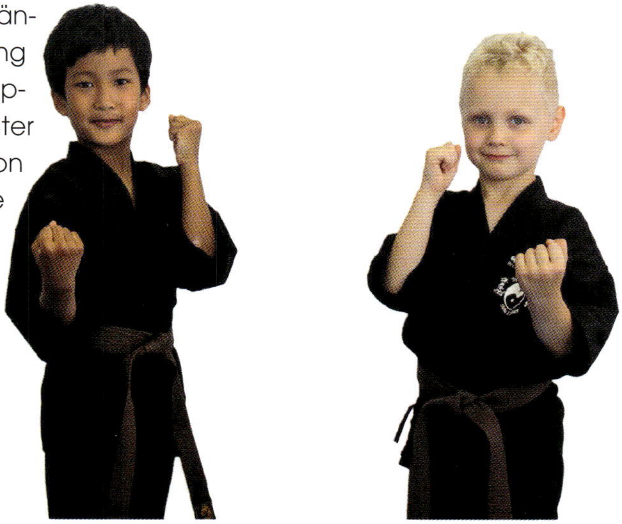

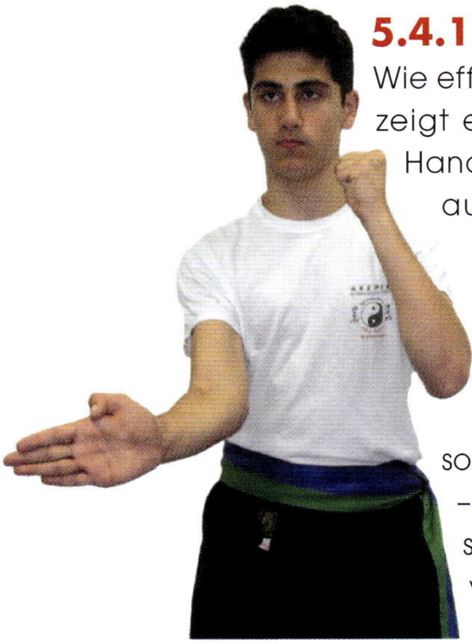

5.4.17 Handflächenschlag

Wie effektiv auch die Handfläche schlagen kann, zeigt ein zielgerichtet und kräftig ausgeführter Handflächenschlag. Dieser kann gerade oder auch »gedreht« durchgeführt werden.

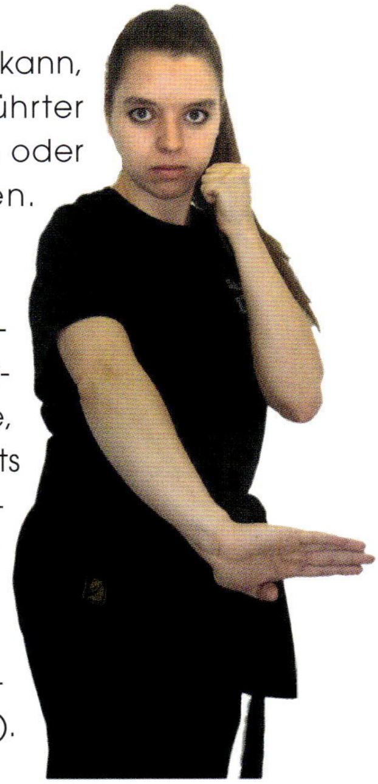

Ausführung: Die Hand bleibt offen, Finger und Daumen werden aneinandergelegt. Schlägt die rechte Handfläche, so weisen die Fingerspitzen nach rechts – oder beim gedrehten Handflächenschlag nach links. Die Bewegung führt von hinten nach vorne in Richtung der rechten unteren Rippe (gerader Handflächenschlag) bzw. in Richtung der linken unteren Rippe (gedrehter Handflächenschlag). Die Deckung ist nicht zu vernachlässigen.

Gegnerisches Ziel: Rippenbogen

5.4.18 Rückfaust

Das Besondere an der Rückfaust ist, dass sich der Oberkörper zur Seite dreht, um den Schlag von innen nach außen zu unterstützen. Die Füße bleiben auf der Position der Tigerstellung.

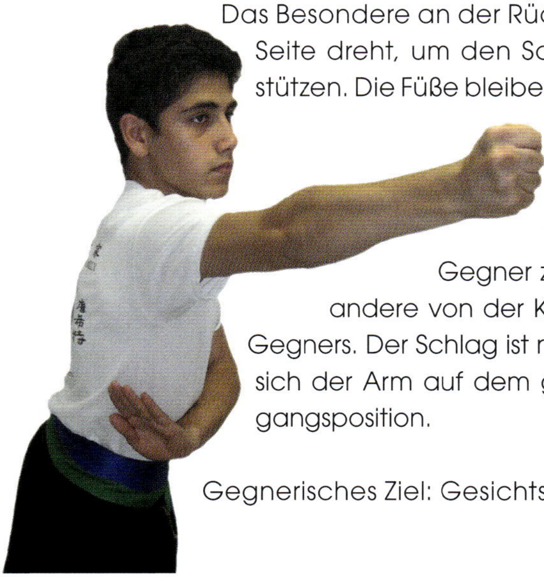

Ausführung: Beide Hände formen eine Faust. Während die eine Faust die dem Gegner zugewandten Rippen deckt, schlägt die andere von der Körpermitte nach außen in Richtung des Gegners. Der Schlag ist nicht durchzuziehen, stattdessen bewegt sich der Arm auf dem gleichen Weg wieder zurück in die Ausgangsposition.

Gegnerisches Ziel: Gesichtsprofil

5.4.19 Hammerschläge (mehrere Variationen möglich)

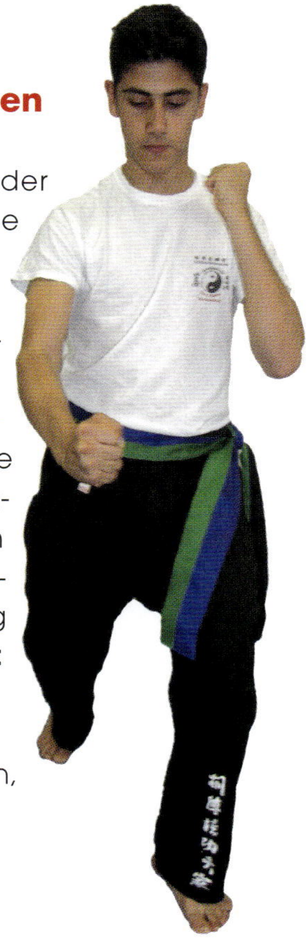

Hammerschläge eignen sich besonders zu Zwecken der Selbstverteidigung, da auch Anfänger hier eine große Kraftentwicklung hervorbringen.

Ausführung: Der Hammerschlag wird mit der Faust ausgeführt, wobei die Deckung unbedingt zu beachten ist. Während der Schlag ausgeführt wird, bewegt sich der gesamte Körper mit. Dies führt zu der sehr großen Kraftentwicklung, die dem Hammerschlag seinen Namen verleiht. Je nach Variation verläuft die Bewegung von oben nach unten, von innen nach außen, von außen nach innen oder auch in einer Kreisbewegung von hinten-oben nach vorne-unten. Abhängig von der ausgeführten Variante ist auch die Grundstellung: Tigerstellung rechts oder links vor.

Beispiele für gegnerische Zielpunkte: Gesicht, Brustbein, Oberschenkel, Unterleib

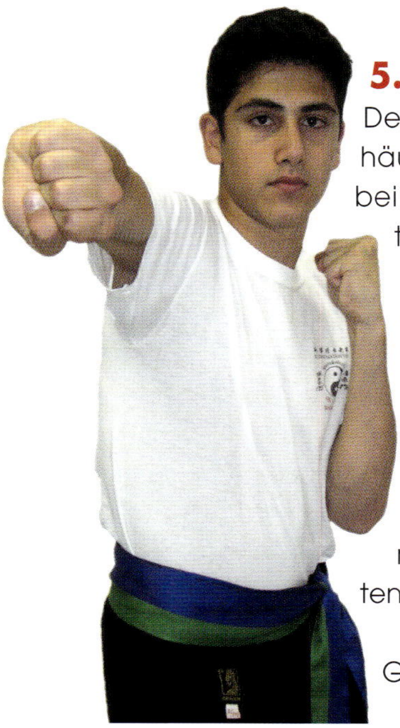

5.4.20 Knöchelschlag

Der Knöchelschlag findet in der Praxis keine häufige Verwendung, es handelt sich hierbei vielmehr um eine traditionelle Schlagtechnik.

Ausführung: Auch hier wird die schlagende Hand zur Faust geballt, Trefferfläche sind allerdings die Knöchel des Zeige- und Mittelfingers. Weiterer Unterschied: Das Handgelenk wird eingeknickt. Der Schlag erfolgt in einer Bewegung von außen nach innen, die Deckung ist oben zu halten.

Gegnerisches Ziel: Schläfe

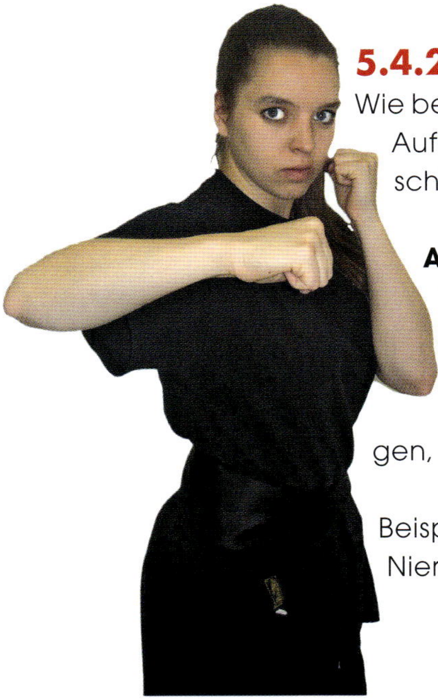

5.4.21 Hakenschlag

Wie bereits der gerade Schlag (Jab/Cross) oder auch der Aufwärtshaken (Upper Cut), so ist auch der Hakenschlag im Boxen zu finden.

Ausführung: Die Hände zu Fäusten formen, eine Faust zur Deckung hochhalten. Die Bewegung des Hakenschlages verläuft von außen nach innen, der Faustrücken zeigt dabei nach oben. Auch hier ist unbedingt die Hüfte in den Schlag mit einzubringen, um eine größere Kraftwirkung zu erreichen.

Beispiele für gegnerische Ziele: Schläfe, K nn, Rippen, Niere, Leber

5.5 Waffen

Die chinesische Kampfkunst verfügt über ein weites Feld an Waffen – Waffen, die einer alten und traditionsreichen Kultur entspringen. Kung-Fu-Waffen sind bekannt für ihre Mannigfaltigkeit und Einzigartigkeit. Sie lassen sich entsprechend ihrem Charakter in verschiedene Kategorien eingruppieren, zum Beispiel Waffen für kurze oder weite Distanzen, Stich- oder Hiebwaffen.
Die Variationsvielfalt der Waffen geht auf ein historisches Verbot zurück, nach welchem es dem gemeinen Volk untersagt war, Waffen jedweder Form zu tragen. Dieses Gesetz weckte den kreativen Geist der Chinesen: Die Feldsichel wurde zur »heimlichen« Waffe – ebenso der Fächer, der offiziell nur für frische Luft sorgen sollte. Der Langstock wurde als harmloser Gehstock getarnt; eine Tatsache, die möglicherweise Inspiration für George Lucas' Schöpfung namens »Meister Yoda« (Star Wars) war: ein gebrechlicher, kleiner Außerirdischer mit Gehstock, der im Kampf eine ungeahnte Beweglichkeit entwickelt und seinen Gehstock geschickt als Waffe einzusetzen weiß.

5.5.1 Säbel, chinesisch: Dao

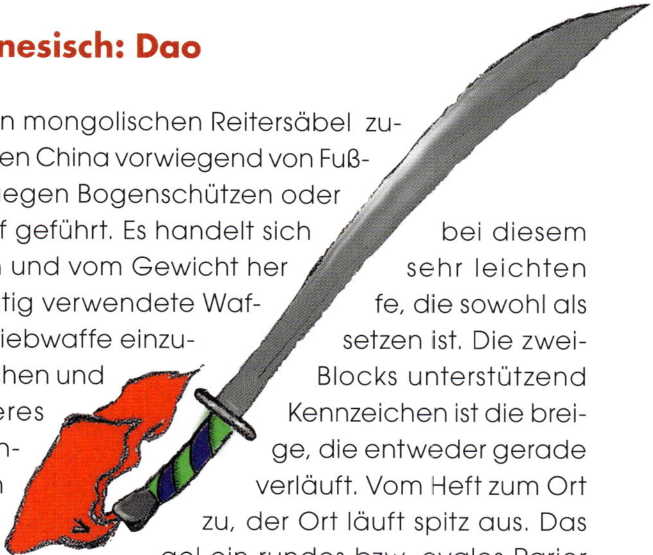

Der Dao geht auf den mongolischen Reitersäbel zurück und wurde im alten China vorwiegend von Fußsoldaten im Kampf gegen Bogenschützen oder auch im Sturmangriff geführt. Es handelt sich bei diesem etwa 100 cm langen und vom Gewicht her sehr leichten Säbel um eine einseitig verwendete Waffe, die sowohl als Stich- wie auch als Hiebwaffe einzusetzen ist. Die zweite Hand kann bei Stichen und Blocks unterstützend mitwirken. Besonderes Kennzeichen ist die breite, einschneidige Klinge, die entweder gerade oder in einem Bogen verläuft. Vom Heft zum Ort nimmt sie an Breite zu, der Ort läuft spitz aus. Das Heft weist in der Regel ein rundes bzw. ovales Parier auf. Er besteht aus Holz, welches mit Stoffen, Fischhäuten oder Leder überzogen ist. Manchmal werden flatternde Stoffe an den metallischen Knauf geknotet, die den Gegner durch ihr Wirbeln irritieren sollen. Eine Scheide bestehend aus zwei hölzernen Hälften schützt den Säbel – Metallbänder stabilisieren die Scheide und dienen der Befestigung der Trageringe.

5.5.2 Langstock, chinesisch: Gun/japanisch: Bo

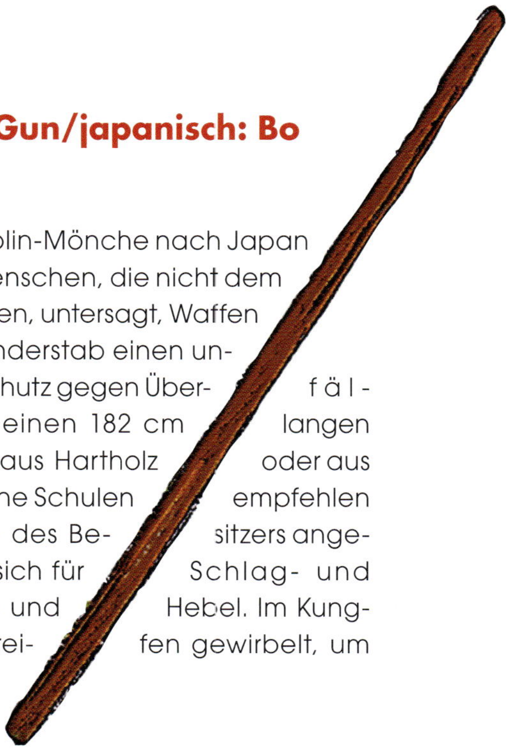

Der Langstock gelangte über die Shaolin-Mönche nach Japan und Vietnam. Auch hier war es den Menschen, die nicht dem Geschlecht des Kriegeradels angehörten, untersagt, Waffen zu tragen – der Langstock bot als Wanderstab einen unauffälligen und doch wirkungsvollen Schutz gegen Überfälle. Es handelt sich bei dem Bo um einen 182 cm langen und etwa 2,5 bis 3 cm dicken Stock aus Hartholz oder aus leichtem und flexiblem Rattan. Moderne Schulen empfehlen inzwischen eine an die Körpergröße des Besitzers angepasste Länge. Der Langstock eignet sich für Schlag- und Stoßtechniken, aber auch für Stiche und Hebel. Im Kung-Fu wird der Bo durch schnelles Umgreifen gewirbelt, um dann die Rotationsenergie für Attacken gegen Kopf, Nacken, Arme, Hüfte, Knie oder Beine des Gegners zu nutzen. Erfahrene Kung-Fu-Meister lassen den Stab mit einer Geschwindigkeit von bis zu 90 km/h rotieren.

5.5.3 Sai-Gabeln

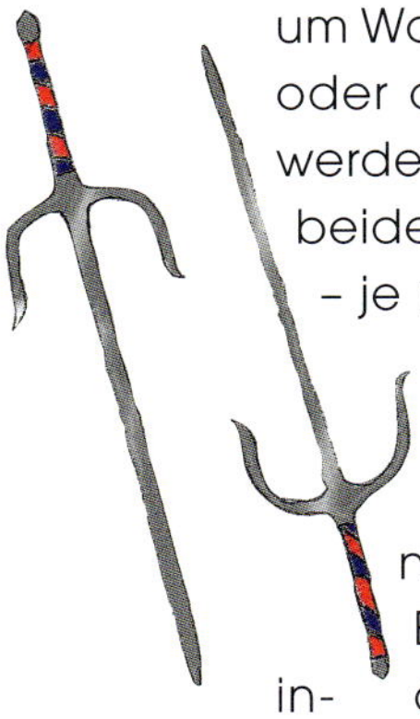

Die Sai-Gabeln haben ihren Ursprung in Japan. Es handelt sich dabei um Waffen aus Metall, die – wie der Name schon sagt – einer Gabel oder auch einem Dreizack ähneln und meist paarweise geführt werden. Der mittlere Zinken ist dabei bis zu dreimal so lang wie die beiden äußeren Zinken; insgesamt gibt es Längen von 40 bis 52 cm – je nach Ausführung. Generell sollte die Waffe etwas länger als der Unterarm ihres Besitzers sein. Der Schaft ist in der Regel rund oder achtkantig geformt. Die Sai-Gabeln bewähren sich sowohl als Block-, Schlag- oder auch Stichwaffe, zudem eignen sie sich hervorragend dazu, den Gegner zu entwaffnen. Erfahrene Kämpfer wechseln den Griff in Sekundenbruchteilen, indem sie die Sai-Gabel in der Hand so drehen, dass das Kreuz in der Hand ruht und die Spitze zum Ellbogen zeigt – so kann der Griff zum Schlagen benutzt werden und der lange Schaft als Block dienen.

5.5.4 Tonfa, chinesisch: Guai

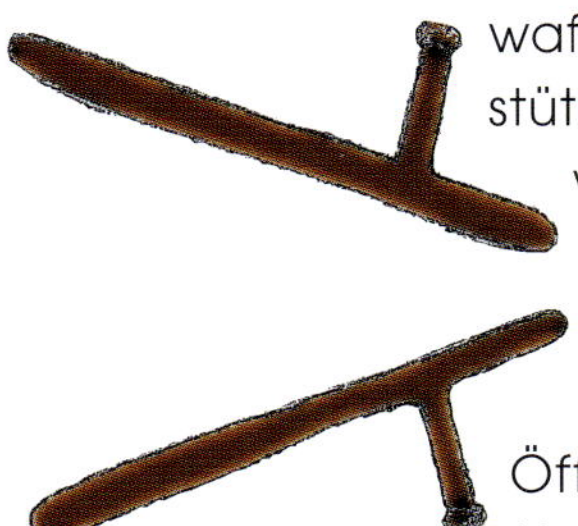

Der Tonfa ist wahrscheinlich besser als Schlagstock bekannt, wie ihn verschiedene Polizeieinheiten verwenden. Er eignet sich als Schlagwaffe, zum Blocken und wird von der Polizei gerne als Unterstützung beim Abführen festgenommener Mitmenschen verwendet. Charakteristisches Merkmal ist der Quergriff: Die Wurzeln des Tonfa sind heute leider nicht mehr bekannt; Überlieferungen behaupten, dass es sich bei dieser Waffe ursprünglich um eine Kurbel handelte, die seitlich in eine Öffnung gesteckt wurde, um einen schweren Mühlstein mit Hebelwirkung zu drehen. Diese Theorie wird dadurch unterstützt, dass Waffen im alten China nur verborgen oder getarnt getragen werden konnten – es könnte sich also auch hier um eine als harmloses Werkzeug getarnte Waffe handeln. Vermutlich stammt der Tonfa aus China und fand später auch seinen Weg in andere Länder Asiens. Er besteht in der Regel aus Metall, Holz oder Hartgummi und ist um die 15 cm lang. Es gibt verschiedene Möglichkeiten, den Tonfa zu führen, meist wird die Faust fest um den Griff geschlossen. So schützt das lange Ende den Unterarm vor Schlägen, und zugleich sind schnelle Drehschläge aus dem Handgelenk möglich. Eine andere Variante schlägt vor, den Tonfa unterhalb des Quergriffes zu halten, sodass dieser die Hand schützt und die lange Seite wie ein Knüppel zu benutzen ist. Hält der Träger seine Waffe am langen Ende, so wirkt der Quergriff beim Schlagen wie ein Hammer.

5.5.5 Sichel, chinesisch: Chao

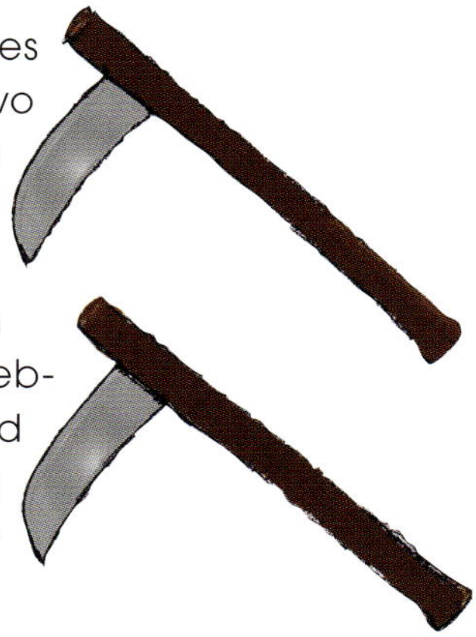

Auch bei der Sichel handelt es sich um ein zweckentfremdetes Werkzeug – und zwar aus dem Bereich der Landwirtschaft, wo sie unter anderem bei der Reisernte Verwendung fand. Als etwa 15 cm bis 20 cm lange Waffe wird sie einhändig, zumeist aber paarweise geführt. Die gebogene Klinge aus Metall dürfte keine wirkliche Gefahr für einen gepanzerten Gegner dargestellt haben, daher eignet sie sich mehr als Hieb- denn als Stichwaffe. Außerdem ähnelt sie einem Haken und kann als solcher vor allem am Kopf und an den Armen des feindlichen Angreifers eingesetzt werden, um diesen näher heranzuziehen.

5.5.6 Ketten- oder Stahlpeitsche, chinesisch: Jiujiebian

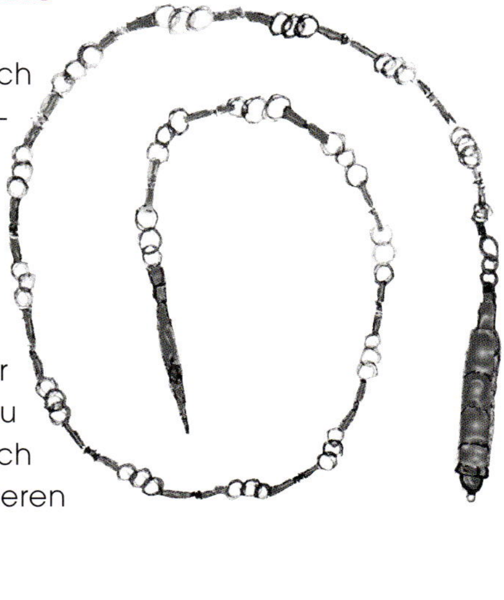

Bei der Ketten- bzw. Stahlpeitsche handelt es sich um eine insgesamt bis zu 150 cm lange Schlagwaffe aus Metall. Sie besteht aus mehreren Metall-Stangen, welche über Ringe miteinander verbunden sind und so eine flexible Kette bilden. Während sich an einem Ende der Peitsche ein Griffstück befindet, ziert eine kleine Speerspitze das andere Ende der Kette. An oder unterhalb dieser Spitze ist häufig ein Stofftuch zu finden, manchmal befindet sich ein zweites Tuch am Handgriff – sie helfen, die Waffe zu stabilisieren und sorgen für eine bessere Kontrollierbarkeit.

5.5.7 Nunchaku, chinesisch: Liang Jie Gun

Der Begriff Nunchaku beschreibt eine alte Bauernwaffe von insgesamt 70 cm bis 75 cm Länge. Sie besteht aus zwei knüppelartigen Holz- oder Metallteilen, die beide ungefähr so lang wie der Unterarm und über ein Seil oder eine Kette miteinander verbunden sind. Ursprünglich diente der Nunchaku dem Dreschen des Getreides, konnte aber auch als Schlag- oder Würgewaffe zweckentfremdet werden. Die Aufprall-Wirkung ist immens und auch für unerfahrene Anwender riskant. Kung-Fu-Künstler und Schauspiellegende Bruce Lee machte den Nunchaku auch in der westlichen Welt bekannt. Ein großer Vorteil der Nunchakus liegt in ihrer vielfältigen Einsatzfähigkeit: Sie lassen sich zum Beispiel als Stoßwaffe einsetzen, indem beide Hölzer in eine Hand gelegt werden, um die spitz zulaufenden Enden in die speziellen Angriffspunkte (vgl. Kap. 5.3 – Angriffspunkte) zu stoßen. Hält der Kämpfer eines der beiden Teile mittig fest, so kann er das baumelnde Stück so schwingen lassen, dass es Figuren in die Luft malt, zum Beispiel eine Achterschleife. Dreht er sich dabei um die eigene Achse, so vermag er auf diese Weise mehrere Angreifer aus unterschiedlichen Richtungen in Schach zu halten. Eine andere Variante der Schwingtechnik beschreibt einen Rundumschlag von links nach rechts oder von links oben nach rechts unten (und umgekehrt). Anschließend wird das schwingende Ende durch den eigenen Körper – mit der freien Hand oder der Achselhöhle – aufgefangen. Auf diese Weise kann die Hand immer wieder gewechselt werden, um den Gegner zu verwirren. Obgleich er weder im Kampf noch in der Selbstverteidigung Verwendung findet, gilt der Nunchaku in Deutschland als verbotene Würgewaffe: Luft- und Blutzufuhr lassen sich unterbinden, wenn sich die Kette von hinten um den Hals des Gegners schlingt und die beiden Holz- bzw. Metallteile mit gekreuzten Armen fest zusammengezogen werden. Ebenso effektiv, aber weniger tödlich lässt sich diese Methode auch am Handgelenk oder an der Waffe des Feindes anwenden, um diesen zu entwaffnen.

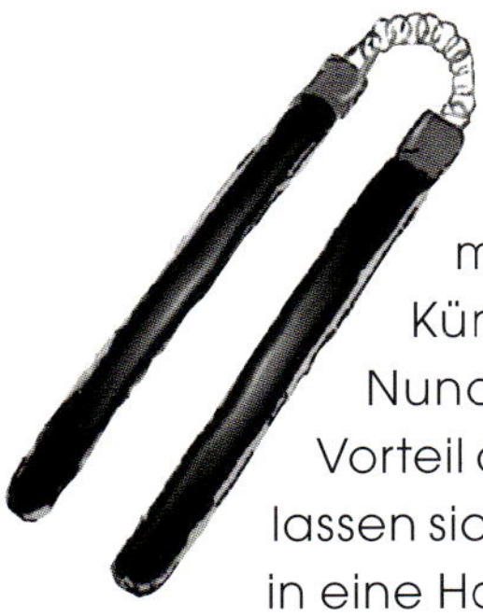

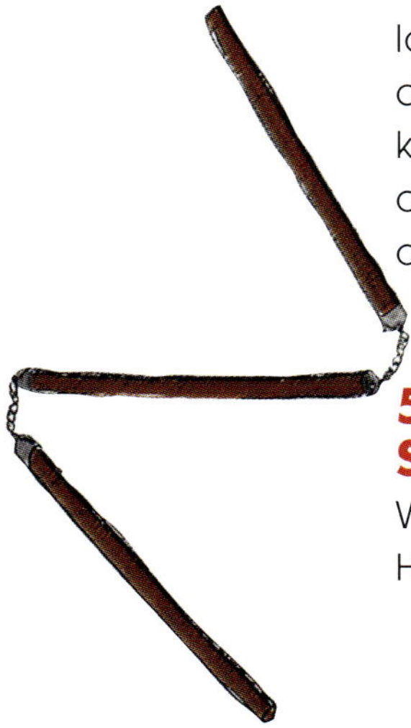

5.5.8 Drei-Glieder-Stab oder Dreistock, chinesisch: San Jie Gun

Wie der Name schon vermuten lässt, besteht der Dreistock aus drei Hölzern, die über kurze Ketten, Schnüre, Lederriemen, Ringe oder

Rosshaar miteinander verbunden sind. Jedes einzelne Holzstück ist etwa 60 cm lang, sodass der Drei-Glieder-Stab auf eine Gesamtlänge von 180 cm kommt. Die maximale Kraft wird durch Dreh- und Schwingbewegungen freigesetzt, somit ist der Dreistock als Schlag- oder Schwingwaffe einzuordnen. Seinen Ursprung hat der Drei-Glieder-Stab in der Song-Dynastie (960 bis 1279 unserer Zeitrechnung).

5.5.9 Dolch

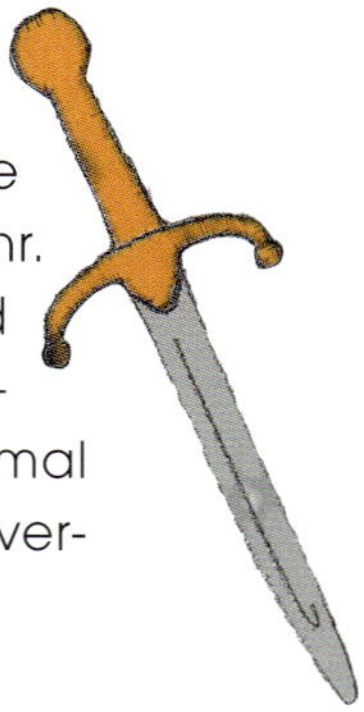

Der Dolch ist nicht nur im Kung-Fu bekannt, sondern in der ganzen Welt verbreitet. Sein Ursprung geht auf das Paläolithikum – die Altsteinzeit – zurück, genauer gesagt: in die Zeit um 120.000 v.Chr. Die Stichwaffe existiert heute in den verschiedensten Längen und Breiten, auch im Material zeigen sich massive Unterschiede: Metall, Holz, Jade, Elfenbein. Wesentliches Unterscheidungsmerkmal zum gewöhnlichen Messer: Der Dolch schneidet beidseitig und verursacht dadurch stärkere Verletzungen.

5.5.10 Speer, chinesisch: Qiang

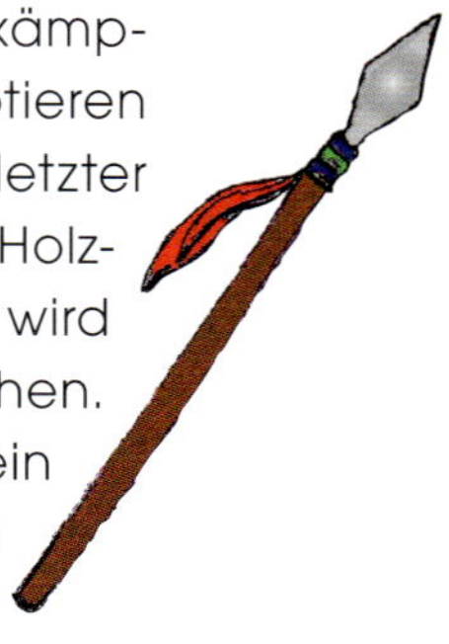

Der Speer diente einst als effektive Waffe in altertümlichen Schlachten. Wie eine Schlange schießt er blitzschnell und gnadenlos auf den Gegner zu und nutzt kleinste Lücken in der Rüstung oder Deckung, um dem Feind den Tod zu bringen. Geschickte Speerkämpfer lassen den Speer in großen und kleinen Bewegungen rotieren und ermöglichen so unvorhersehbare Richtungswechsel in letzter Sekunde. Durch die schnelle Drehung biegt sich der flexible Holz-Stab – die Biegung speichert kinetische Energie. Beim Aufprall wird diese Energie freigesetzt, um dem Stich mehr Kraft zu verleihen. Knapp unterhalb der metallischen Speerspitze befindet sich ein rotes Haarbüschel, das den Gegner ablenken und irritieren soll – doch es diente ursprünglich einem eher praktischen Zweck: Ist die Klinge erst blutdurchtränkt, so läuft das Blut des Feindes früher oder später auch den Speer hinab – ein schwerwiegendes Risiko für die Grifffestigkeit, denn das Blut ist rutschig und glitschig. Durch die Rotation der Waffe fließt das Blut in den roten Haarbüschel hinein, die Zentrifugalkraft sorgt dafür, dass es schließlich abtropfen kann, ohne den Griffbereich des Speeres zu beeinträchtigen. Die Schnitt- bzw. Stichwaffe sollte etwa zwei Handbreit länger als ihr Träger sein.

5.5.11 Hellebarde, chinesisch: Guan Dao

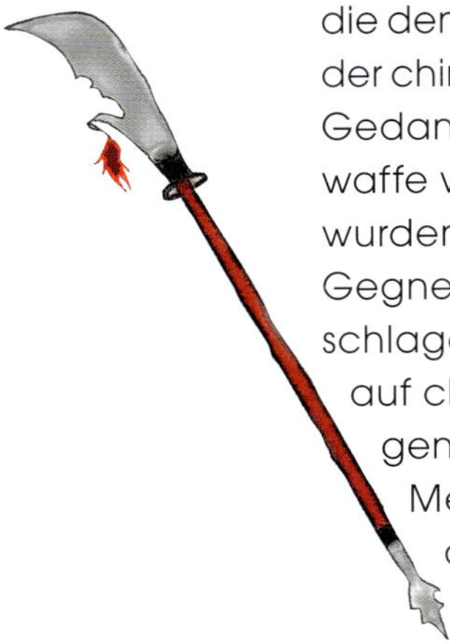

Auch wenn die Hellebarde zunächst an die Schweizergarde erinnert, die den Vatikan bewacht, so entspringt diese Waffe tatsächlich doch der chinesischen Shang-Dynastie (18.–11. Jh. v.Chr.). Der ursprüngliche Gedanke hinter dieser 200 cm bis 223 cm langen Hieb- und Stichwaffe war die Kombination des Speers und der Axt – beide Waffen wurden vorwiegend im Feldkampf eingesetzt: der Speer, um den Gegner aufzuhalten, und die Axt, um feindliche Rüstungen zu zerschlagen. Eine andere Theorie führt die Entstehung der Hellebarde auf chinesische Bergbanditen zurück. Am oberen Ende eines langen Holzstabes befindet sich eine schwere und breite säbelartige Metallklinge, die mittig ihrer Rückseite einen kleinen Haken aufweist, an dem zur Ablenkung des Gegners ein rotes Haarbüschel befestigt wird (siehe Speer). Eine dreiklingige Spitze ziert das untere Ende der Hellebarde. Ihr hohes Gewicht lässt weder kurze, kleine Bewegungen noch plötzliches Abstoppen zu. Daher zeichnet sich der Kampfstil mit Hellebarde durch schnelle Rotationen aus, welche mit Hilfe physikalischer Rotationsgesetze rasant in unterschiedliche Richtungen geführt werden.

5.5.12 Fächer, chinesisch: Shan

Der Fächer beschwört unwillkürlich Bilder edler Damen herauf, die sich frische Luft zufächeln oder ebendiesen Fächer in ihre anmutigen Tänze einfließen lassen. Halten wir uns auch hier vor Augen, dass Menschen, die nicht dem Kriegsadel angehörten, früher keine Waffen tragen durften, so erkennen wir die perfekte Tarnung hinter dem Fächer: Ein meist kunstvoll verziertes Stück Stoff wird über Streben aus Holz oder Metall gespannt. Diese Streben können oben ein wenig herausragen und messerscharf sein. Außerdem eignet sich der Fächer hervorragend dazu, dem Gegner die Sicht zu versperren oder ihn durch ruckartiges Öffnen bzw. Schließen des Fächers zu verwirren. So bewährt sich ein scheinbar harmloser Fächer als äußerst gefährliche Schlag-, Stich- und Schnittwaffe.

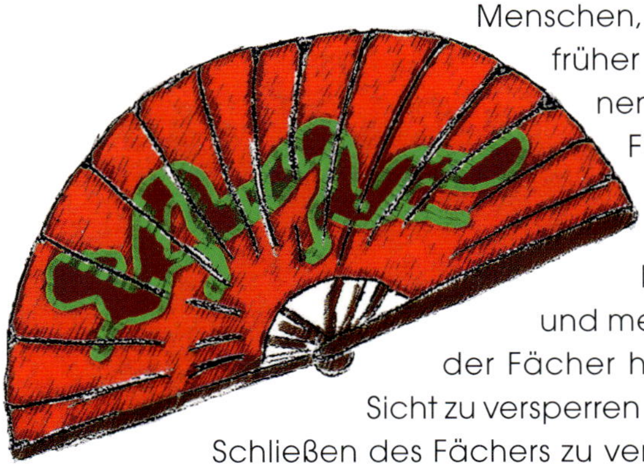

5.6 Die Bedeutung hinter den Formen

Eine Form (chinesisch: »Kuen«) erinnert an einen Tanz, an scheinbar zufällige Bewegungen, die doch einer gewissen Regelmäßigkeit folgen. Eine Form ist elegant, ästhetisch, harmonisch. Ein Schattenkampf, der höchste Körperbeherrschung erfordert. Der Kung-Fu-Kämpfer führt seine Bewegungen gegen einen imaginären Gegner aus, denn die über viele Jahrtausende gewachsenen Techniken jener uralten Kampfkunst aus China sind derart effektiv, dass sie zum Tode führen können. Durch das Erlernen einer Kung-Fu-Form gehen die Bewegungen in das unbewusste Gedächtnis des Körpers ein, im Ernstfall lassen sie sich schnell abrufen und einsetzen – ohne dass der Kung-Fu-Kämpfer darüber nachdenken muss. Das Bewusstsein verschmilzt mit den Techniken, der Geist vertieft sich in den Augenblick.

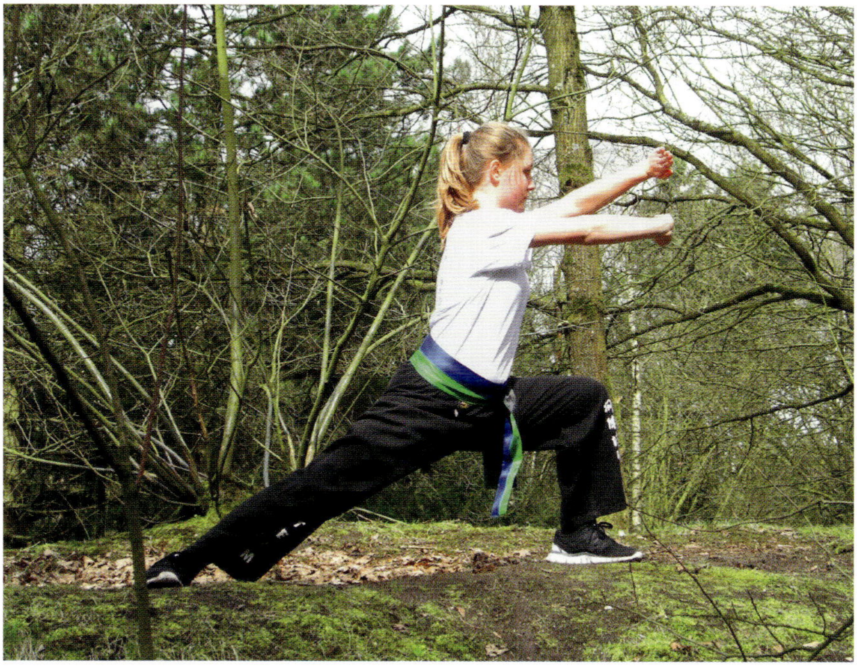

Eine Mentalität, die schon den buddhistischen Mönchen des Shaolin-Klosters am Herzen lag: Sie entwickelten mentale Techniken, um dem Alltag zu entfliehen und den Augenblick bewusst zu erfahren. Sie öffneten ihr Bewusstsein für neue Erfahrungen und fühlten eine Art geistigen Erwachens. Kung-Fu ist folglich weit mehr als Kampf und Selbstverteidigung – gleiches gilt für die Formen. Die festgelegten Bewegungen sprechen nicht nur den Körper, sondern auch die Seele an. Sie stellen eine körperbezogene Meditationstechnik dar, die Höchstleistungen auf physischer wie auch mentaler Ebene hervorbringt.

Doch die Form hat noch einen wesentlich praktischeren Hintergrund: Kung-Fu vermittelt nicht nur Angriffs-, sondern auch die bestmöglichen Abwehrtechniken. So lernt der Schüler, sich im Kampf zu verteidigen und auf Attacken zu parieren, ohne wertvolle Sekunden mit Nachdenken verschwenden zu müssen. Natürlich wird der Gegner ebenfalls auf den Konter reagieren – und so entsteht eine Abfolge von Aktionen und Reaktionen. Und genau da setzt der Gedanke einer Form an: Aktion und Reaktion. Der Schattenkämpfer stellt sich einen starken Gegner vor, der auf jede seiner Bewegungen zu reagieren weiß, denn das traditionelle Kung-Fu geht grundsätzlich von der Anwendung der optimalen Technik aus.

Der Schüler erlernt im Laufe der Zeit verschiedene Formen seines Kung-Fu-Systems – und damit verschiedene Möglichkeiten, auf einen feindlichen Angriff zu reagieren. Er lernt, feinste Unterschiede einer Attacke zu erkennen und zu verstehen, um so die beste Antwort darauf geben zu können. Zudem bleibt er für den Gegner unberechenbar, da die Verteidigung und Abwehr auf eine und dieselbe Offensivtechnik variiert.

Doch leider bieten Formen inzwischen immer wieder Anlass zu hitzigen Diskussionen: Welches System darf welche Form für sich beanspruchen? Oder wurzelt die Form doch weit tiefer in der Vergangenheit Chinas? Welche Techniken entsprechen der alten Tradition? Welche wurden im Laufe der Zeit abgewandelt? All diese Diskussionen über »richtig« und »falsch« halten eine Kampfkunst zurück. Techniken – zum Beispiel – entwickeln sich permanent weiter, indem eigene Methoden hinterfragt und verbessert oder indem Techniken anderer Kampfkünste adaptiert werden. Bei einer Kampfkunst wie dem Hu Chuan Pai Kung-Fu handelt es sich um eine »Open Source« – eine Quelle, die für äußere Einflüsse offen sein sollte. Ein Lehrer, der erkennt, dass die Technik einer anderen Kampfkunst effektiver ist, wird sorgfältig abwägen, ob es in diesem Fall wirklich sinnvoll ist, der Tradition zu folgen, und ob er seinem Schüler durch eine solche Entscheidung nicht doch wider besseres Wissen zweitklassige Kampfmethoden vermitteln würde. Sowohl die Entscheidung für eine Ver-

änderung als auch die Entscheidung zu Gunsten der Tradition haben durchaus beide Vor- und Nachteile; beide Entscheidungen haben also ihre Berechtigung. Doch nicht jeder Meister wird zu demselben Schluss kommen, und so wird es auch in Zukunft immer wieder unterschiedliche Ansichten, Einstellungen und Techniken geben.
Zu den weltweit bekannten und verbreiteten Formen zählen unter anderem:

Aus unzähligen Formen, die es heute auf der Welt gibt, werden im Hu Chuan Pai-System primär die Folgenden gelehrt:

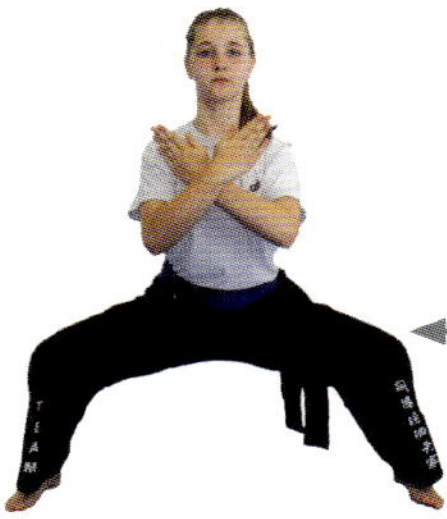

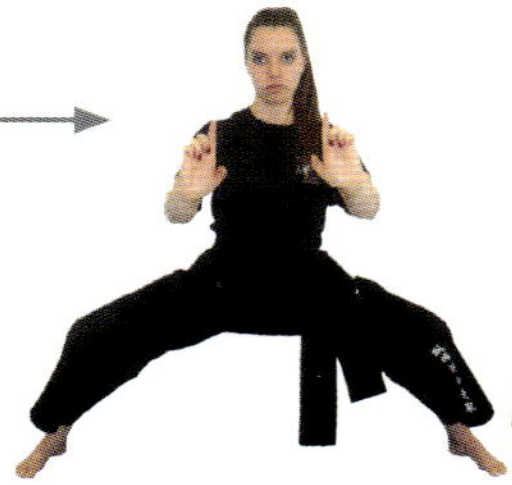

- die Chuan San Sou
- die Hau Kuen

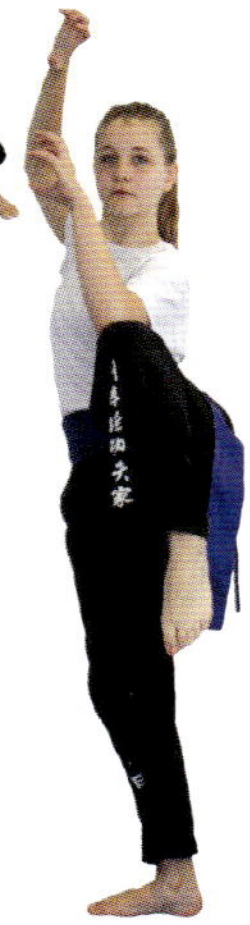

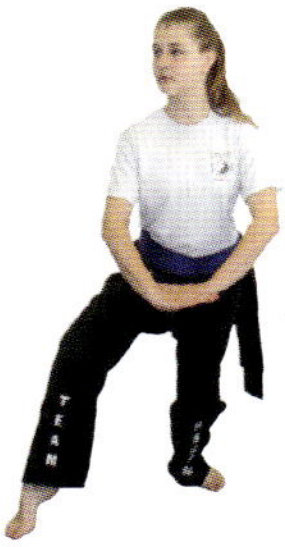

- die Lung Chuan
- die Siu Wan

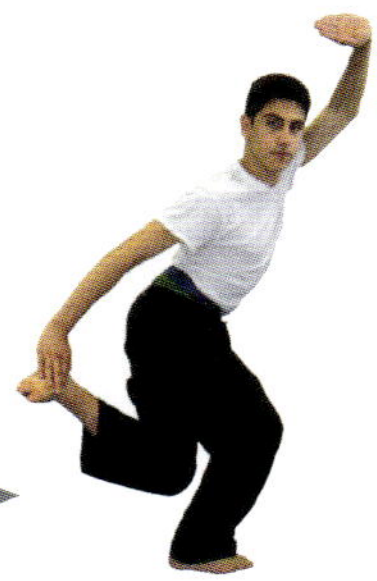

- die Tan Tui
- die Ng Pai

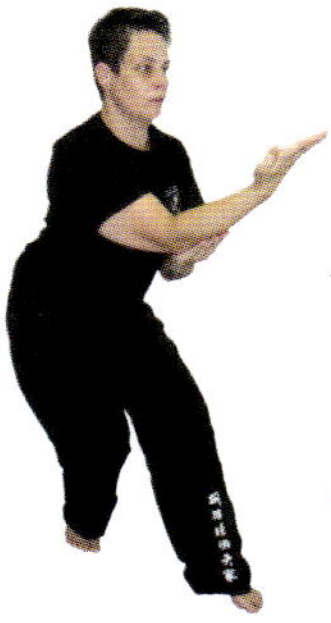

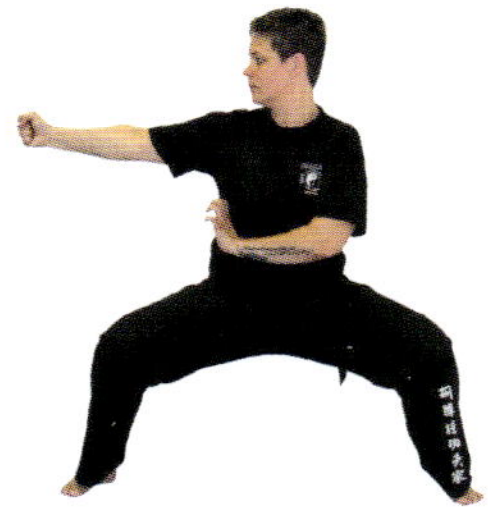

- die Lo Han
- die Fu Hok Kuen - kurze Version
- die Pak Pai

- die Fu Hok Kuen - lange Version

- sowie natürlich die Formen und der Umgang mit Kurzwaffen wie Schmetterlingsmesser oder Säbel und Langwaffen wie Langstock, Speer und anderen.

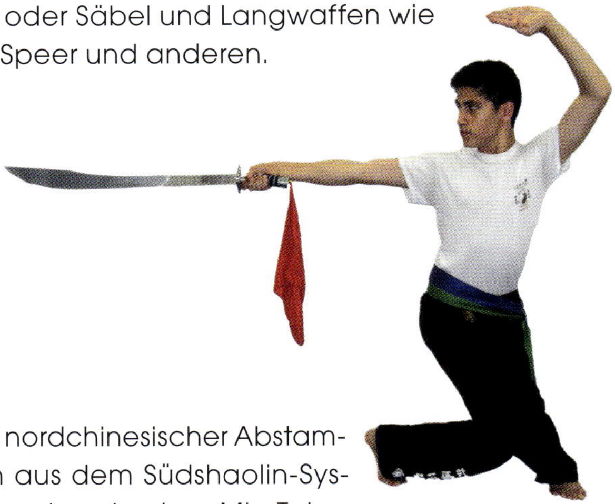

Einige dieser Formen sind nordchinesischer Abstammung, andere stammen aus dem Südshaolin-System aus der Linie von Grandmaster Jao, Min-Tah.

5.7 Die Selbstverteidigung und ihre rechtliche Seite

5.7.1 Notwehr

Spätestens während des Studiums situationsspezifischer Selbstverteidigungstechniken stellt sich immer die Frage: »Darf ich mich überhaupt körperlich wehren? Welche Konsequenzen habe ich zu befürchten, wenn ich die erlernte Selbstverteidigung tatsächlich auch außerhalb des Unterrichtsraumes anwende?«
In diesem Zusammenhang ist es wichtig, den sogenannten »Notwehrparagrafen« § 32 Strafgesetzbuch (StGB) zu kennen:

1. **Wer eine Tat begeht, die durch Notwehr geboten ist, handelt nicht rechtswidrig.**
2. **Notwehr ist die Verteidigung, die erforderlich ist, um einen gegenwärtigen rechtswidrigen Angriff von sich oder einem anderen abzuwenden.**

Dies bedeutet, dass eine eigentlich gesetzeswidrige Tat – zum Beispiel Körperverletzung durch Treten oder Schlagen – vom Gesetzgeber geschützt und als rechtmäßig eingestuft wird, sofern diese Handlung in Notwehr geschieht. Unter Notwehr wird eine Verteidigungsaktion verstanden, die einen Angriff oder die klar erkennbare Absicht eines Angriffes voraussetzt und sich grundsätzlich nur gegen den Angreifer selbst richten darf. Die Ausführung und Härte der Selbstverteidigung haben sich nach der Stärke des Angriffs zu richten. Auch eine in Notwehr erfolgte kämpferische Handlung darf den angemessenen Rahmen nicht überschreiten, das heißt: Sie sollte den Angriff zwar aufhalten, dabei jedoch nur minimalen Schaden anrichten. Ist von einer hohen kriminellen Energie auszugehen – zum Beispiel wenn Waffen im Spiel sind oder mehrere Personen angreifen – so sind auch härtere Abwehrreaktionen durchaus gerechtfertigt.
Bei einem Angriff kann, aber muss es sich nicht zwangsläufig um eine Gefahr für Gesundheit oder Leben handeln – auch Eigentum, Religion und Ehre dürfen durch Notwehrhandlungen geschützt werden. Wesentliche Voraussetzung der Notwehr ist, dass der Angriff unmittelbar bevorsteht, augenblicklich stattfindet oder andauert – sobald der eigenen Person, einem Familienmitglied oder auch einer fremden Person keine weitere Gefahr mehr droht, ist die Selbstverteidigung abzubrechen.

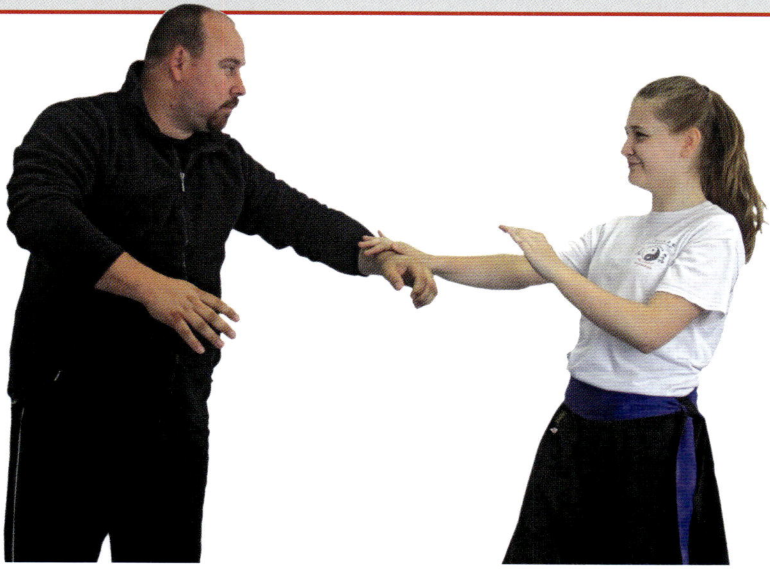

Die Anwendung der im Kung-Fu oder in einer anderen Kampfkunst erlernten Selbstverteidigungstechniken geht folglich durchaus mit dem Gesetz konform – tatsächlich sind sie insbesondere für Frauen und Jugendliche oft die einzige Möglichkeit, sich effektiv zu schützen und kein Opfer von Gewaltverbrechen zu werden. Das Faszinierende: Allein das Wissen, die verschiedenen Techniken zu beherrschen, verleiht den Menschen oft so viel Selbstvertrauen und Ausstrahlung, dass sie für Räuber, Schläger und andere Kriminelle, die auf der Suche nach leichten Opfern sind, uninteressant werden.

Im Unterricht werden Techniken und Methoden vermittelt, mit denen sich der Schüler – wie die Bezeichnung »Selbstverteidigung« schon ausdrückt – selbst verteidigen kann. Doch wie der Einzelne in einer realen Notwehrsituation letztendlich wirklich reagiert, ist ungewiss. Im Prinzip gibt es drei Möglichkeiten: sich stellen und nach vorne gehen, flüchten oder zur Salzsäule erstarren und sich überhaupt nicht mehr bewegen. Wer sich selbst schützt und die erlernten Techniken erfolgreich anwendet, dem sei gratuliert. Wer lieber die Flucht antritt, tut im Prinzip gut daran – er sollte den Gegner zuvor allerdings zumindest irritieren oder vorübergehend kampfunfähig machen, damit die Flucht auch gelingt. Wer indes zur Salzsäule erstarrt, ist dem Angreifer hilflos ausgeliefert – es gilt also, diese Form der Reaktion bzw. Nicht-Reaktion weitestmöglich auszuschalten. Dies kann durch ständige Wiederholung und Übung der jeweiligen Selbstverteidigungstechniken gelingen: Handgriffe, Hebel, den Gegner zu Boden bringen.

Der Körper verfügt über eine Art Gedächtnis, welches – sofern immer und immer wieder trainiert – auch dann noch zuverlässig funktioniert, wenn sich der Verstand bereits mit einem ausgewachsenen Blackout verabschiedet. Zur Veranschaulichung folgendes Beispiel: Kinder erlernen das Radfahren und Schwimmen, indem sie den Kopf ausschalten und ganz ihrem Körpergefühl vertrauen. Es braucht ein wenig Zeit und Mühe, bis sich Arme und Beine an die koordinierten Bewegungsabläufe gewöhnt haben, doch hat sich das anfangs Ungewohnte erst manifestiert, so erinnert sich der Körper immer wieder daran. Einem Erwachsenen hingegen fällt es wesentlich schwerer, das Radfahren oder Schwimmen zu lernen, wenn er als Kind nie damit in Berührung gekommen ist. Er hat gelernt, Lösungen für neue Probleme mit dem Verstand zu erarbeiten – anders ausgedrückt: Der Erwachsene denkt zu viel. Und genau das ist das Risiko in der Selbstverteidigung: Wer sich allein auf seinen Kopf verlässt und sich an die Techniken bewusst erinnern will, läuft Gefahr, erst recht alles zu vergessen und in Panik zu geraten. Wer seinen Körper allerdings durch wiederholte Übungen an die notwendigen Bewegungen gewöhnt hat, erhöht die Chance, auch in einer Gefahrensituation richtig zu reagieren. Dies ist auch der Grund, weshalb ein- bis zweitätige Seminare der Selbstverteidigung oft nur – gelinde gesagt – mäßigen Erfolg haben. Komplizierte Techniken lassen sich in einer solch kurzen Zeit nur mit dem Kopf erlernen, in der Regel werden sie im Alltag nicht wieder benutzt und sehr schnell vergessen. In der regelmäßig ausgeübten Kampfkunst hingegen beschäftigt sich der Schüler mindestens einmal wöchentlich auch mit der Selbstverteidigung – sie geht ihm sozusagen ins Blut über und bleibt jederzeit abrufbar. Zwar kann es noch immer keine Garantien für die perfekte Anwendung der erlernten Selbstverteidigungsmethoden in einem realen Notfall geben, doch immerhin verbessern sich die Chancen um ein Vielfaches!

In der Selbstverteidigung wird häufig von den drei Distanzen gesprochen:

1. **weite Distanz: Der Gegner befindet sich etwa eine Beinlänge entfernt.**
2. **mittlere Distanz: Der Gegner befindet sich etwa eine Armlänge entfernt.**
3. **nahe Distanz: Der Gegner ist bereits so nahe, dass er mit Knie und Ellenbogen in Schach gehalten werden kann.**

Jede Distanz erfordert ihre eigenen Methoden; so ist es beispielsweise eher schwierig, einem verhältnismäßig weit entfernten Gegner mit einer Hand- oder Knietechnik beizukommen. Jede Distanz hat sowohl Vor- als auch Nachteile:

1. weite Distanz: Ein Treffer ist recht unwahrscheinlich, zudem sind Angriffe relativ leicht zu erkennen. Allerdings ist auch ein Gegenangriff schwierig, eventuell steht der Gegner zu weit weg.

2./3. mittlere und nahe Distanz: Gegenmaßnahmen sind effektiver, insbesondere wenn diese auf die leicht erreichbaren Angriffspunkte zielen (vgl. Kap. 5.3 – Angriffspunkte). Aber es bleibt auch weniger Zeit, um auf einen Angreifer zu reagieren, das heißt: Es ist damit zu rechnen, auch selbst Treffer einstecken zu müssen.

Kung-Fu schärft den Blick und verbessert die Reaktionsfähigkeit. Der Schüler lernt, dass er aus verschiedenen Distanzen, aber auch aus verschiedenen Blickwinkeln angegriffen werden kann. Er stärkt sein

Durchhaltevermögen, um nicht schon nach dem ersten Schlag oder Tritt aufzugeben. Er erfährt, dass er sich auch am Boden liegend noch verteidigen kann. Und während er seinen eigenen Körper trainiert, macht er sich empfänglich für die Körpersprache und Signale der Menschen um ihn herum.
Angriffe erfolgen jedoch nicht immer körperlich, sondern zielen häufig direkt in die Seele eines Menschen: Nichtachtung, Mobbing, Beleidigungen und Verleumdungen, Gruppendruck, inzwischen auch moderne Formen wie Cybermobbing – um nur einige der unzähligen Möglichkeiten zu nennen, jemanden ohne sichtbare Wunden zu verletzen. Auch hier ist es wichtig, sich und seine seelische Gesundheit zu verteidigen – wobei in diesem Fall eher von »Selbstbehauptung« als von Selbstverteidigung zu sprechen ist.
Menschen, die über wenig Selbstbewusstsein verfügen, strahlen diese Eigenschaft deutlich sichtbar nach außen ab: zum Beispiel über eine gebeugte Haltung, die Vermeidung direkten Augenkontaktes oder hängende Schultern. Sie senden Signale aus, die sie als leichte Opfer kenntlich machen – ob auf dem Schulhof, auf der Straße oder im Büro. Das Erlernen einer Kampfkunst wie Kung-Fu zielt nicht allein auf Bewegungsabläufe und Techniken ab, es stärkt auch den Charakter: Im Laufe der Zeit gewinnen selbst schüchterne Schüler an Selbstvertrauen. Sie erfahren, dass sie über ihre eigenen Grenzen hinauswachsen können, sie erreichen gesetzte Ziele und erarbeiten sich den Respekt ihrer Mitschüler. Ihr Auftreten wird selbstsicherer – schon allein dadurch lassen sich Auseinandersetzungen im Keim ersticken.
So zählt also auch die Vermeidung körperlicher Attacken zum Programm eines Kung-Fu-Schülers. Entweder in Form eines gestärkten Selbstwertgefühls oder in dem frühzeitigen Erkennen und Umgehen möglicher Gefahrensituationen. Nehmen wir zum Beispiel die Neuen Medien: Smartphones, Tablets – alles kleine Ablenkungen vom Alltag. So angenehm und abwechslungsreich sie auch sind, so gefährlich erweisen sie sich auf der Straße. Wir nehmen den Straßenverkehr nicht mehr wahr. Wir registrieren nicht mehr, was um uns herum geschieht. Um Gefahrensituationen aus dem Weg zu gehen, müssen wir sie jedoch bemerken. Also Musik aus, die Umgebung im Blick behalten – so erkennen wir größere Menschenansammlungen, dunkle und abgelegene Ecken oder auch bedrohliche Personen, bevor sie uns tatsächlich gefährlich werden können.

5.7.2 Befreiungen

Nachdem wir bereits einige grundlegende Aspekte der Selbstverteidigung angesprochen haben, schauen wir uns nun zwei einfache Beispiele für effektive Befreiungstechniken an, deren erfolgreiche Anwendung – wie bereits erwähnt – von der regelmäßigen Übung begünstigt wird. Dabei handelt es sich weder um die einzige noch um die perfekte Methode der Verteidigung, sondern lediglich um eine von mehreren Möglichkeiten. In der Kampfkunst bietet der Lehrer seinen Schülern einen Korb von erprobten und effizienten Techniken an – bildhaft gesprochen. Letztendlich entscheidet der Schüler selbst, welche Variante er auswählt und welche am besten zu ihm passt.

In den folgenden Beispielen beziehen wir uns nun also auf keine allzu weit hergeholten Situationen, sondern auf Übergriffe, die auch im Alltag durchaus realistisch sind:

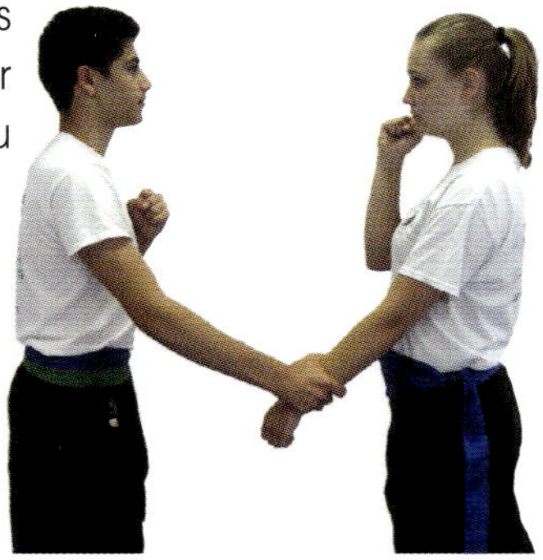

Ausgangssituation: Ein Angreifer fasst das Handgelenk seines Opfers – insbesondere von Kindern oder auch Frauen – in der Absicht, die auserwählte Person auf diese Weise mit sich zu ziehen.

Wir gehen in ciesem Beispiel davon aus, dass der Angreifer sein Opfer mit der rechten Hand an dessen linkem Handgelenk zu fassen bekommt – die nachfolgende Verteidigungstechnik funktioniert natürlich auch, wenn der Angreifer sein Opfer mit der linken Hand an dessen rechtem Handgelenk ergreift. Zu seiner Verteidigung kann der Angegriffene nun einen gezielten Vorwärtstritt (vgl. Kap. 5.4 – Schlag- und Tritttechniken) in Richtung des gegnerischen Knies ausführen. Um sich aus dem Griff zu befreien, legt die attackierte Person ihren Ellenbogen eng an die eigenen Rippen, um dann ihre Hand und den Arm nach oben zu drehen. Dies führt dazu, dass der Angreifer den Griff zwangsläufig lockert und seine Hand leicht öffnet – damit bietet sich dem Opfer nun die Möglichkeit, den ihn noch immer festhaltenden Arm mit der freien Hand endgültig wegzuschlagen.

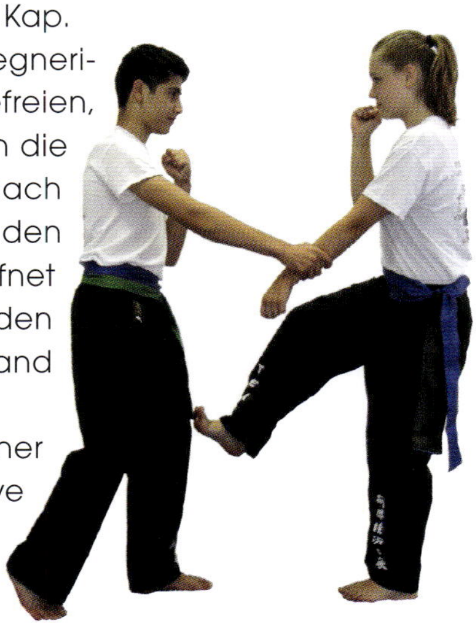

Ob diese Verteidigung bereits ausreicht, den Gegner von sich abzubringen, oder ob noch weitere defensive Schritte notwendig sind, hängt von der jeweiligen Situation ab. Wichtig ist, den Überraschungsmoment

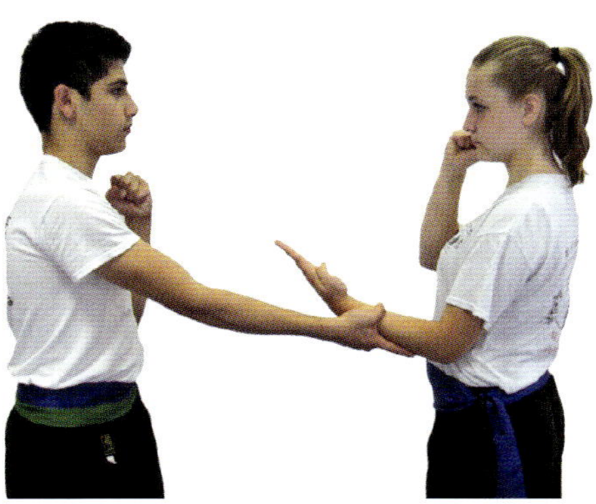

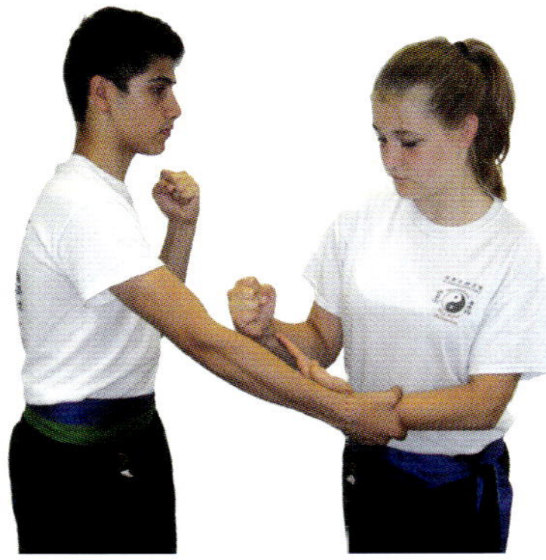

zu nutzen und nicht unbedingt »gewinnen« zu wollen. Ziel der Verteidigung ist nicht, den Gegner zu besiegen, sondern vielmehr, sich genügend Freiraum für eine Flucht zu verschaffen.

Ausgangssituation: Ein Angreifer versucht, sein Opfer einzuschüchtern, indem er es fest an beiden Schultern packt oder es unterhalb des Ausschnitts von Shirt bzw. Pullover oder auch am Kragen der Jacke zu fassen bekommt.

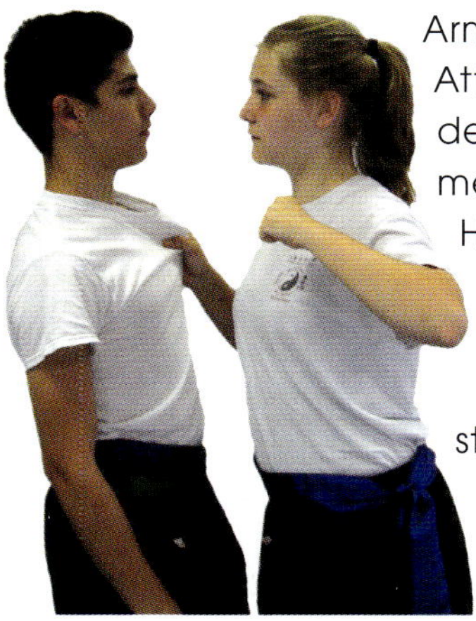

In diesem Beispiel blockt das Opfer zunächst mit dem eigenen linken Arm den rechten Arm des Angreifers, um ihn an weiteren Attacken – zum Beispiel an Schlägen – zu hindern. Um den Angreifer zu irritieren und so den Überraschungsmoment auf die eigene Seite zu ziehen, schlägt die rechte Hand schnell, aber nicht zu fest zum Gesicht des Gegners: Die bisher an den Tag gelegte Drohgebärde rechtfertigt noch keine ernsthaften Verletzungen des Angreifers. Der Verteidiger nimmt die Tigerstellung (vgl. Kap. 5.2 – Die Tiere des Kung-Fu) ein, um sich einen stabilen Stand zu verschaffen. Dann schubst das Opfer seinen Gegner mit beiden Händen am Oberkörper des Angreifers von sich weg. Dabei ist unbedingt darauf zu achten, selbst nicht nach vorne in den »Schubs« hineinzufallen, aber doch den ganzen Körper – nicht nur die Arme – für den Stoß zu

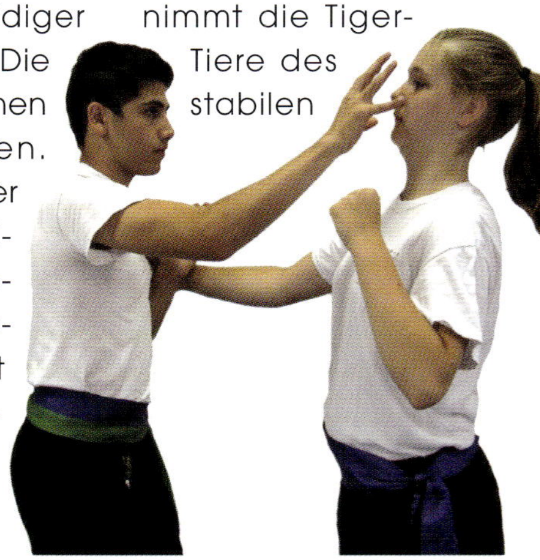

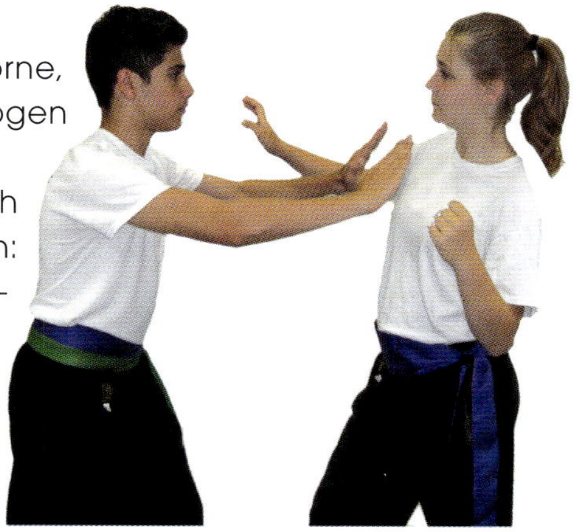

verwenden. Beide Hände stoßen nach vorne, um anschließend sofort wieder zurückgezogen zu werden – ähnlich den Schlagtechniken. Auch hier hängt die Wirkungskraft letztendlich von der jeweiligen Situation ab, soll heißen: Möglicherweise genügt diese Art der Verteidigung bereits, um den Gegner von sich abzubringen – möglicherweise sind aber auch noch weitere defensive Techniken notwendig, um zumindest eine reelle Fluchtmöglichkeit herbeizuführen. Und auch hier hat die Verteidigung den Vorteil des Überraschungsmomentes auf ihrer Seite – einen Vorteil, den es unbedingt zu nutzen gilt.

5.8 Die Prüfung als Prozess persönlicher Reife

Jede neue Graduierung beginnt und endet mit einer Prüfung vor dem oder den Meister(n) der Kung-Fu-Schule. Hier stellt der Schüler seine Fortschritte in Bezug auf die Techniken, in Bezug auf seine Kenntnisse und in Bezug auf seinen bisherigen Reifeprozess unter Beweis.
Dauer und Schwierigkeit einer Prüfung hängen von der jeweiligen Graduierung des Prüflings ab. In der Regel werden verschiedene Graduierungen gemeinsam geprüft, da auch der fortgeschrittene Schüler das gesamte Programm ab Gelb beherrschen und zeigen muss. Bei einer solchen Form der Prüfung ist der Anfänger früher fertig als der Fortgeschrittene, und es liegt im Ermessen des Si-Fu, den fertigen Prüfling für seine erbrachte Leistung mit der neuen Graduierung zu belohnen und ihn aus der Prüfung zu entlassen oder ihn für die gesamte Dauer der Prüfung im Dojo zu behalten. Weiterer Vorteil dieser Verfahrensweise: Die Schüler entwickeln ein Zusammengehörigkeitsgefühl, denn sie gehen gemeinsam durch die schwierige und für manche unangenehme Prüfungssituation.

Jede Prüfung beginnt mit dem Aufwärmen, wobei dem Prüfling lediglich Zeit und Raum zur Verfügung gestellt werden – das Aufwärmen selbst hat in eigener Verantwortung zu erfolgen. Dann erfolgt die traditionelle Aufstellung, wobei der Höchstgraduierte vorne rechts steht, alle anderen Prüflinge folgen nach ihrer jeweiligen Graduierung daneben und dahinter. Prüfer und Prüflinge stehen sich für die Begrüßung gegenüber, der Höchstgraduierte spricht die traditionelle Grußformel, zum Beispiel »Si-Fu, sing-li!« – zu Deutsch: »Si-Fu, wir grüßen dich!«

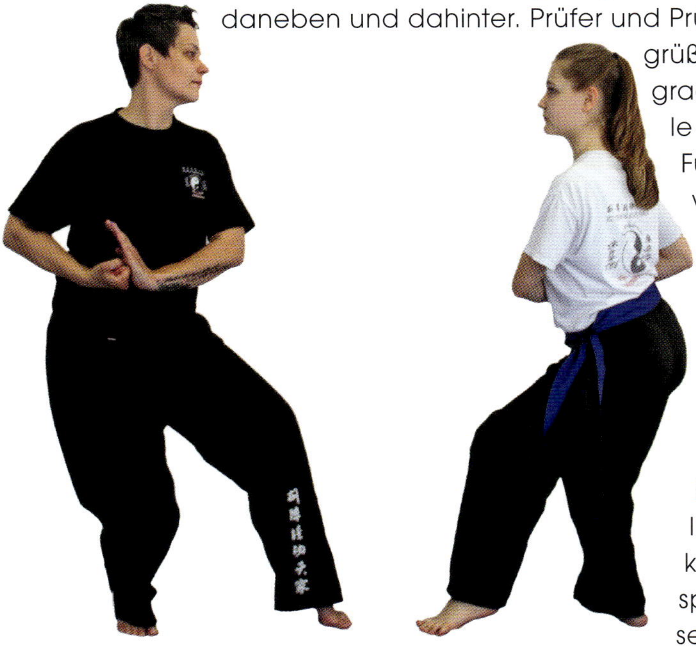

Nach der Begrüßung begeben sich die Prüflinge in die Mabu-Stellung (vgl. Kap. 5.2 – Die Tiere des Kung-Fu). Auch hier wird dem höher Graduierten mehr Kondition und Durchhaltevermögen abverlangt als dem Anfänger, so kann die Dauer der Mabu beispielsweise wie folgt gestaffelt sein:

- Prüfung zur Graduierung Gelb: 2 Minuten
- Prüfung zur Graduierung Orange: 3 Minuten
- Prüfung zur Graduierung Grün: 4 Minuten
- Prüfung zur Graduierung Blau: 5 Minuten
- Prüfung zur Graduierung Braun: 8 Minuten
- Prüfung zur Graduierung Schwarz: 10 Minuten.

Schon nach kurzer Zeit spürt der Prüfling einen ziehenden Schmerz im Oberschenkel; fast automatisch drückt sich der Oberkörper nach oben, um die Beine zu strecken und zu entlasten. Diesen Schmerzen und Körperreaktionen gilt es, zu widerstehen. Nicht selten beginnen die Beine unter der Belastung deutlich sichtbar zu zittern, dennoch gilt: Der Prüfling darf unter keinen Umständen wieder »hochkommen«, ehe der prüfende Meister ihn dazu auffordert. Der Schwierigkeitsgrad dieser Stellung wird sogar noch dadurch erhöht, dass der Prüfling beide Arme nach vorne auszustrecken hat – er darf sich nicht das Haar hinter das Ohr streichen, nicht an der Nase kratzen oder sich

auch nur einen Schweißtropfen aus dem Gesicht wischen. Er hat seinen unbedingten Willen, durchzuhalten und den Schmerz zu besiegen, unter Beweis zu stellen – nur dann darf er am weiteren Prüfungsverlauf teilnehmen. Doch diese Eingangsübung hat einen weiteren Zweck: Sie soll den Schüler – bzw. dessen Arme und Beine – schnell und effektiv müde machen.
Ist die Mabu überstanden, so setzt sich die Prüfung mit dem jeweiligen Programm fort: Gelb, Orange, Grün ... erst wenn alle Schüler ihr Wissen bis zur aktuell abgeprüften Graduierung gezeigt haben, findet die Prüfung ein Ende. Darunter fallen:

- theoretische Kenntnisse
- Stellungen
- Schläge und Kicks
- Handkombinationen
- Fußkombinationen
- Formen
- Techniken der Selbstverteidigung.

Niemand ist davor gefeit, trotz optimaler Vorbereitung während der Prüfung einem Blackout zu erliegen. Auch die Meister haben mit der weißen Schärpe angefangen und wissen um die Nervosität ihrer Schüler. Wichtig ist, eine Form, eine Hand-/Fußkombination oder eine Selbstverteidigung niemals abzubrechen, sondern sie auch bei Fehlern und Lücken bis zum Ende durchzuführen. Lautet die Aufgabe also: »Bringe deinen Gegner zu Boden!«, so darf die Übung erst dann beendet werden, wenn der Gegner tatsächlich am Boden liegt. Fehler sind so einfacher zu verzeihen – eher noch beim Anfänger als bei dem Fortgeschrittenen.

Eine Kung-Fu-Prüfung ist mit einem Maximum an Disziplin, Respekt und auch Stolz zu absolvieren, daher sind folgende Prüfungsregeln unbedingt einzuhalten:

- Während der Prüfung darf nicht gesprochen werden, es sei denn, der Meister stellt dem Schüler eine Frage oder fordert ihn zum Reden auf.
- Der Schüler hat den nötigen Ernst und Respekt zu zeigen, das heißt: Er darf nicht kichern, lachen oder an Haltung verlieren.

Er hat die stolze Haltung eines würdigen Kung-Fu-Kämpfers einzunehmen.

- Toilettengänge und Trinken sind vor der Prüfung zu erledigen – der Schüler darf das Dojo während der Prüfung nicht mehr verlassen, ansonsten fällt er durch. Medikamente dürfen mit Erlaubnis des Meisters mit in die Prüfung hineingenommen werden.
- Aufforderungen des Meisters ist unbedingt nachzukommen – ohne Fragen oder sonstige Einwände.
- Unterhalten sich die Meister untereinander, so hat der Schüler diese Unterhaltung weder zu stören noch zu unterbrechen, sondern still abzuwarten, bis er Aufmerksamkeit erhält (eine Regel, die sich übrigens nicht allein auf die Prüfungssituation bezieht).
- Prüfungsurkunden/-diplome und neue Schärpen sind nach bestandener Prüfung durch den Schüler grundsätzlich mit beiden Händen entgegenzunehmen. Er hat allen Dan-Trägern in der Reihenfolge ihrer jeweiligen hierarchischen Position (Meistergrad, Dauer der Familienzugehörigkeit) seinen Respekt durch Verbeugen zu zollen. Es ist folglich zu empfehlen, dass sich der Schüler bereits vor der Prüfung darüber informiert, welche Meister zur Kung-Fu-Familie gehören, welchen Status sie innehaben und wer bei seiner Prüfung anwesend sein wird.

So wie der Klassenlehrer den Lernstand seiner Schüler durch eine Klassenarbeit überprüft, so stellt der Kung-Fu-Schüler sein Kenntnisse und Fähigkeiten in der Kung-Fu-Prüfung unter Beweis. Auf diese Weise werden Wissenslücken und fehlerhafte Techniken aufgedeckt, um ihnen in Zukunft eine verstärkte Aufmerksamkeit zukommen zu lassen. Außerdem lernen insbesondere jüngere Kung-Fu-Schüler, mit schwierigen Prüfungssituationen und in diesem Zusammenhang mit Stress und Druck umzugehen – eine Fähigkeit, die sich auch auf anspruchsvolle Prüfungen in Schule, Beruf und im Leben übertragen lässt. Sich Ziele zu setzen – gerne auch hochgesteckte – und dann zu erreichen, ist ein aufregendes Gefühl: die neue Farbe der Schärpe, die neue Graduierung, der Stolz des Meisters. All das sind Erfolgserlebnisse, die den Prüfling innerlich auf eine höhere Ebene befördern. So reift er mit jeder weiteren Prüfung zu einem selbstbewussten, zielstrebigen, disziplinierten und verantwortungsvollen Menschen heran, der sich

den Herausforderungen des Lebens stellt und auch Niederlagen einsteckt. Eine unschätzbare Eigenschaft in Zeiten der Zukunftsängste, Massenentlassungen, Rollenunsicherheiten und Finanzkrisen.
Ohne verallgemeinern zu wollen, zeigt die Erfahrung doch, dass Kinder und Jugendliche wesentlich besser mit der ungewohnten Prüfungssituation zurechtkommen als so manch ein erwachsener Kung-Fu-Schüler – sie denken zielorientiert und voller Vorfreude an die neue Schärpe. Erwachsene hingegen haben mit dem Thema »Prüfung« größtenteils bereits abgeschlossen: Sie haben die Schule schon vor langer Zeit hinter sich gebracht. Sie haben ihre Berufswahl getroffen und ihr Ziel in der Regel auch erreicht. Eine Kung-Fu-Prüfung ablegen zu müssen, erscheint ihnen manchmal merkwürdig bis überflüssig. Sie denken weniger an das Ziel, sondern erinnern sich vielmehr an den unangenehmen Druck, den Prüfer von den eigenen Fähigkeiten und der Lernbereitschaft überzeugen zu müssen. Während die einen zuversichtlich und selbstbewusst in die Prüfung gehen, bleiben viele andere zögerlich – aus Angst, zu versagen und sich unendlich zu blamieren. Und so taucht immer wieder die hilflose Frage auf: »Können wir die Prüfung nicht einfach auslassen?«

Allein diese Frage zeigt, wie wichtig die Prüfung für den Fragenden wirklich ist, denn: Sich den eigenen Ängsten zu stellen, über sich selbst hinauszuwachsen – dafür ist man nie zu alt!

5.9 Schwarz: Die Prüfung zum ersten Dan – Interview mit Si-Je Andrea Schnell (2. Dan)

Wer kurz vor der Prüfung zum ersten Dan steht, steht zugleich auch an der Schwelle des kampfkunsttechnischen Erwachsenwerdens. Und so wie ein Teenager viele Fragen in Bezug auf seine körperlichen, geistigen und seelischen Veränderungen stellt, so bewegen auch den künftigen Dan-Träger unzählige Gedanken. Si-Je Andrea Schnell, selbst Meisterin im zweiten Meistergrad und Co-Autorin dieses Buches, berichtet in dem nachfolgenden Interview über ihre eigenen Erfahrungen.

Zu Beginn deiner Kampfkunst-Karriere – hattest du die schwarze Graduierung damals schon als festes Ziel ins Auge gefasst?

»Wer mit dem Kung-Fu-Training beginnt, sieht die Prüfung für Schwarz utopisch weit weg. Sie scheint unerreichbar zu sein. Aber mal ehrlich: Welcher Schüler träumt nicht davon, eines noch fernen Tages bei den Meistern zu stehen, ihnen zuzuhören und auch selbst mitzureden? Auch endlich das begehrte schwarze T-Shirt tragen dürfen ... ein hohes Ziel. Dieser Traum wird sich aber wohl niemals erfüllen, und wer keine Sportskanone ist, hat doch ohnehin keine Chance auf die Meister-Graduierung Schwarz – ist es nicht so? So zumindest schätzen es viele Anfänger ein. Aber auch nicht jeder will unbedingt ein Meister werden: Etwas Bewegung, etwas Selbstverteidigung, neue Leute treffen – das reicht eigentlich schon. Und während die Jahre ins Land gehen, verschwinden links und rechts alte Gesichter – aber auch neue tauchen auf. Wohl jeder steckt eines Tages in der Situation, eine Entscheidung treffen zu müssen: Aufhören oder weitermachen? Wer aber richtig mit dem »Kung-Fu-Virus« infiziert ist, kommt nicht mehr davon los! Ich selbst habe auf meinem Weg zur schwarzen Schärpe eine Familie gegründet und für einige Jahre mit dem Training aufgehört – ganz los kam ich jedoch nie davon, und so kehrte ich irgendwann als Kung-Fu-Schüler mit dem Traum von Schwarz zurück.«

Wie fühlt es sich an, kein Anfänger mehr zu sein? Welche Veränderungen kommen auf den Schüler zu, wenn er der Meistergraduierung spürbar näherkommt?

»Wer durchhält, kommt weiter voran – und plötzlich stehst du selbst ganz vorne rechts und bist der höchstgraduierte Schüler in deinem Kurs. Neulinge kommen auf dich zu und schauen dich »bewundernd« an. Sie sagen Dinge wie: »Du bist schon so weit, das ist richtig cool! Fehlt ja nicht mehr viel, bis du deine schwarze Schärpe machen kannst.« Dir selbst war das noch gar nicht so bewusst, doch spätestens nach der Braun-Prüfung ist Leugnen zwecklos. Dann heißt es: »Du bist jetzt in der Vorbereitung für deinen ersten Dan!« Plötzlich ist der große Tag nicht mehr so utopisch weit weg.

Schon mit der Farbe Braun kommt mehr Verantwortung auf dich zu, wie zum Beispiel die Kinderkurse aufzuwärmen oder vielleicht auch ganz alleine zu unterrichten. Als Dan-Anwärter hast du deinem Meister den Rücken freizuhalten und den neuen Schülern von alten Traditionen zu erzählen – du bist eine Verbindung zwischen Schüler und

Lehrer, ähnlich dem Klassensprecher in einer Schule. Als Vorbild für die »jüngeren« – sprich: niedriger graduierten – Schüler ist es jetzt unabdingbar, auf dein Auftreten zu achten. Nicht nur im Dojo, sondern auch außerhalb. Wer all dies gut macht und das Programm unter Beachtung der persönlichen Voraussetzungen beherrscht, darf nun bald an der Prüfung zum ersten Dan teilnehmen.«

Findet die Prüfung zur Meistergraduierung ausschließlich im Dojo statt?

»Zu einer Meister-Prüfung gehört auch ein schriftlicher Teil: Hier sagt dir der Meister vorher, über welches Thema du als Schwarz-Anwärter schreiben sollst – und auch wie viel. Diese Arbeit ist vor der eigentlichen Prüfung abzugeben; mögliche Themen könnten zum Beispiel die Geschichte des Kung-Fu, Sinn und Zweck des Aufwärmprogramms oder die Vor- und Nachteile des traditionellen und modernen Unterrichts sein.«

Wie sieht – deiner Meinung und Erfahrung nach – die optimale Vorbereitung auf die anstehende Dan-Prüfung aus?

»Einige Tage vor der Prüfung solltest du auf eine ausgewogene Ernährung und auf eine ausreichende Flüssigkeitszufuhr achten. Gerade jetzt ist es wichtig, den Körper mit der nötigen Energie aufzuladen – unabhängig davon, ob du davon überzeugt bist, dass das Training und die Vorbereitung ausreichen: Schlafen? Jetzt? Eine Nacht vorher? Fast unmöglich! Erst noch mal alles in Gedanken durchgehen – immer und immer wieder. Doch Schlaf ist vor der Prüfung wichtig: Also Augen zu und Gute Nacht!

Ein gutes Frühstück hilft, mit den besten Voraussetzungen in den Tag zu starten. Bevor du dich auf den Weg zur Prüfung machst, sollte die Trainingstasche ein letztes Mal kontrolliert werden: T-Shirt, Hose, Schärpe – ja, alles da.«

Was ging unmittelbar vor, während und nach deiner Prüfung zur Kung-Fu-Meisterin in dir vor?

»Na ja, du denkst, jetzt ist es also so weit. Der Termin steht, die schriftliche Arbeit ist abgegeben. Wo ist die Zeit geblieben, als an die Prüfung für Schwarz noch nicht zu denken war? Nun liegt das wichtige Ereignis direkt vor dir und von allen Seiten prasseln viele Fragen auf dich ein: »Bist du nervös? Kannst du alles? Hast du Angst? Wie lange trainierst du schon, um so weit zu kommen? Kannst du auch durchfallen? Ist die Prüfung wirklich so hart wie ihr Ruf?« Nicht alle Fragen können vorher wirklich beantwortet werden. Nervös? Ja klar, wer vor einer solchen Prüfung nicht nervös ist, nimmt sie auch nicht wirklich ernst. Angst? Ja etwas, zum Beispiel vor dem Ungewissen oder davor, seinen Si-Fu zu enttäuschen. Kann ich alles? Theoretisch schon, aber was ist, wenn ich ein Blackout bekomme? Oh Mann, das wäre ein Worst-Case-Szenario!

Die erste Dan-Prüfung ist ein eher seltenes Ereignis, von daher ist das Interesse daran sehr hoch. Bei diesen Prüfungen treffen sich gerne auch die anderen Meister, um die Prüfung mit abzunehmen. Eine besondere Ehre ist es, wenn es sogar der Si-Gung zu der Prüfung schafft.

In der Umkleide steigt die Nervosität: Ein letztes Mal als Schüler antreten? Die Hände werden feucht, die Türschwelle zum Dojo scheint irgendwie höher als sonst. Tief durchatmen und rein zum Aufwärmen. Allmählich normalisiert sich der Puls ... Ok, nur kurz: Si-Fu und eventuell noch andere Dan-Träger betreten nach und nach das Dojo. Si-Fus Stimme hallt etwas nach in meinem Ohr, während er anordnet: »Aufstellen!«

Nach dem Angrüßen und ein paar einleitenden Worten des Si-Fu geht es auch direkt mit der Mabu (deutsche Bezeichnung: Pferdestellung) los. Die Knie und Hände zittern ... hoffentlich bemerkt es niemand. Nach der Mabu folgt das Gelb-Programm. Das Programm sitzt, und du wirst etwas ruhiger. Oft genug wurde beim Training besprochen, dass ein Patzer passieren kann – oder dass du mal etwas vergisst. Wichtig ist: Nie aufgeben, immer weitermachen und im Anschluss an die Übung fragen, ob du sie noch einmal ausführen darfst! Niemals fluchen oder eine Aufgabe komplett abbrechen! Und so wird eine Farbe nach der anderen abgearbeitet: Gelb, Orange, Grün, Blau, Braun und Schwarz – alles wird geprüft. Hand- und Fußkombinationen, Hebel, Formen und Waffen. Wenn du von dem ganzen Programm müde bist, steht dir am Ende die Selbstverteidigung bevor. Deine Konzentration und Kraft sind mittlerweile nicht mehr wirklich vorhanden – gerade deswegen ist die Selbstverteidigung auch schwierig. Die meisten verspüren hier ein besonderes Unbehagen, doch genau darum geht es in der Prüfung zum ersten Dan: Du sollst nicht nur bis an deine geistigen und körperlichen Grenzen gehen, sondern noch ein Stück weiter. In der Selbstvertei-

digung werden »Einer-gegen-Einen«-Situationen abgefragt, ebenso wie die Verteidigung gegen mehrere Angreifer mit und auch ohne Waffen. Wichtig ist nicht, dass du nicht einkassierst – nein, es ist wichtig, niemals aufzugeben. Es kommt der Zeitpunkt, an dem deine Arme nicht mehr zum Blocken hoch wollen. Aber viel schlimmer ist der Moment, an dem dein Mund ganz trocken wird und dir die Luft zum Atmen fehlt. Doch jetzt kurz vor Schluss aufgeben? Niemals, jetzt muss der Wille eingreifen und die letzten Reserven herauskitzeln.
Puh, geschafft, Si-Fu ruft erneut: »Aufstellen!« Hat es gereicht? Die Nervosität nimmt wieder zu, während der Si-Fu zu jedem Schüler eine kleine Ansprache hält: Was ist gut gelaufen, was eventuell nicht? Anschließend werden die Urkunden und Schärpen verteilt. Jeder Schüler, der bestanden hat, wird nach vorne gerufen, um sich dort erst vor dem Si-Fu zu verbeugen und dann Urkunde sowie Schärpe entgegenzunehmen. Oft werden dann noch Fotos gemacht: Ja, in den coolen schwarzen T-Shirts! Von den »alten« Dan-Trägern hörst du: »Willkommen auf der anderen Seite. Jetzt bist auch du erwachsen! Doch das Lernen hört nicht auf …« Und sie sollten recht behalten; ja, die andere Seite ist super, aber es kommt auch viel an neuer Verantwortung auf dich zu. Welche? Lass dich überraschen! Lerne, trainiere und werde ein Erwachsener in der Kampfkunst!«

Wird die erfolgreich abgelegte Prüfung denn auch gebührend gefeiert?
»Das hängt natürlich von der jeweiligen Schule und ihren Traditionen ab. Bei uns gilt: Nach einer bestandenen Dan-Prüfung lädst du deinen Si-Fu – und eventuell noch die anderen Meister – zum Essen ein.«

Turniere

»Der Mensch ist dazu geboren, Grosses zu leisten, wenn er versteht, sich selbst zu besiegen!«

Bruce Lee, sino-amerikanischer Schauspieler und Kung-Fu-Künstler, 1940–1973

6.1 Verbände

Wer einer Kung-Fu-Schule beitritt, tritt damit in der Regel auch in einen Kung-Fu-Verband ein. Wie im Fußball, beim Turnen oder in einer sonstigen Sportart sind die Verbände für die Organisation und die Regelungen der ausgewählten Sportart sowie für die Durchführung von sportlichen Veranstaltungen – zum Beispiel Turnieren – verantwortlich. Sie setzen sich für ein positives Image der Kampfkünste ein und finanzieren sich über die Mitgliedsbeiträge, die für gewöhnlich jährlich an den Verband abzuführen sind.

Die Anzahl der in Deutschland ansässigen Kung-Fu-Verbände zu beziffern, ist schwierig – zumal es nicht nur explizite Kung-Fu-Verbände gibt, sondern auch allgemeine Kampfkunst-Verbände, die Kung-Fu-Schüler als Mitglieder aufnehmen. Im Folgenden findet sich eine Übersicht einiger der in Deutschland bekannten Kampfkunst-Verbände – aufsteigend aufgelistet nach Postleitzahlgebieten:

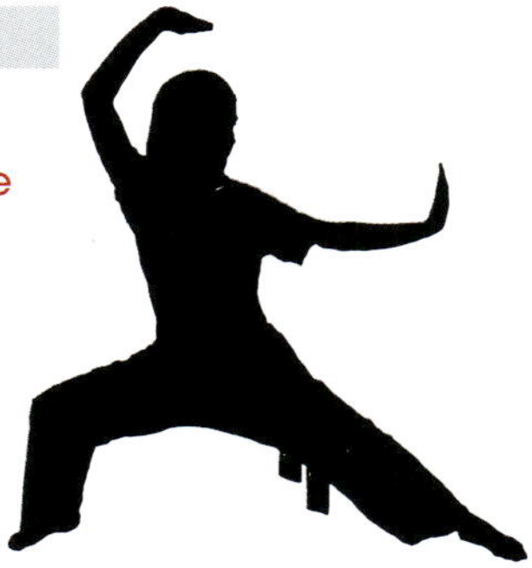

POSTLEITZAHLGEBIET 1

Dim-Mak Association of Europe
Stil: Dim-Mak/Shandong Chuan-Fa
Ansprechpartner: Jörg Weisflog
Dorothea-Stutkowski-Weg 4
D-12355 Berlin
Telefon: 01 79 – 2 26 06 38
E-Mail: dae@web.de
Web: http://www.dim-mak.de

German Neijiaquan Association – Verband für Innere Chinesische Kampfkunst in Deutschland e.V.
Ansprechpartner: Mario Pestel
Hansastr. 108a
D-13088 Berlin
Telefon: 01 60 – 8 35 35 33
E-Mail: info@neijia.de
Web: http://www.neijia.de

German Ving Tsun Kung Fu Federation e.V.
Web: http://www.vingtsun-klassisch.de

POSTLEITZAHLGEBIET 2

Deutsche Leung Jan Organisation
Ansprechpartner:
Dai-Sifu Axel Oschlies
Postfach 1323
D-22885 Barsbüttel
E-Mail: info@leungjan.de
Web: http://www.leungjan.de

International Tscheng Tao Association e.V. (I.T.T.A. e.V.)
Web: http://www.itta-ev.de

Ving Tsun Academy Europe
Ansprechpartner: Sifu Günther Benjamins
Wykhoffweg 51
D-26725 Emden
Telefon: 0 49 21 – 92 97 03
E-Mail: wvtaavingtsun@web.de
Web: http://www.vingtsunacademy.eu

Martial Arts, Health & Fitness Association e.V.
Ansprechpartner: Sifu Günther Benjamins
Wykhoffweg 51
D-26725 Emden
Telefon: 0 49 21 – 92 97 03
E-Mail: kampfsport-emden@web.de
Web: http://www.kampfsport-emden.de

POSTLEITZAHLGEBIET 3

Taijiquan & Qigong Netzwerk Deutschland e.V.

Ansprechpartner in der Geschäftsstelle: Sonja Blank
Oberkleener Str. 23
D-35510 Butzbach
Telefon: 0 64 47 – 88 59 37
E-Mail: info@taijiquan-qigong.de
Web: http://www.taijiquan-qigong.de

POSTLEITZAHLGEBIET 4

United Martial Arts Academy

Web: http://www.umaa.de

Shaolin-Tung-Jen-Tao-Kung-Fu

Web: http://www.tjt-kungfu.de

Boehlig Defense Systems/Wing Tsjun International

Ansprechpartner: Herr Berendes
Friedrich-Krupp-Straße 5
D-40764 Langenfeld
Telefon: 0 21 73 – 29 70 15
E-Mail: headoffice@wingtsjun.com
Web: http://www.wingtsjun.com

K'UN CH'EIN Association e.V.

Web: http://www.kunchien.de

International Kung-Fu Federation (IKFF)

Ansprechpartner: Sigung Jens Richter
Gartenstraße 52
D-47198 Duisburg
Telefon: 0 20 66 – 3 99 96 82
E-Mail: info@ikff.de
Web: http://www.ikff.de

Mantis Kung-Fu Association (MKA)

Web: http://www.my.gmka.de

POSTLEITZAHLGEBIET 5

European Kung Fu Organisation (EKO)

Nordchinesische Kung Fu-Stile: Sieben Stern Mantis Kung-Fu (Qi Xing Tang Lang Quan), Adlerklauen Kung-Fu (Ying Jow Pai), Langfaust Kung-Fu (Chang Quan), Taiji & Südchinesische Stile: Hung Gar Kung-Fu, Hung Fut Kung-Fu, Choy Mok Kung-Fu, Tibetischer Weißer Kranich Kung-Fu (Bak Hok Kuen)
Ansprechpartner: Meister Holger Heek
(Hung Man Yung)
Lichtstraße 50
D-50825 Köln
Telefon: 02 21 – 7 02 05 54
E-Mail: info@e-k-o.org
Web: http://www.e-k-o.org

ICBO – Intenational Chinese Boxing Organization

Kampfkunst-Verband für Chinese Boxing, Kung Fu, Muay Thai, K-1 und Kick Boxen
ICBO-Geschäftsstelle
Ansprechpartner: Sigung Dr. Min Tah Jao, Sifu Nihat Atamtürk
Buchholz Straße 11
D-51061 Köln
Web: http://www.icbo.de

International Society of Martial Arts (I.S.M.A.)

Web: http://www.wyngtjun.de

WTEO

Avci WingTsun, Avci Escrima und Avci System
Ansprechpartner: Sifu Salih Avci
Röthgener Straße 57
D-52249 Eschweiler
Telefon: 0 24 03 – 3 45 01
E-Mail: info@wteo.org
Web: http://www.wteo.org

Traditioneller Kung Fu, Drachen und Löwentanz Verband Deutschland e.V.

Web: http://www.tkv-deutschland.de

POSTLEITZAHLGEBIET 6

LO MAN KAM Wing Chun Association

Direkte Linie des Neffen und langjährigen Schülers von Yip Man
Vertreter: Marc Debus
Saalburgstraße 30
D-61267 Neu Anspach
Telefon: 01 77 – 2 49 52 76
Web: http://www.lomankam.de

European Ving Tsun Federation Ltd. (EVTF Ltd.)

Web: http://www.evtf.com

World United Martial Arts (W.U.M.A.) Germany

Web: http://www.wuma-germany.de

Europäische Wing Tsun Organisation (EWTO)

Web: http://www.wingtsunwelt.com

POSTLEITZAHLGEBIET 7

International VingTshun Association

Web: http://www.idvta.de

German Hung Gar Kung Fu Association seit 1987

Geschäftsstelle: Kung-Fu Zentrum Karlsruhe
Ansprechpartner: Andreas Garski
Durmersheimerstraße 192
D-76189 Karlsruhe
Telefon: 01 76 – 97 47 43 31
E-Mail: a.garski@kungfu-info.de
Web: http://www.kungfu-karlsruhe.de

Internationale Kampfkunst Organisation

IKO-Zentralbüro
Ansprechpartner: Peter Albert (Großmeister + Präsident)
Schulstraße 52
D-79540 Lörrach-Stetten
Telefon: 0 76 21 – 16 80 61 oder 0 76 21 – 1 47 12
E-Mail: infozentrale@iko-europa.de
Web: http://www.iko-europa.de/iko

POSTLEITZAHLGEBIET 8

Verband asiatischer Kampfkünste e.V. (VaK)

Web: http://www.verband-asiatischer-kampfkuenste.de

POSTLEITZAHLGEBIET 9

Weng Chun Kung Fu Association

Weng Chun Kung-Fu, Fu Tai Chi Chuan, Bagua, Shaolin Qigong, Brazilian Jiu Jitsu
Ansprechpartner: Andreas Hoffmann
Memmelsdorferstraße 82 R
D-96052 Bamberg
Telefon: 09 51 – 3 73 79
E-Mail: wengchunbamberg@googlemail.com
Web: http://www.wengchun.de

Chinesisch-deutscher Kampfkunstverein e.V. – Bundesverband

Web: http://www.cdk-deutschland.de

6.2 Hand- und Waffenformen

Hand- und Waffenformen unterliegen im Unterricht einer strengen Abfolge, die unbedingt einzuhalten ist. Entscheidet sich ein Kung-Fu-Schüler nach Rücksprache mit dem Meister dazu, sich für den traditionellen Formenlauf auf einem Turnier anzumelden, so sollte er sich auf ein besonders hartes und strenges Training einstellen, das ihn an den Rand seiner Kräfte bringen wird. Viel Schweiß und Tränen sind bereits in der Turnier-Vorbereitung geflossen: Tiefe Stellungen sind auch wirklich tief auszuführen – und wenn der Muskel noch so sehr schmerzt. Jede Position, jede Körperhaltung muss möglichst nah an die Perfektion heranreichen, denn mit steigender Graduierung sinkt die Bereitwilligkeit der Bewertungsrichter, kleine Fehler zu verzeihen. Doch neben den traditionellen Hand- und Waffenformen findet eine weitere Kategorie zunehmend Zuspruch auf nationalen und internationalen Turnieren: der Freestyle.

Freestyle ist insbesondere für akrobatisch talentierte Schüler von besonderem Interesse: Wie der Name »Freestyle« schon verrät, verschwimmen hier die ansonsten so strengen Gesetze einer Kuen. Tatsächlich entstehen vollkommen neue Bewegungsabläufe unter Choreografie von Schüler und Meister – musikalisch untermalt. Auch Freestyle-Formen können sowohl mit als auch ohne Waffen gelaufen werden, besonders wirkungsvoll sind turnerische Elemente wie Flick Flack, Backflip oder Aerial (Radschlag ohne Hände). Auch tänzerische Techniken aus dem Hip Hop, Breakdance oder Streetdance finden ihren Weg in die Freestyle-Formen.

Die Kategorien können also beispielsweise wie folgt eingeteilt werden:

- Hand-/Faustform
- Kurzwaffen
- Langwaffen
- Partnerformen (Hand)
- Partnerformen (Waffen)
- Freestyle (Hand)
- Freestyle (Waffen).

Kampfkunst-Turniere basieren in der Regel auf Startklassen, die nach Geschlecht und Gewicht eingeteilt werden, um auf diese Weise möglichst faire Kämpfe zu gewährleisten. Im Formenlauf ist eine solche Einteilung nicht notwendig, gleiche Chancen werden stattdessen durch eine Einteilung in Alters- und/oder Erfahrungsklassen herbeigeführt.

Schiedsrichter wie Starter finden sich nach Aufruf der für sie relevanten Kategorie möglichst zügig an der Kampffläche ein. Die Starter werden namentlich dazu aufgefordert, sich auf der Kampffläche aufzustellen – wer zu spät kommt und trotz mehrfachen Aufrufens nicht innerhalb kürzester Zeit auftaucht, muss damit rechnen, aus seiner Klasse herausgestrichen zu werden. Turnier-Teilnehmer, die mit zu leichten oder zu schweren Waffen antreten, müssen sich spätestens jetzt entscheiden, ob sie trotz des abweichenden Gewichts mit eben dieser Waffe starten möchten – in der Regel nehmen sie mit einer solchen Entscheidung Strafpunkte in Kauf, die nach ihrer Demonstration von der Wertung abgezogen werden. Anschließend grüßen sich Wettkämpfer und Wertungsrichter an, um sich dann auf ihre jeweiligen Plätze zu begeben. Der erste Starter auf der Starterliste beginnt seine Demonstration, während die übrigen Teilnehmer ihrem eigenen Start im Wartebereich entgegensehen.

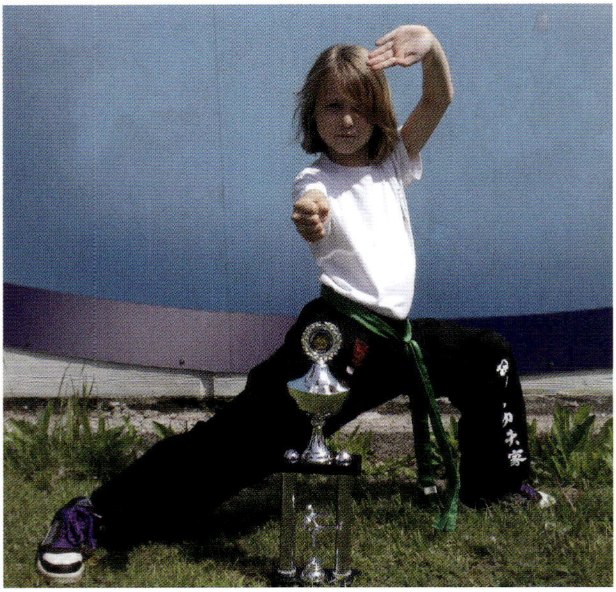

Eine Demonstration beginnt, indem der aufgerufene Starter an die Kampffläche tritt und damit seine Bereitschaft signalisiert, diese auch zu betreten. Auf Handzeichen tritt der Teilnehmer vor den oder die Wettkampfrichter, um sich respektvoll vorzustellen. Klar und deutlich nennt er seinen eigenen Namen, seinen Stil, den Namen seines Meisters sowie den Namen seiner Demonstration. Er grüßt den Hauptrichter an und begibt sich anschließend auf die Ausgangsposition seiner Form, ohne den Wertungsrichtern den Rücken zuzuwenden – dies wäre ein Zeichen der Respektlosigkeit. In Asien wird es als sehr unhöflich empfunden, jemandem den Rücken zuzudrehen – es bedeutet hier so viel wie: »Du bist meiner Aufmerksamkeit nicht wert!«

Schon jetzt haben sich die Wertungsrichter ein erstes Urteil über das Erscheinungsbild und die Qualität der vorgetragenen Vorstellung machen können. Nachdem der Wettkämpfer sich einige Sekunden gesammelt und auf seine Vorführung konzentriert hat, demonstriert er die Kuen – im Anschluss daran begibt er sich in die Mitte der Kampffläche mit Blick auf den Hauptkampfrichter, um seine Wertung entgegenzunehmen: Per Augenkontakt prüft der Hauptkampfrichter, ob alle Wertungsrichter zu einem Urteil gekommen und zur Punktevergabe bereit sind. Auf das Kommando »Wertung!« werden die entsprechenden Punktetafeln gut sichtbar in die Höhe gehalten – alternativ sind auch Handzeichen möglich. Der Schreiber notiert alle Wertungen und ermittelt den Schnitt. Anschließend wird der Turnier-Teilnehmer von der Kampffläche entlassen.

6.3 Lei Tai

Lei Tai bezeichnet eine chinesische Vollkontakt-Kampfkunst, die dem Kickboxen ähnelt und in einigen deutschen Kung-Fu-Schulen unterrichtet oder zumindest in das Kung-Fu integriert wird. Der chinesische Buchstabe für »Lei« setzt sich aus den Buchstaben für »Hand« (shou) und »Donner« (lei) zusammen – wörtlich übersetzt bedeutet es »schlagen«, zum Beispiel ein Schlagzeug. Im Zusammenhang mit der Kampfkunst steht es allerdings vielmehr für den »offenen Wettkampf«. Tai heißt übersetzt »Bühne«. Diese ungewöhnliche Bezeichnung einer Kampfkunst entspringt dem chinesischen Militär, das eine »Zhong Jun Lei Gu Tai« – also eine zentralmilitärische Trommel-Plattform – benutzte, um die Befehle über das Schlachtfeld zu trommeln und Truppenbewegungen anzuordnen. Der Legende zufolge ist anzunehmen, dass die Kampfkunst Lei Tai ihren Namen von einer solchen Trommel-Plattform erhielt, da der überlegene Kämpfer seinen Gegner »wie eine Trommel schlägt«.

In Deutschland finden Lei Tai-Turniere äußerst selten bis gar nicht statt – auf internationaler Ebene werden allerdings auch Lei Tai-Wettkämpfe ausgetragen, weshalb diese besondere Kunst aus China ebenfalls eine Erwähnung verdient.

Lei Tai trat als Kampfkunst erstmalig während der Song-Dynastie (960–1279 n.Chr.) auf Boxwettkämpfen und in privaten Zweikämpfen auf. Eine frühere Form, auf der die Kunst des Lei Tai basiert, fand unter imperialen Soldaten großen Anklang: Der Sieger solcher Wettkämpfe wurde als Leibwächter des Kaisers oder als Kampfkunstlehrer des

kaiserlichen Militärs auserwählt. Bis in die jüngere Vergangenheit war es Brauch, dass ein Lei Tai-Kämpfer, der eine neue Schule eröffnen wollte, eine Bühne errichtete und die Einwohner eines Dorfes bzw. ihren stärksten Kämpfer herausforderte. Kampfkünstler maßen ihre Kräfte immer wieder, um persönliche Streitigkeiten auszutragen oder um die Überlegenheit eines Systems über ein anderes zu demonstrieren. Der Verlierer verlor sein Gesicht und seine Ehre, niemand wollte von ihm die Kunst des Kämpfens erlernen. Der Sieger hingegen gründete seine Schule und unterrichtete den dominanten Kampfstil in dem erwählten Gebiet – sofern sich keine weiteren Herausforderer mehr fanden. Eine andere Möglichkeit war es, den Meister einer bereits bestehenden Lei Tai-Schule herauszufordern, um dessen Schule zu übernehmen.
Ein Kämpfer benötigte im Schnitt rund 18 Tage und 200 Siege, um seinen Stil etablieren zu dürfen. Alle Kämpfe wurden ohne Schutzausrüstung ausgetragen, bis der Gegner zu Boden ging oder seine Niederlage erklärte. Viele Boxer zogen sich ernsthafte Verletzungen zu – einige ließen sogar ihr Leben. Wer aufgeben wollte, brauchte sich lediglich von der Lei Tai-Plattform fallen zu lassen. Der Kampf galt dann als verloren. Dennoch sah sich die Regierung im Jahr 1928 gezwungen, die alten Traditionen privater Zweikämpfe auf der Lei Tai-Bühne zu verbieten, da zu viele Menschen dabei den Tod fanden. Das erste offizielle und moderne Lei Tai-Vollkontakt-Turnier fand ebenfalls im Jahre 1928 statt: Das zu diesem Zeitpunkt neugegründete Central Guoshu Institut sowie einige weitere Schulen aus den Provinzen vergaben hier begehrte Positionen als Kampfkunst-Lehrer unter den Siegern. Viele traditionelle Meister verweigerten die Teilnahme, da sie davon überzeugt waren, ihre Fähigkeiten nur in ernsthaften Zweikämpfen und nicht in sportlichen Wettkämpfen unter Beweis stellen zu können. Dennoch traten Hunderte der besten Kampfkünstler Chinas in den Kategorien Lei Tai-Boxen, Lei Tai-Waffen und Lei Tai-Ringen gegeneinander an. Nach nur wenigen Tagen wurden die Kämpfe allerdings bereits wieder unterbrochen, da zwei Meister ums Leben kamen und viele weitere Teilnehmer schwere Verletzungen davontrugen. Den zwölf verbliebenen Finalisten war es untersagt, die letzten Entscheidungskämpfe auszutragen – aus Angst, die größten Meister der damaligen Zeit zu verlieren. Und so wurde der Gewinner durch eine Jury gekürt. Viele der besten 15 Kämpfer gingen an das Central Guoshu Institut, um ihre Kampfkunst hier zu lehren.

Nur ein Jahr später lud der Statthalter von Guangdong einige Lehrer und Meister des Institutes ein, um auch ein südliches Guoshu Institut zu gründen – und so begaben sich fünf auserwählte Meister als Repräsentanten Nordchinas gen Süden:

- Gu Ru Zhang (1893–1952): Vertreter des nördlichen Stils
- Wan Lai Sheng (1903–1995): Vertreter des nördlichen und inneren Stils
- Fu Zhensong (1881–1953): Vertreter des Baguazhang-Stils (vgl. Kap. 4.3 – Taijiquan – Die innere Kampfkunst)
- Wang Shao Zhou: Vertreter des nördlichen Shaolin und Cha Stils
- Li Xian Wu: Vertreter des nördlichen Shaolin und inneren Stils.

Diese fünf Männer schrieben als »Wu Hu Xia Jiangnan« – die fünf Tiger auf dem Weg in den Süden Jiangnans – Geschichte.

Im Jahr 1933 fand auf Veranlassung des Guoshu Instituts ein weiterer nationaler Wettkampf statt. Die Regeln besagten: »Sollte der Tod infolge eines Kampfes oder daraus resultierender Verletzungen auftreten, so wird der Sarg mit den sterblichen Überresten nach Hause geschickt.« Guoshu ist bis heute ein hervorragendes Beispiel dafür, wie beliebt das Vollkontakt-Kung-Fu in China wurde.

Nachdem die kommunistische Partei Herrschaft über China erlangt hatte und die damalige Regierung nach Taiwan geflohen war, fand 1955 ein weiteres Turnier unter dem Namen »Lei Tai« statt. Es galten die alten Regeln: kein Schutz, keine Gewichtsklasse. Die Paarungen wurden per Losverfahren ermittelt. Erst 1975 – bei der von Taiwan gesponserten Guoshu-Weltmeisterschaft – wurden erstmalig auch Gewichtsklassen eingeführt. Nach wie vor erlitten viele Wettkampfteilnehmer diverse Knochenbrüche und andere Verletzungen. Um die Turniere sicherer zu machen, änderte die International Guoshu Federation die Wettkampfregeln, welche seit 1988 gelten.

6.4 Voll- und Leichtkontakt

Der Vollkontakt zeichnet sich dadurch aus, dass sämtliche Angriffsaktionen auf wirkungsvolle Treffer abzielen. Im Leichtkontakt hingegen gilt es, den Gegner möglichst sauber und häufig zu treffen. Beide Varianten der Kampfkunst erfordern ein gutes Auge für Angriffsmöglichkeiten, eine hohe körperliche Fitness sowie ein optimales Distanzgefühl. Reine Kung-Fu-Turniere im Voll- oder Leichtkontakt finden in Deutschland zwar eher selten statt, doch gibt es auch

hierfür strenge Abläufe und Reglementierungen. Die Kampffläche besteht aus einem Boxring, der etwa 6 x 6 Meter breit ist – also 36 m^2 umfasst – und von einem Sicherheitsbereich umgeben ist. Hauptkampfrichter und Schreiber finden sich am Hauptkampfrichtertisch ein, der für andere gesperrt ist. Die Punktegeber verteilen sich um die Kampffläche herum, um den Kampf aus mehreren Perspektiven beobachten zu können.
Die Wettkämpfer begeben sich in den Vorbereitungsbereich, um sich mental auf den Kampf einzustellen und um sich entsprechend aufzuwärmen. Wird die entsprechende Kategorie ausgerufen, begeben sich auch die Kampfrichter zur Kampffläche. Der Ringrichter ruft die Starter namentlich zu sich in die Mitte der Fläche. Er lässt die Kämpfer erst den Hauptkampfrichter am Richtertisch und dann einander angrüßen. Anschließend nehmen die Kämpfer ihre Positionen ein – zum Beispiel in der roten und schwarzen Ecke des Rings – und der Hauptkampfrichter eröffnet den Kampf.
Jede Runde läuft über eine zuvor festgelegte Zeit und mit möglichst wenigen – und wenn, dann recht kurzen – Unterbrechungen. Beginn und Ende einer Runde werden durch ein akustisches Signal angezeigt. Ist diese Zeit abgelaufen, müssen sich beide Kämpfer in ihre Ecken zurückbegeben. Der Ringrichter fordert die Punktegeber zur Wertung auf. Sind alle Runden gekämpft und bewertet worden, so holt der Ringrichter die Kämpfer wieder zu sich in die Mitte der Kampffläche. Nach entsprechender Aufforderung durch den Hauptkampfrichter verkündet der Ringrichter den Sieger und hebt dabei dessen Arm deutlich sichtbar in die Höhe.
Zur Ausrüstung der Kämpfer gehören mindestens Handschützer, Zahnschützer und Tiefschutz, der unter der Kampfkleidung zu tragen ist. Dies entspricht der Ausrüstung in der Profiklasse. Turnier-Anfänger benötigen außerdem einen Kopfschutz mit Gesichtsgitter, einen Brustschutz sowie Schienbeinschützer. Die Kämpfer tragen während des Wettstreites prinzipiell keine Schuhe.
Verboten sind:

- Kopfstöße
- Angriffe zum Kopf, wenn dieser gerade festgehalten wird
- Angriffe gegen den Hinterkopf/auf die Schädeldecke
- Angriffe gegen den Kehlkopf
- Angriffe zur Wirbelsäule
- Angriffe zum Unterleib

- Angriffe gegen die Gelenke
- Techniken mit dem Knie (Anfängerklasse)
- Techniken mit den Ellenbogen
- Nachschlagen
- passives Verhalten für mehr als 10 Sekunden.

Aber auch Provokationen und Beschimpfungen sind mit einer Verwarnung zu ahnden – gleiches gilt, wenn ein Kämpfer die Anweisungen des Kampfrichters nicht befolgt.

6.5 Rollenverteilung

In der Regel treffen sich Turnierteilnehmer, gegebenenfalls ihre Eltern und die Coachs am Morgen der Veranstaltung vor oder – je nach Absprache – in der Turnierhalle. Letzte Vorbereitungen werden abgeschlossen, zum Beispiel das Einsammeln noch ausstehender Teilnahmegebühren oder der Pässe des Verbandes. Ganz wichtig: Diese Pässe müssen eine aktuelle Jahressichtmarke des Verbandes sowie ein sportärztliches Attest des Kinder- oder Hausarztes enthalten, damit der Start akzeptiert wird. Anschließend begeben sich die Starter und ihre Coachs in die Turnierhalle, während sich die Eltern jüngerer Turnierteilnehmer und alle sonstigen Besucher auf den Weg zur Tribüne machen. Kurz vor, während und nach dem Start kümmern sich Coachs und Betreuer um die Teilnehmer – die Eltern schauen passiv von der Tribüne aus zu.

Den Turnierteilnehmern kommt im Grunde die einfachste, aber auch die spannendste und aufregendste Rolle zu: Solange sie nicht aufgerufen werden, besteht ihre Aufgabe lediglich darin, die eigenen Mitschüler moralisch zu unterstützen. Kurz vor dem eigenen Start wärmen sie sich etwas abseits der Kampffläche auf – immer darauf bedacht, sofort zur Stelle zu sein, sobald sie namentlich auf die Matten gerufen werden. Unmittelbar vor dem Kampf oder Formenlauf holen sie sich letzte Tipps vom Coach und dann geht's los. Sportlich, fair und respektvoll.

Der Coach – in der Regel ein Kung-Fu-Meister – trägt die Verantwortung für seine Schüler und vertritt die Kung-Fu-Schule auf dem Turnier. Er begleitet die Starter zur Anmeldung, informiert sich über die zeitlichen Abläufe und macht sich ein Bild von den einzelnen Kategorien sowie – falls möglich – von den konkurrierenden Startern. Noch am Vormittag treffen sich die Coachs aller Schulen für einige Minuten mit den Veranstaltern des Turnieres, um sich über die Organisation und Planung aufklären zu lassen und um sich als Kampf- bzw. Wertungsrichter zur Verfügung zu stellen. Dieses Treffen findet unter Ausschluss der Teilnehmer, der Betreuer und der Eltern statt. Nach Turnierstart konzentriert sich der Coach auf die einzelnen Wettkämpfe: Bei Zweikämpfen im Voll-, Leicht- oder Semi-Kontakt achtet er auf faire Paarungen, außerdem behält er den Punktestand im Auge, unterbricht den Kampf bei Unstimmigkeiten und unterstützt den Teilnehmer durch zugerufene Anweisungen. Von außerhalb der Matte hat er einen anderen, einen weiteren Blick auf das Geschehen und erkennt Fehler oder Angriffsmöglichkeiten, die der Starter selbst vielleicht nicht wahrnimmt. Bei den Formen hingegen bleibt dem Coach nicht viel mehr zu tun, als dem Schüler vor und nach dem Lauf seine mentale Unterstützung anzubieten. Ist der Wettkampf vorbei, entlässt er den Teilnehmer zurück in die Obhut der Betreuer, um sich ohne weitere Verzögerung dem nächsten Starter aus seiner Schule widmen zu können.

Eltern helfen ihren Kindern und deren Coachs am meisten, indem sie sich zurückhalten und auf die Erfahrung des Lehrers vertrauen. Ein Coach hat in der Regel bereits selbst an mehreren Turnieren teilgenommen und kennt die Emotionen, die einen Starter bewegen, aus eigener Erfahrung: die Angst, zu versagen und den Lehrer oder die Eltern zu enttäuschen. Egal, ob Kind, Jugendlicher oder Erwachsener – Vertrauen zum Coach ist die Basis jedes guten Kampfes. Im Normalfall zeigen Eltern durchaus Verständnis für die Besonderheit der Situation und geben die Verantwortung für ihren Nachwuchs – wenn auch schweren Herzens – für einige Stunden ab. Es entwickeln sich jedoch immer wieder auch Verhaltensweisen, die der erfolgreichen Ausbildung eines jungen Turnierteilnehmers auf lange Sicht eher im Wege stehen:

Überängstlichkeit/Überfürsorglichkeit

Überfürsorgliche Elternteile möchten ihren Kindern – verständlicherweise – Schutz und Halt bieten, schließlich ist genau das die Aufgabe einer umsorgenden Mutter und eines verantwortungsbewussten Vaters. Schwierig wird es, wenn Eltern die Hand ihrer Kinder – bildhaft gesprochen – auch auf einem Turnier nicht loslassen können. Zur Erläuterung ein kleines Beispiel aus dem alltäglichen Leben: Ein Kind rennt übermütig herum, es hat großen Spaß und achtet vor lauter

Übermut nicht mehr auf die eigenen Schritte. Es fällt hin. Eigentlich möchte es schon wieder aufspringen und weiter umhertollen, doch dann bemerkt es den mitleidigen und sorgenvollen Blick der Eltern. Erst jetzt wird dem Kind so richtig bewusst, dass es doch gerade hingefallen ist und eigentlich einen Schmerz fühlen sollte. Die Augen füllen sich mit Tränen, das Kind stürzt sich in die Arme der Eltern und weint bitterlich. Eine solche Situation ist nicht weit hergeholt – tatsächlich lässt sie sich Tag für Tag auf jedem gut besuchten Spielplatz beobachten. Ein nervöses Kind, das sich zum Beispiel in wenigen Minuten im Formenlauf beweisen soll, sucht den Blick einer Person, die ihm Halt gibt – das können die Eltern sein, das kann aber ebensogut der Coach sein. Wichtig ist, dass es im Gesicht seiner Eltern erkennt: »Ich bin stolz auf dich, du schaffst das!«

Übermaß an Druck und Ehrgeiz

Sie stellen quasi das Pendant zu den sehr besorgten und nervösen Eltern dar: die Jäger nach dem nächsten Pokal, der nächsten Medaille. Da werden Kinder schon zu Hause – Tage vor dem Turnier – mental darauf gedrillt, ja nicht zu versagen. Diese Kinder starten auf einem Turnier gleich doppelt nervös, denn auf ihnen lastet zusätzlich noch die Angst vor Strafe. Nicht selten scheitern gerade die so unter Druck gesetzten Starter erst recht: zum einen, weil sie sich nicht zu hundert Prozent auf die Herausforderung des Turniers konzentrieren können – und zum anderen nicht zuletzt auch, weil die wütenden Zurufe der Eltern jede Unterstützung vonseiten des Coachs übertönen. Auch hier ist es wichtig, den Kindern zu vermitteln: »Ich bin stolz auf dich – unabhängig davon, ob du dein Turnier gewinnst. Ich bin stolz, weil du dich diesem Wettkampf stellst, denn das erfordert Mut!«

6.6 Emotionen

Zu Beginn des Trainings steht der Wettkampf in der Regel noch gar nicht so sehr im Vordergrund, so mancher hat vielleicht nicht einmal ein wirkliches Interesse daran. Doch die Formen beim Training immer nur für sich selbst laufen? Ständig gegen dieselben Gegner kämpfen? Früher oder später weiß jeder, wie der Trainingspartner reagiert, und was zu Anfang noch vollkommen außer Frage stand, gewinnt zunehmend an Reiz: Wie gut bin ich inzwischen? Kann ich mich mit anderen messen?

Doch die Turniervorbereitung wird von viel Schweiß begleitet – Schweiß und Wiederholungen. Gibt der Meister schließlich grünes Licht, so kann das Abenteuer beginnen. Anfänger bleiben normalerweise im näheren Umkreis der eigenen Kung-Fu-Schule, manchmal finden sogar spezielle Anfängerturniere statt, damit sich der Turnier-Neuling zunächst an die Abläufe und Atmosphäre eines solchen Wettkampftages gewöhnen kann. Die Anreise kann allerdings auch durchaus etwas länger ausfallen, da internationale Turniere in der ganzen Welt ausgetragen werden.

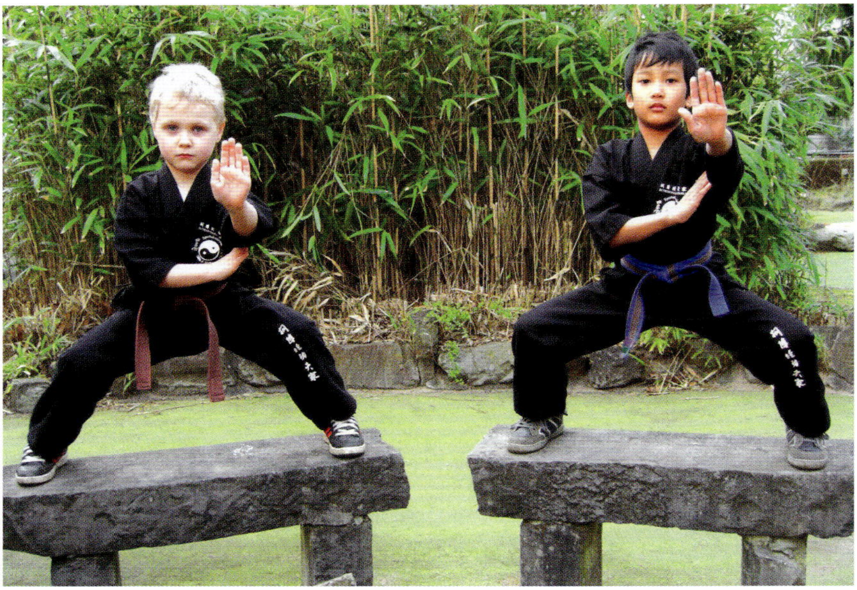

Schon tags zuvor regt sich – insbesondere bei den weniger Turniererfahrenen – die Nervosität und Aufregung. Viele Fragen schießen einem durch den Kopf: Wann muss ich mich umziehen? Wann muss ich mich aufwärmen? Wo muss ich überhaupt hin, und wann bin ich an der Reihe? Wie viele werden wohl in meiner Kategorie starten? Habe ich wirklich eine Chance? Selbst wenn sich die Turnierteilnehmer der eigenen Kampfkunstschule vor der Halle treffen, will die Aufregung nicht abklingen.
Nachdem alle Teilnehmer angemeldet und gegebenenfalls gewogen wurden, heißt es warten. Während sich die einen eine ruhige Ecke suchen und sich samt Taschen hinlegen und entspannen, gehen andere ihre Formen und Techniken wieder und wieder durch. Noch andere laufen auf und ab oder quer durch die Halle auf der

Suche nach Ablenkung – und so versucht jeder, seine persönliche Methode zu finden, um mit dem Stress und der Aufregung umzugehen.
Dann liegen nur noch wenige Kategorien vor der eigenen, jetzt heißt es: Umziehen und aufwärmen! Die Anspannung und innere Unruhe steigen exponential an. Die Hände werden feucht, und der eine oder andere wird von Selbstzweifeln geplagt: Ist es nicht doch noch zu früh für ein Turnier? Sind die anderen nicht viel besser als ich? Hätte ich nicht erst noch viel besser und härter trainieren müssen?
Alle Teilnehmer werden aufgerufen. Ein letzter nervöser Blick zum Coach, dann fällt auch schon der eigene Name. Die Knie sind weich, trotzdem gilt es, möglichst fit und selbstbewusst auf die Matte zu treten. Die große Halle schrumpft auf diese eine Turnierfläche zusammen. Die Nervosität weicht tiefster Konzentration. Konzentration auf den Gegner, auf sich selbst und – im Zweikampf – auch auf die Stimme des Coachs. Alles andere verschwindet.
Ist der Wettkampf überstanden, macht sich Erleichterung breit. Eine Erleichterung, die besonders jüngeren Teilnehmern schon mal die Tränen in die Augen treibt. Das Weinen nach dem Formenlauf oder nach dem Kampf lässt sich nicht immer unbedingt auf eine Verletzung oder eine Niederlage zurückführen, sondern einfach auf das überwältigende Gefühl, wenn der Druck relativ plötzlich von den Schultern abfällt.

Die Erfahrung zeigt, dass nur derjenige diese Emotionen von Nervosität, Aufregung, Anspannung und Druck bis hin zur Erleichterung wirklich nachempfinden kann, der die Wettkampffläche auch selbst bereits als Turnierteilnehmer betreten hat. Gerade besorgte Eltern interpretieren die Tränen ihrer Kinder oft falsch als Zeichen von Traurigkeit oder Schwäche. Zuschauer reagieren ab und an mit Unverständnis: Für sie ist es unbegreiflich, warum Zurufe des Coachs nicht befolgt werden oder warum der Formenläufer immer wieder geübte Bewegungsabläufe verpatzt. Doch Vorwürfe sind hier vollkommen fehl am Platz: Manchmal ist das Bein einfach steif und weigert sich, den nächsten Schritt zu gehen. Manchmal kommt es zu einem Blackout – und die Form wird zur großen Unbekannten. Was hier hilft, ist Turniererfahrung. Nicht aufgeben, immer wieder den Mut finden, sich der Herausforderung zu stellen. An sich arbeiten – das ist Kung-Fu!

Mit Kung-Fu in die Zukunft starten

»Alles, was du bist und was du wirst, liegt nur in dir selbst.«

Weisheit der Shaolin-Mönche

7.1 Sidekicks und Lehrer-Assistenten

Auf die Frage »Was möchtest du werden, wenn du groß bist?« antworten viele Kinder: Polizist, Tierarzt oder Astronaut. Vielleicht ist der Vater bei der Feuerwehr und in den Augen des Sohnes oder der Tochter ein wahrer Held, dem es unbedingt nachzueifern gilt. Möglicherweise arbeitet die Mutter im Krankenhaus, wo sie sich Tag für Tag für das Wohlergehen kranker Menschen einsetzt und damit ebenfalls zum Vorbild ihrer Kinder wird. Ein ähnlicher Effekt zeigt sich immer wieder auch unter dem Kampfkunst-Nachwuchs: Kinder und Jugendliche können irgendwann durchaus den innigen Wunsch verspüren, in die Fußstapfen des eigenen Kung-Fu-Lehrers zu treten.

Wie in allen Sportarten gilt auch hier: Je früher ein Kind mit Kung-Fu beginnt, umso besser stehen seine Chancen, aus diesem Hobby eines Tages auch einen Profi-Beruf zu machen. Von klein auf erlernt es die typischen Bewegungsabläufe und grundlegende Techniken seiner Kampfkunst, schon früh schnuppert es Turnierluft. Während andere Kinder das Wochenende vor der Spielekonsole verbringen, lernen die kleinen Wettkämpfer bereits das Gefühl von Sieg und Niederlage kennen – und vor allem: akzeptieren. Eines Tages eine eigene Kampfkunstschule zu eröffnen, eigene Schüler zu landesweiten und internationalen Turnieren zu begleiten – ein Traum, der durchaus wahr

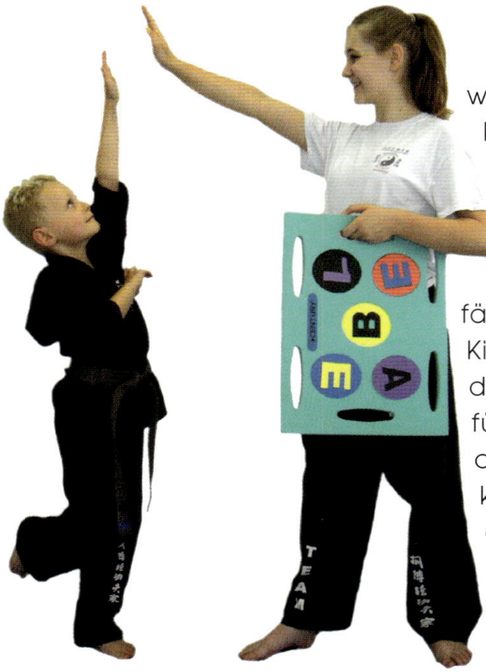

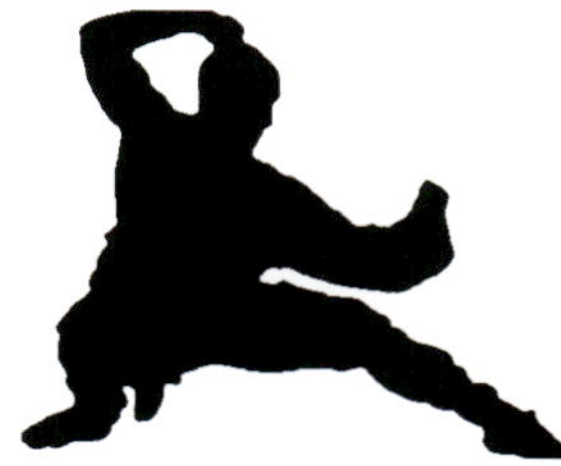

werden kann und von Eltern sowie Kung-Fu-Schule unterstützt werden sollte.

Das Schöne an der Kampfkunst allerdings ist auch: Der Zug einer steilen Kung-Fu-Karriere fährt nicht ab, nur weil aus dem Kind bereits ein Teenager geworden ist, ehe es seine Leidenschaft für die Kampfkunst hätte entdecken können. Es benötigt auch kein außergewöhnliches sportliches Talent – wobei dies natürlich durchaus von Vorteil ist. Leidenschaft, Hingabe, Ehrgeiz und ein starker Wille können hier durchaus ein sehr guter »Ersatz« für eine natürliche Gabe sein und den Weg zu wichtigen Turniersiegen oder zum Traum von einer eigenen Kampfkunstschule ebnen.

Sollte ein Nachwuchs-Kämpfer also auf Eltern oder Schule zukommen und den Wunsch äußern, eines Tages »so wie der Lehrer« sein zu wollen, so sollte das zum aktuellen Zeitpunkt bestehende Interesse – das sich natürlich wie der Traum vom Astronauten auswachsen kann – aufgegriffen und ernstgenommen werden. Schüler, die bereits seit mehreren Jahren regelmäßig am Kung-Fu-Unterricht teilnehmen, die ein großes Interesse an ihrer Kampfkunst erkennen lassen und die obendrein auch noch Freude daran haben, ihre erworbenen Kenntnisse und Fähigkeiten an jüngere Kung-Fu-Schüler weiterzugeben, können dem Meister während des Unterrichtes sehr gut assistieren.

In diesem Zusammenhang ernennen inzwischen einige Kung-Fu- und Kampfkunstschulen sogenannte Sidekicks und Lehrer-Assistenten. Es handelt sich hierbei um Kinder und Jugendliche, denen die besondere Ehre zuteil wird, den Lehrer während des Unterrichtes zu unterstützen: Sidekicks sind meist etwa im Grundschulalter, sie helfen beim Aufwärmen oder bringen dem Lehrer das gewünschte Equipment, zum Beispiel Schlagpolster oder kleinere Handpratzen. Die in der Regel schon etwas älteren Assistenten wenden sich den ihnen zugewiesenen Schülern oder auch Gruppen von Schülern zu, um bestimmte Techniken zu üben oder eher theoretische Hintergründe des Kung-Fu zu erklären, auf die sie selbst bereits erfolgreich geprüft wurden. Der Lehrer erhält damit die Möglichkeit, sich intensiver zum Beispiel um weiter fortgeschrittene Schüler zu kümmern. Für die Kinder ist es eine gute Gelegenheit, sich schon im frühen Alter mit einem möglichen Berufsweg in der Kampfkunst auseinanderzusetzen.

7.2 Praktikum

Im 16. Jahrhundert wurde eine Person, die wenig Sorgfalt bei der Ausübung diverser »Praktiken« erkennen ließ, als »Praktikant« bezeichnet. Die heutige Bedeutung etablierte sich erst ein ganzes Jahrhundert später: Ein Praktikant ist jemand, der ein »Praktikum« absolviert. Seit dem Ende des 20. Jahrhunderts gilt ein Praktikum als gern genutzte Möglichkeit, erste Praxiserfahrungen in einem Beruf zu sammeln, den sich der Praktikant für seinen weiteren Werdegang vorzustellen vermag.

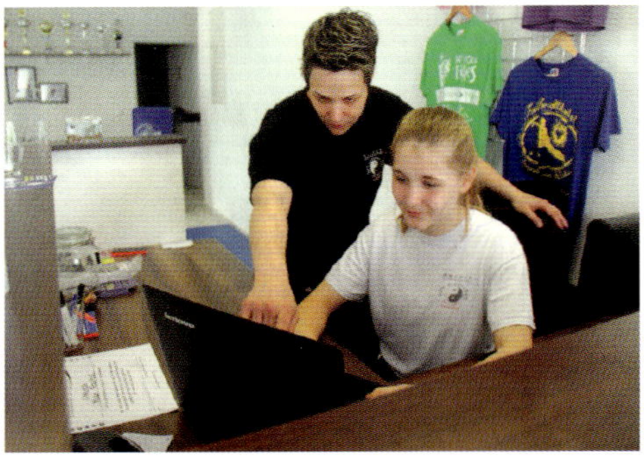

Bereits in der weiterführenden Schule werden sogenannte Girls' bzw. Boys' Days eingeführt, um Mädchen und Jungen einen Einblick in sehr geschlechterspezifische Berufsgruppen zu bieten: Jungs schnuppern in typische Frauenberufe wie Kranken- oder Altenpflege, Kinderbetreuung etc. Währenddessen beschäftigen sich die Mädchen mit den eher männerlastigen Berufen, zum Beispiel Mechatronik, Informatik – oder auch Kampfkunst (obwohl hinzuzufügen ist, dass inzwischen auch viele Mädchen die Kampfkunst für sich entdeckt haben). Das bereits seit Jahrzehnten an den Schulen erfolgreich durchgeführte Schulpraktikum zählt ebenfalls nach wie vor zur gängigen Praxis: Hier erhalten die Schüler und Schülerinnen für eine Dauer von einer bis zu vier Wochen die Möglichkeit, das Arbeitsleben kennenzulernen. Schüler, die sich für Kung-Fu interessieren, es vielleicht sogar bereits ausüben und sich einen Berufsweg in der Sport- und Fitnessbranche vorstellen können, sollten darüber nachdenken, ein solches Schulpraktikum in einer Kampfkunstschule zu absolvieren. Kung-Fu vermittelt Werte (vgl. Kap. 2.2 – Werte fürs Leben) und stärkt die Persönlichkeit. Im Laufe der Jahre durchleben Kung-Fu-Schüler einen Reifeprozess, der sie für das weitere Leben – und damit auch für das Berufsleben – stärkt. Doch darüber hinaus kann eine Kung-Fu-Schule eben noch weit mehr tun, um jungen Menschen den Weg in eine sichere Zukunft zu erleichtern. So beschränken sich die Praktika nicht allein auf das Schulpraktikum – gerade das Hochschul- bzw. Fachhochschulstudium ist nicht selten mit einem berufsbezogenen Praktikum verbunden. Auch Sporthochschulen oder sportwissenschaftliche Fakultäten verknüpfen die von ihnen angebotenen Sportstudiengänge mit einem Praktikum, das unmittelbar vor oder während des Studiums absolviert werden muss.

Ein Praktikum ist also prinzipiell aus zwei Gründen dringend anzuraten: Einerseits kann sich der Praktikant vor einer endgültigen Berufswahl mit dem Traumberuf auseinandersetzen und feststellen, ob seine Wahl auch tatsächlich die richtige ist. Auf der anderen Seite sammelt er praktische Erfahrungen und zeigt reges Interesse, was einen guten Eindruck in jeder Bewerbung – sei es für einen Ausbildungs- oder für einen Studienplatz – hinterlässt. Besonders engagierte Schüler und Studenten finden inzwischen auch an Kung-Fu- und sonstigen Kampfkunstschulen eine hervorragende Anlaufstelle für freiwillige wie auch obligatorische Maßnahmen. Wer sich allerdings freiwillig für weitere Praktika bewerben möchte, muss sich dabei auf die Schul- und Semesterferien beschränken. Hier ist zu beachten, dass nicht alle Kampfkunstschulen auch während der Ferien unterrichten.

Inhaltlich umfasst ein Praktikum an einer Kung-Fu-Schule im Wesentlichen sowohl den sportlichen als auch den administrativen Bereich, zum Beispiel:

- grundlegende Inhalte und Techniken des Kung-Fu
- Unterrichtsplanung und -vorbereitung
- kundenorientierte Beratung von Schülern und Eltern
- Einblicke in die Prüfungsorganisation und -abläufe
- Schulungen, zum Beispiel im Hinblick auf die didaktischen Prinzipien des Lernens und Lehrens
- organisierte Mitarbeit innerhalb eines Teams
- Terminvereinbarungen
- Anrufannahme
- E-Mail- und sonstiger Schriftverkehr
- Unterstützung bei Bestandskontrollen, Bestellungen und Überprüfungen der Lieferungen
- einfache Marketingaufgaben, zum Beispiel Social Media.

Nähere Informationen zu den Inhalten und den an das Jugendschutzgesetz geknüpften Rahmenbedingungen bieten alle Kung-Fu- und Kampfkunstschulen, welche die Möglichkeit eines Praktikums anbieten.

7.3 Ausbildung

Die Kampfkunstschule bietet Auszubildenden eine spannende Möglichkeit, das Hobby zum Beruf zu machen. Arbeiten, wo andere Leute ihre Freizeit verbringen – für viele ein Traum. Ob und welche Ausbildungsberufe letztendlich tatsächlich auch in einer Kung-Fu-Schule angeboten werden, hängt natürlich von der Größe und Ausbilder-Eignung der Schule ab. Wer allerdings nach einer Ausbildung zur Bürokauffrau bzw. zum Bürokaufmann oder zur Sport- und Fitnesskauffrau bzw. zum Sport- und Fitnesskaufmann sucht, ein Interesse an Kampfkunst hat und zudem auch gerne mit Menschen – insbesondere mit Kindern – arbeitet, sollte sein Glück bei einer Kung-Fu-Schule versuchen.

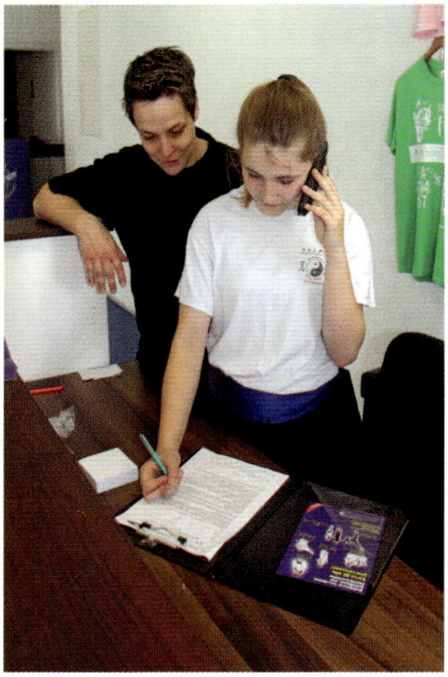

Die Ausbildung erfolgt in der Regel nach dem Dualen System, das heißt: Der Auszubildende erlernt die theoretischen Inhalte seines Ausbildungsberufes an einer Berufsakademie, während er sich die eher praxisbezogenen Themen innerhalb des Ausbildungsbetriebes erarbeitet. Im Normalfall ist von einer Ausbildungsdauer von drei Jahren auszugehen. Diese Dauer kann unter bestimmten Umständen auf zweieinhalb oder sogar zwei Jahre verkürzt werden, zum Beispiel wenn der Auszubildende über die (Fach-)Hochschulreife verfügt, wenn er überdurchschnittlich gute Noten erzielt, das 21. Lebensjahr bereits überschritten oder schon zuvor eine Ausbildung abgeschlossen hat und nun eine Umschulung durchführt.

Bürokauffrau/-mann (IHK)

Wer eine Ausbildung zur Bürokauffrau/zum Bürokaufmann (IHK) in einer Kung-Fu-Schule anstrebt, setzt sich insbesondere mit verwaltungstechnischen Aufgaben auseinander. Darunter fallen zum Beispiel die Überprüfung von Zahlungseingängen (Mitgliedsbeiträge,

Jahresbeiträge etc.) und das Mahnwesen, gegebenenfalls auch Inkasso. Neigt sich der Bestand an Schärpen, Uniformen usw. dem Ende zu, so sind Angebote einzuholen oder direkt beim Stammlieferanten zu bestellen. Nach Eingang der Bestellung müssen Ware, Lieferscheine und Eingangsrechnungen geprüft werden. Mangelhafte Ware ist zu reklamieren, ansonsten muss die Zahlung entsprechend der mit dem Lieferanten getroffenen Vereinbarung veranlasst werden. Der Auszubildende erhält außerdem auch Einblick in die gängigen Personalabläufe, zum Beispiel in die Erfassung von Arbeits- und Fehlzeiten, in die Ausfertigung von Gehaltsabrechnungen und damit verbunden auch in die Abführung von Steuern und Sozialabgaben. Er lernt, Ausbildungs- und Arbeitsverträge zu verfassen und notwendige Bescheinigungen auszustellen. Zu den weiteren administrativen Aufgaben gehören selbstverständlich auch Ablage, Korrespondenz via Telefon, E-Mail und Briefpost, Erstellung von Arbeits- und Organisationsplänen, Informationsrecherchen etc.

Sport- und Fitnesskauffrau/-mann (IHK)

Wer eine solche Ausbildung anstrebt, setzt sich natürlich ebenfalls mit den Verwaltungs- und Organisationsaufgaben auseinander, die auch schon die Ausbildung zur Bürokauffrau/zum Bürokaufmann umfasst. Die Auszubildenden stehen hier allerdings auch im regen Kontakt mit Kung-Fu-Schülern und ihren Eltern beziehungsweise Erziehungsberechtigten – zum Beispiel indem sie Beratungs- und Vertragsgespräche führen, Termine für ein Probetraining vereinbaren und am Kampfkunst-Unterricht teilnehmen, um schließlich auch selbst Kurse zu unterrichten. Außerdem erhalten sie Einblick in das Marketing der Kampfkunst-Schule: Sie erstellen und verteilen Flyer, bearbeiten die schuleigene Webseite oder lernen die Vorteile von Social Media kennen.

Nach erfolgreichem Abschluss der Ausbildung ist der Absolvent nicht zwangsläufig an die Kampfkunst gebunden – ihm stehen spannende Tätigkeitsfelder im Golf oder Tennis, in Fitnessstudios, bei Sportverbänden und -vereinen, in Kletterhallen, in Wellness- und Gesundheitszentren, in Fußballstadien oder sonstigen Sportschulen offen. Auch Sport- und Bäderämter, Sportfachhandlungen und Touristikzentralen sind stets auf der Suche nach qualifizierten Angestellten.

Viele Berufsschulen bieten ihren Schülern die Möglichkeit, noch während der Ausbildung die Trainerlizenz B zu einem vergünstigten Preis zu erlangen. Es handelt sich dabei um einen Nachweis spezi-

fischer Kenntnisse aus der Fitnessbranche, der aber auch für Kampfkunstschulen von Interesse ist, da sich auch diese zunehmend mit der Fitness auseinandersetzen und entsprechende Kurse à la »Fit mit Kampfkunst« anbieten.
Nach der Ausbildung und einer gewissen Zeit der aktiven Berufstätigkeit sind auf die bisher erlangten Kenntnisse aufbauende Weiterbildungen – zum Beispiel zur Sportfachwirtin/zum Sportfachwirt – möglich. Eingehende Informationen über Ausbildungs- und Weiterbildungsmöglichkeiten bieten zum Beispiel die lokal zuständigen Industrie- und Handelskammern oder die Beratungsstellen der Bundesagentur für Arbeit.

Geprüfte/r Sportfachwirt/-in (IHK)
Mit der Weiterbildung zur geprüften Sportfachwirtin bzw. zum geprüften Sportfachwirt hat die Industrie- und Handelskammer eine spannende Möglichkeit geschaffen, die bereits nach erfolgreich abgeschlossener Ausbildung im Bereich des Sports erworbenen Kenntnisse zu vertiefen. Zu den Aufgaben eines künftigen Sportfachwirts gehören zum Beispiel die Geschäftsführung in Vereinen, Verbänden oder in Sportbetrieben, die Entwicklung zielgruppengerichteter Marketing-Maßnahmen und Projekte, die Organisation sportlicher Veranstaltungen auf regionaler, nationaler und internationaler Ebene, die Personalplanung und -führung etc. Sie zeichnen sich folglich als besonders selbstständige und eigenverantwortliche Mitarbeiter aus, die auch auf Führungsebene eingesetzt werden können.
Die Abschlussprüfung wird direkt von der Industrie- und Handelskammer abgenommen; entsprechende Vorbereitungslehrgänge finden sich sowohl lokal in Berufskollegs und Bildungszentren als auch überregional in diversen Fernlehrgängen.

7.4 Duales Studium und nützliche Weiterbildungen

Das duale Studium orientiert sich im Wesentlichen an dem dualen Ausbildungssystem, das heißt: Es untergliedert sich in das Studium an einer Hoch- oder Fernschule auf der einen Seite sowie in die Praxiserfahrung innerhalb eines Betriebes auf der anderen Seite. So

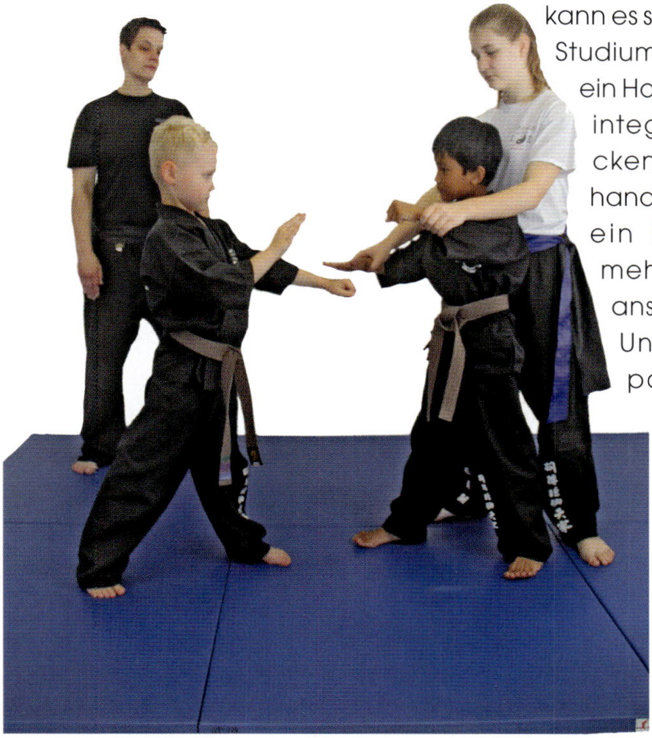

kann es sich bei dem dualen Studium beispielsweise um ein Hochschulstudium mit integrierten Praxisblöcken im Unternehmen handeln – oder auch um ein Fernstudium mit mehreren Präsenzveranstaltungen an einer Universität, welches parallel zum täglichen Arbeitsleben im Betrieb durchgeführt wird. Sowohl das Vollzeit-Studium als auch das duale Studium weisen Vor- und Nachteile auf:

- Wer in Vollzeit studiert, genießt beispielsweise den Vorteil, sich voll und ganz auf das Studium konzentrieren zu können und ein Maximum an Lernzeit zur Verfügung zu haben. Dies könnte sich durchaus positiv auf den Notenspiegel auswirken, zumal viele Betriebe dem ganztägigen Studium an einer Universität oder Hochschule nach wie vor mehr Wert beimessen als dem dualen Studium. Andererseits verursacht ein Vollzeit-Studium höhere Kosten – auch in Bezug auf die Lebenshaltung. Viele Studenten übernehmen sogenannte Studentenarbeiten, um neben dem Studium ein wenig Geld zu verdienen – diese Tätigkeiten gehen wiederum zulasten der Lernzeit. Absolventen einer (Fach-)Hochschule oder Universität müssen sich nicht selten den Vorwurf gefallen lassen, zu theoretisch und fernab der Praxis zu denken. Um derartige Behauptungen zu entkräften, absolvieren einige Studenten vor dem eigentlichen Studium zunächst eine Ausbildung – der Karriereweg benötigt so zwar mehr Zeit, beweist aber auch Einsatzbereitschaft und ein starkes Interesse.

- Wer hingegen eine berufliche Tätigkeit in einem Unternehmen annimmt und nebenbei – zum Beispiel über ein Fern- oder Abendstudium – studiert, kämpft natürlich an zwei Fronten und muss mit einer entsprechenden Doppelbelastung zurechtkommen: Arbeitsalltag und -stress einerseits sowie Lern- und Prüfungsdruck andererseits. Die großen Vorteile eines solchen Studiums liegen hingegen in dem Verdienst, den der Studierende bereits erhält, aber auch in der Tatsache, dass insbesondere modern eingestellte Betriebe die Leistung und Praxiserfahrung der Studenten durchaus anerkennen. Zudem ist es wesentlich einfacher, einen freien Studienplatz bei einem Fern- bzw. Abendstudium zu ergattern, wohingegen gerade das Sportstudium an einer Universität an äußerst strenge Zugangsvoraussetzungen und anspruchsvolle Sport-Tests gebunden ist: Nicht jeder, der sich für ein solches Sportstudium interessiert, erhält auch die Möglichkeit, sich seinen Traum letzten Endes auch wirklich zu erfüllen.

Diverse Institutionen bieten spannende Fern- und Abendstudien an, die in Verbindung mit einer beruflichen Tätigkeit in einer Kung-Fu-Schule absolviert werden können. Im Folgenden einige Beispiele:

Sportmanagement als Bachelor/Master-Studium

Die Studierenden werden in diesem Studiengang auf künftige Führungsaufgaben in Unternehmen der Sportwirtschaft vorbereitet und in die betrieblichen Funktionsbereiche mit dem thematischen Schwerpunkt auf Sport eingeführt. Das Studium umfasst sowohl Volks- und Betriebswirtschaftslehre als auch Rechnungswesen, Personalwesen und Marketing. Die Teilnehmer lernen den Sport als Wirtschaftsfaktor kennen, setzen sich mit dem Management von Vereinen und Verbänden auseinander und erlernen sowohl wichtige Führungs- wie auch Kommunikationskompetenzen. Auch das Wirtschaftsrecht bildet einen wesentlichen Teil des Studienablaufs und Studieninhalts.

Mit dem Abschluss dieses Studiums erwirbt der Student eine betriebswirtschaftliche Qualifizierung mit Fokus auf die Sportwirtschaft. Dies macht ihn für viele Tätigkeitsfelder in der Sportbranche interessant, zum Beispiel für Sportvereine und -verbände, Sport- und Fitnessstudios, Sportanlagen und -agenturen, Sportmarketing – und eben auch für Kung-Fu- und sonstige Kampfkunstschulen. Wer sich in absehbarer Zukunft mit einer eigenen Kung-Fu-Schule selbstständig machen möchte, erwirbt hier bereits wertvolles Wissen, das ihn auch in

Bezug auf verwaltungstechnische und wirtschaftliche Herausforderungen optimal vorbereitet.

Sportbusiness International

Möchte jemand vor dem eigentlichen Studium zunächst einen tieferen Einblick in ein sportliches Studium erhalten, ohne sich gleich auf Jahre festzulegen, so kann er sich nach dem Abitur bzw. nach der Ausbildung zunächst für eine Weiterbildung entscheiden, die sich später auf das eigentliche Studium anrechnen lässt. Und auch wer bereits über den Bachelor- oder sogar Master-Titel im Sportbusiness bzw. Sportmanagement verfügt, kann seine Qualifikation über verschiedene Weiterbildungen ergänzen und spezifizieren. Mit dem Fern- oder auch Abendstudiengang »Sportbusiness International« erwirbt der Student wertvolles Hintergrundwissen in Bezug auf das weltweite Sportbusiness, zum Beispiel internationales Management, internationale Sportorganisationen und -systeme.

Sportökonomie

Auch hierbei handelt es sich um eine Weiterbildung für Berufstätige, die ihr fachliches Know-how auf eine neue Ebene stellen möchten. Neben dem Unternehmensmanagement vermittelt ein solches Fern-/Abendstudium umfangreiche Kenntnisse in den Themen der Betriebswirtschaftslehre, des Eventmanagements, in der PR- und Öffentlichkeitsarbeit und natürlich auch im Marketing. Auch rechtliche Grundlagen sind Teil dieser Weiterbildung, die den Weg zu einem Abschluss an einer staatlichen Fachhochschule ermöglicht.

Sportmarketing

In der Weiterbildung für Sportvermarktung lernt der Teilnehmer alles Wissenswerte über das Sponsoring, über erfolgreiche Marketingstrategien, über die PR- und Öffentlichkeitsarbeit sowie den Handel von Sportrechten. Inhaltlich umfasst eine solche Weiterbildung wesentliche Grundlagen aus der Betriebswirtschaftslehre, dem Recht, der Finanzierung, dem Sportmarketing einschließlich Marktforschung und Projektmanagement, dem Sponsoring, dem Merchandising und der Organisation sportlicher Veranstaltungen. Ein erfolgreicher Abschluss im Sportmarketing qualifiziert den Absolventen für eine Tätigkeit in Vereinen und Verbänden, in Agenturen und in Einzelunternehmen – wie zum Beispiel in einer Kung-Fu-Schule.

7.5 Kung-Fu im Job

Eine Kampfkunst wie das chinesische Kung-Fu zu erlernen, erweist sich nicht nur im Privatleben oder auf dem Weg zum angestellten bzw. selbstständigen Kung-Fu-Lehrer als sinnvoll. In vielen anderen

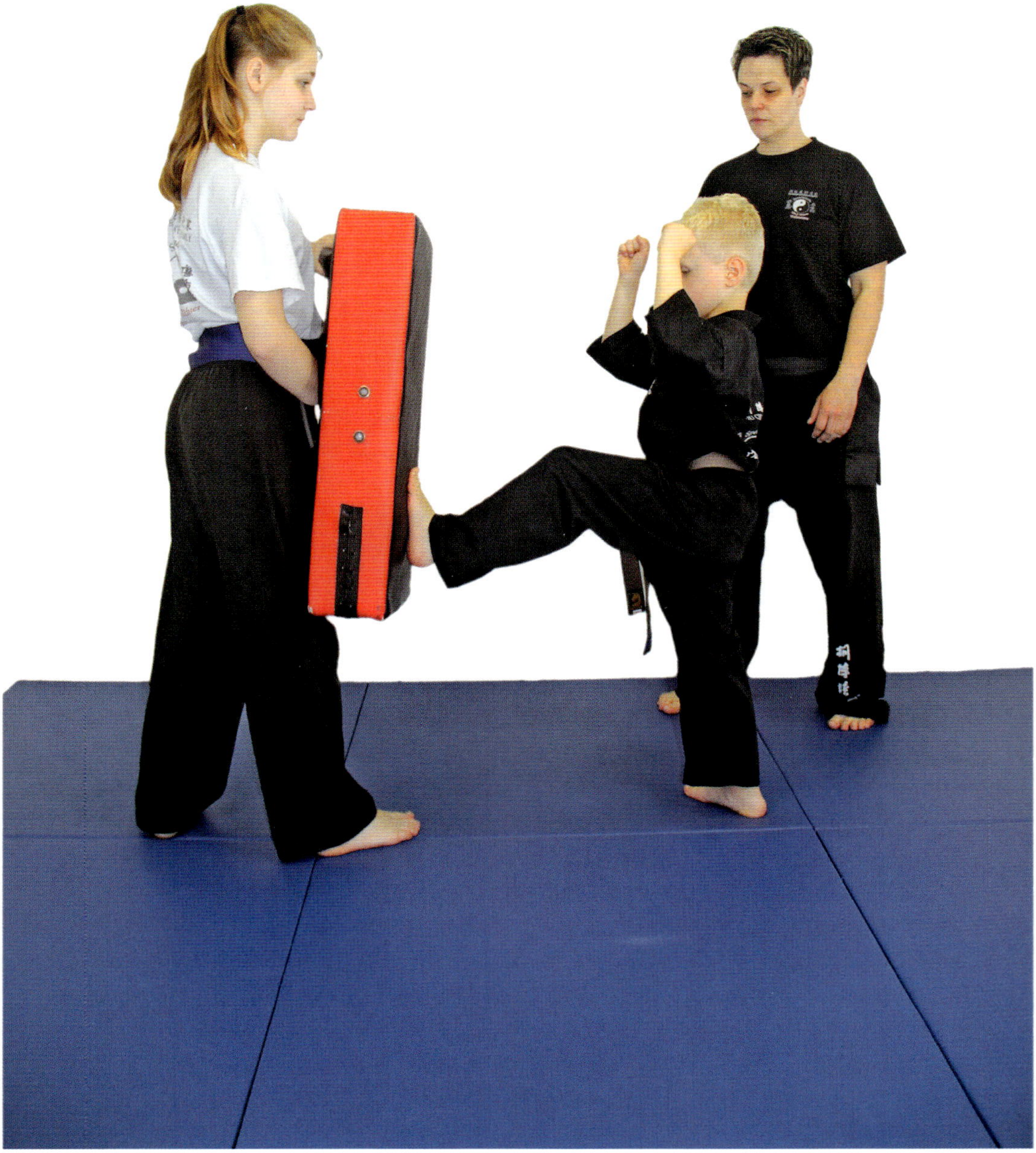

Berufen werden die Menschen – mal mehr und mal weniger häufig – mit Gewalt konfrontiert. Besonders naheliegend sind da Polizei und Sicherheitsfachkräfte, wobei die Polizei in der Regel bereits Kampfkünste wie Ju Jutsu oder auch Wing Tsun in die fortwährende Ausbildung integriert.
Wer allerdings ein wenig über den Tellerrand hinausschaut, wird feststellen, dass Gewalt auch unter den einst so abfällig als »Bürohengste« bezeichneten Verwaltungs- und öffentlichen Angestellten Angst und Schrecken verbreitet. Zwar gehen die Fälle von Gewaltkriminalität seit 2007 (217.923 gewalttätige Übergriffe) bis heute beständig zurück, doch noch immer wurden im Jahr 2014 180.955 Gewaltverbrechen polizeilich registriert. Um sich zu schützen, hängen zum Beispiel die Bundesagenturen für Arbeit in sämtlichen Etagen Hinweisschilder auf, die alle Besucher zur Friedfertigkeit aufrufen und im Falle von Gewaltanwendung mit entsprechenden Strafen drohen. Da die Nachrichten wiederholt von »Amokläufen« in derartigen Institutionen berichten, denken einige Ländervertreter darüber nach, die Sachbearbeiter durch Videokameras und Metalldetektoren zu schützen – immerhin fühlen sich laut Umfrageergebnis der Deutschen Gesetzlichen Unfallversicherung (DGUV) inzwischen rund 75 % der Mitarbeiter nicht mehr sicher. Sinnvoll sind hier auf jeden Fall Schulungen in der gewaltfreien Konfliktlösung wie auch in einer effektiven und situationsgerechten Selbstverteidigung – zwei Themenfelder, die einen wesentlichen Teil der Kampfkunst ausmachen.
Im Folgenden werfen wir einen kurzen Blick in eine kleine Auswahl von Berufen, für die eine tiefere Auseinandersetzung mit der Kampfkunst Kung-Fu durchaus sinnvoll ist.

Wachdienst und Sicherheitskräfte

Waren sie vor wenigen Jahren noch überwiegend in Bars und Clubs anzutreffen, so begegnen wir ihnen inzwischen auch immer häufiger beim gemütlichen Stadtbummel und sonstigen Familienausflügen. »SECURITY« prangt auf dem Rücken ihrer schwarzen Jacken; harte Kerle und toughe Frauen, die einerseits bedrohlich wirken, doch gleichzeitig auch ein Gefühl der Sicherheit vermitteln. Auch dem Türsteher haftet nach wie vor das negative Image eines brutalen Schlägers an, doch wer der Überzeugung ist, ein Mitarbeiter im Wach- und Sicherheitsdienst würde die Schlägerei lieben, der unterschätzt diese Berufsgruppe enorm: Gerade im Bereich der Sicherheitsarbeit sind eingehende Schulungen und eine sichere Kenntnis der Gesetzeslage unabdingbar. Nur eine falsche Technik, eine unangebrachte Bewegung – und die Sicherheitskraft steht bereits mit einem Fuß im Gefängnis. Umso wichtiger ist es, nicht nur Grundkenntnisse in der Selbstverteidigung zu besitzen, sondern auch möglichst verletzungsfreie Abführtechniken zu beherrschen, um einen Störenfried zum Verlassen eines Gebäudes zu bewegen. Zudem sollten Wach- und Sicherheitsdienste über eine gute Menschenkenntnis verfügen und gefährliche Situationen vorausschauend erkennen, um entsprechend schnell reagieren zu können. Nicht zuletzt ist eine ruhige Ausstrahlung wichtig, um aggressive Menschen nicht noch weiter in den Zustand der Rage hineinzutreiben. Vorausschauende Situationsbeurteilungen und eine selbstbewusste und starke Ausstrahlung lassen sich ebenfalls im Kung-Fu-Studium erlernen.

Mitarbeiter im Jugendamt, in der Arbeitsagentur für Arbeit etc.

Insbesondere städtische Angestellte haben oft die Aufgabe, unangenehme Nachrichten zu überbringen – sei es, dass beantragte Gelder nicht gezahlt, Leistungen gestrichen oder Hausbesuche in problembehafteten Familien durchgeführt werden müssen. Unverständnis und Wut richten sich in solchen Fällen häufig gegen den Überbringer jener Hiobsbotschaften. Und so ist es sinnvoll, nicht ganz ohne Vorkenntnisse ins Büro bzw. in die entsprechenden Wohnungen zu gehen. Dabei geht es nicht allein um Fertigkeiten und Techniken zum Selbstschutz, sondern auch wieder um gewaltfreie Strategien der Konfliktlösung und eine selbstbewusste Ausstrahlung, die schon allein durch das Wissen entsteht, sich im Notfall tatsächlich wehren zu können.

Lehrer

Auch für Lehrer werden die Zeiten zunehmend anspruchsvoller: Schlägereien und Mobbing auf Schulhöfen sind nicht nur in bekannten Brennpunkten keine Seltenheit mehr. Hier ist es wichtig, eine Kampfkunst nicht allein zur Selbstverteidigung zu erlernen – zumal es eine eher zweifelhafte Wirkung hätte, wenn der Lehrer den Schüler während der Hofpause mit speziellen Kicks und Handtechniken wehrlos machte. Es kann jedoch nicht schaden, deutlich auszustrahlen, dass einzelne Schüler oder sogar Gruppen von Schülern hier an die falsche Adresse geraten könnten. Manchmal reicht allein das Wissen aus, um von anderen nicht länger provoziert zu werden. Wird der Lehrer also zum Kung-Fu-Schüler, so schärft er seinen Blick für Konfliktsituationen und kann folglich auch entsprechend reagieren. Erkennt er den Wert der Kampfkunst, so wird er seine Erfahrungen weitergeben, zum Beispiel an vermeintlich schwächere Schüler, die aufgrund ihrer Schüchternheit, Andersartigkeit oder Friedfertigkeit zu beliebten Mobbingopfern werden. So treten zum Beispiel immer mehr Schulen an die ortsansässigen Kampfkunstschulen mit der Bitte heran, eine AG oder eine Themenwoche in der Schule anzubieten, um bestimmte Klassen oder Gruppen (zum Beispiel Kurse für Jungs getrennt von den Kursen für Mädchen) zu unterrichten.

Angestellte Kung-Fu-Lehrer

Nicht jeder Dan-Träger träumt letztendlich auch den Traum von der eigenen Kung-Fu-Schule. Dies kann daran liegen, dass er die Vorzüge einer festen Anstellung bevorzugt oder schon längst einen anderen Beruf ergriffen hat, der ihm Spaß macht und ihn wie auch seine Familie ernährt. Den gewohnten Lebensstandard aufzugeben, um ein riskantes Projekt der Selbstständigkeit zu starten, ist nicht jedermanns Sache. Dies bedeutet natürlich nicht, dass die Tätigkeit als Kampfkunstlehrer damit ausgeschlossen ist, im Gegenteil: Verfügt der eigene Sifu über die entsprechenden Kapazitäten, so lässt sich die tägliche Berufstätigkeit möglicherweise mit dem Unterricht in der Kung-Fu-Schule in den späten Nachmittags- und Abendstunden verbinden. Natürlich gibt es auch in Vollzeit beschäftigte Kung-Fu-Lehrer, die sich allein auf die Kampfkunst konzentrieren. Sie gehen am Vormittag administrativen Bürotätigkeiten nach, unterstützen die Schule bei der Akquirierung neuer Mitglieder, bereiten den Unterricht vor, um sich dann am Nachmittag mit dem Unterricht selbst sowie mit Beratungs- und Vertragsgesprächen zu beschäftigen. Im besten Fall vergrößert sich der Inhaber der Kampfkunstschule und eröffnet weitere Zweigstellen, die dann durch den angestellten Meister geleitet werden können – eben ohne dass dieser dazu zwangsläufig ebenfalls in die Selbstständigkeit gehen muss.

7.6 Die eigene Schule

Mit der Prüfung zum ersten Meistergrad (vgl. Kap. 5.9 – Schwarz: Die Prüfung zum ersten Dan) wird der Schüler zum Lehrer, wird der im Kung-Fu »Heranwachsende« zum »Erwachsenen«. Er verfügt nun über die Fertigkeiten und Kenntnisse, kommende Generationen auf ihrem Weg des Kung-Fu zu begleiten. Viele Meister geben ihr Wissen überwiegend in den Abendstunden weiter, also nachdem sie ihrer täglichen Arbeit außerhalb der Kampfkunst nachgegangen sind. Bei anderen jedoch regt sich der tiefe Wunsch, die Kunst des Kung-Fu auch zur Berufung zu machen.

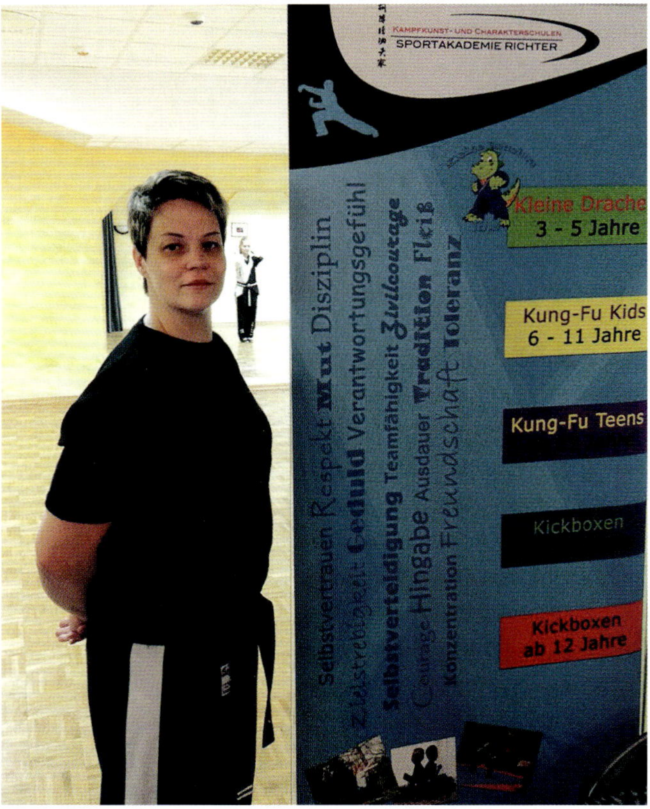

Um der Tradition Genüge zu tun, führt der erste Gang auf dem Weg in die Selbstständigkeit in der Regel zum eigenen Kung-Fu-Meister. Erteilt dieser seinen Segen, so steht die neue Kampfkunstschule von Beginn an unter einem guten Stern: Der Meister bestätigt mit seiner Zustimmung, dass er seinen »Zögling« inzwischen für reif und fähig genug hält, mit den Herausforderungen einer eigenen Kampfkunstschule fertig zu werden. Er gibt ihm die Erlaubnis, die Kampfkunst seines Meisters weiterzutragen und gegebenenfalls sogar durch eigene Erfahrungen und Techniken zu ergänzen. Bestenfalls steht er mit Rat und Tat sowie mit seinem über die Jahre erworbenen Wissen – auch in wirtschaftlichen Fragen – zur Verfügung.

An dieser Stelle sei kurz darauf hingewiesen, dass in der Kampfkunstbranche Uneinigkeit darüber besteht, ob es moralisch vertretbar ist, für die Vermittlung einer so traditionsbewussten Kampfkunst wie Kung-Fu Geld zu nehmen. Sowohl die Seite der Befürworter als auch die der Kritiker bringen überzeugende Argumente für ihre jeweilige

Position auf den Tisch – und so muss letztendlich jeder Meister für sich selbst entscheiden, ob auch er eine monetär beeinflusste Kampfkunst rigoros ablehnt oder ob er sich mit der Kampfkunst sein tägliches Brot verdienen möchte. Wir wenden uns im weiteren Verlauf dieses Kapitels – schließlich geht es hier um berufliche Perspektiven im Kung-Fu – einer Selbstständigkeit zu, die es dem Inhaber ermöglicht, von seiner Kampfkunstschule zu leben, ohne durch eine anderweitige Berufstätigkeit zusätzlich beansprucht zu werden.
Die eigene Kampfkunstschule stellt folglich einen Traum dar, der durchaus Realität werden kann. Und nach erfolgter Zustimmung des Meisters stehen hierfür drei Optionen offen.

Der Satellit

Der Begriff »Satellit« entspringt der lateinischen Sprache und bedeutet übersetzt so viel wie »Begleiter« oder »Leibwächter«. Im gängigen Sprachgebrauch bezeichnet der Satellit einen künstlich hergestellten Flugkörper, der ins Weltall befördert wird, um einen Himmelskörper – im Normalfall: die Erde – auf einer festen Laufbahn zu umkreisen. Wer nun einen Satelliten eröffnen möchte, um Kampfkunst zu unterrichten, muss natürlich nicht gleich per Raketenflug ins Weltall starten – woher also kommt diese merkwürdige Bezeichnung für eine Kampfkunstschule?
Die Kampfkunst braucht ein Zuhause – so pflegt es unser Si-Fu präzise auf den Punkt zu bringen. Das kann die eigene feste Kampfkunstschule sein, die nicht nur das Dojo, sondern eben auch ein Büro für alle verwaltungstechnischen Angelegenheiten beherbergt. Es kann aber auch die Schule des eigenen Meisters sein – als sicherer und geschützter Startplatz für die eigene Selbstständigkeit. Diese feste Kung-Fu-Schule ist dem Himmelskörper gleichzusetzen, der von den Satelliten umkreist wird: von Räumlichkeiten also, die lediglich für einen bestimmten Zeitraum und ausschließlich zum Zwecke des Unterrichtes in den umliegenden Städten angemietet werden, zum Beispiel in Tanzschulen oder Fitnesszentren.
Vorteile solcher Satelliten – insbesondere in der Anfangsphase der Selbstständigkeit – sind vor allem die geringeren Mietkosten, die bereits durch die Beiträge weniger Schüler ausgeglichen werden können. Auch das Risiko ist für den Neuunternehmer überschaubar: Sollte sich beispielsweise die Standortwahl im Nachhinein als missglückt herausstellen, ist es verhältnismäßig unkompliziert, den Miet-

vertrag aufzuheben und in einer anderen Stadt neu zu beginnen. Nachteilig hingegen ist, dass die Räumlichkeiten nur begrenzt nutzbar sind. Sie stehen ausschließlich für bestimmte Zeitfenster zur Verfügung, zusätzliche Kurse bedürfen der Zustimmung des Vermieters – was häufig an dessen eigenem Kursangebot scheitert. Zudem ist es recht aufwendig, derartig angemietete Räume optimal auszustatten: Matten müssen vor jedem Training ausgelegt und anschließend immer wieder weggeräumt werden – ebenso das zum Teil recht schwere und sperrige Equipment. Wände sind häufig mit Bildern und Symbolen des Vermieters verziert; ein tanzendes Pärchen hat nicht sehr viel mit Kampfkunst gemein. Kleinigkeiten zwar, aber doch Kleinigkeiten, die den Eindruck einer professionellen Kampfkunstschule schmälern können. Bei starker Konkurrenz in der Umgebung des ausgewählten Standortes könnte sich dies durchaus negativ auswirken – zumindest macht es sich in den Kursgebühren bemerkbar, die in der Regel deutlich niedriger ausfallen als in einer festen Kampfkunstschule mit eigenem Dojo, das das Flair des modernen Kung-Fu oder auch des traditionsreichen Chinas verströmt.

Die eigene Kampfkunstschule

Die Variante, den Satelliten zu überspringen und von Anfang an auf eine eigene Kampfkunstschule zu setzen, erfordert eine gewisse Risikobereitschaft sowie ein entsprechendes finanzielles Polster. Die Raummiete wird nicht auf wenige Stunden ausgelegt, sondern sofort in vergleichsweise hohen Monatsmieten berechnet. Hinzu kommen Heiz- und Wasserkosten, Energiekosten, Abfallgebühren, Betriebskosten. Diese monatlichen Belastungen aus den Mitgliedsbeiträgen zu begleichen, ist eine Herausforderung, die durchaus etwas Zeit beanspruchen kann. Und mit den Raumkosten ist es auch noch lange nicht getan, denn hinzu kommen die Ausgaben für die Public Relations (PR) und das Marketing, schließlich müssen die Einwohner in der Umgebung des ausgewählten Standortes von der neu eröffneten Kung-Fu-Schule erfahren. Gegebenenfalls sind Renovierungsarbeiten notwendig, Matten müssen gekauft werden, und auch das Equipment ist zu finanzieren. In den ersten Monaten nach Eröffnung ist zunächst mit deutlichen Verlusten zu rechnen, die abgefangen werden wollen. Stellt sich der auserwählte Standort schlussendlich als ungeeignet heraus, so sind alle Ausgaben als Fehlinvestitionen anzusehen.

Wer sich die Eröffnung einer festen und eigenen Kampfkunstschule allerdings finanziell leisten kann und alle möglichen Risiken im Vorfeld – z. B. in Form einer Standortanalyse – weitestgehend ausgeschlossen hat, erweckt sofort einen professionellen Eindruck, der die Schule zumindest optisch konkurrenzfähig macht. Letztendlich liegt es natürlich an der Fach- und Sozialkompetenz des Meisters, die Kung-Fu-Schule zu einem dauerhaften Erfolg zu führen.

Übernahme einer Kung-Fu-Schule vom Sifu

Ob die eigene Kung-Fu-Schule nun in Form eines Satelliten oder als eigene Räumlichkeiten ins Leben gerufen beziehungsweise vom Sifu übernommen werden soll – das ganze Projekt steht und fällt mit der notwendigen Finanzierung. Wer sich beispielsweise aus einer längerfristigen Arbeitslosigkeit heraus mit einer Kung-Fu-Schule selbstständig machen möchte, kann bei der zuständigen Bundesagentur für Arbeit einen Antrag auf einen Gründungszuschuss stellen. Derartige Zuschüsse sind allerdings an strenge Voraussetzungen gebunden und unterliegen laufenden Kontrollen: So darf der Existenzgründer über keine anderweitigen Einnahmen, zum Beispiel aus einer Teilzeit-Tätigkeit, verfügen (sogenannte »Hartz IV Aufstocker«) und er muss alle größeren Ausgaben zunächst vor der Arbeitsagentur rechtfertigen und absegnen lassen, damit sie als notwendige Investitionen anerkannt werden. Weitere Anlaufstellen sind die Banken, welche diverse Gründerkredite anbieten. Die Bearbeitung eines solchen Kreditantrages kann allerdings bis zu drei Monate in Anspruch nehmen; Grundvoraussetzung sind ein sorgfältig ausgearbeiteter Businessplan sowie ein gültiger Gewerbeschein. Die Institute können einen Gründerkredit verweigern, wenn der Antrag unmittelbar nach bereits erfolgter Neueröffnung gestellt wird.

Interview mit Si-Jo, Si-Gung & Si-Fu Jens Richter, Begründer und Familienoberhaupt der Hu Chuan Pai Kung-Fu-Familie

»Es reizt mich, Menschen dabei zu helfen, ihr Potenzial auszuschöpfen und das Beste aus sich herauszuholen.«

Si-Fu Jens Richter, Kampfkünstler und Si-Jo der Hu Chuan Pai Kung-Fu-Familie, *1965

8

Wie bist du zur Kampfkunst gekommen? Was hat deine Leidenschaft geweckt?

»Anscheinend war ich von Geburt an am Treten und Kämpfen jeder Art interessiert, sodass meine Familie mich zum Judotraining brachte. Aufgrund meines Alters – ich war erst 4 Jahre jung – fehlt mir daran natürlich die Erinnerung. Mein Judomeister war Norbert Kraft, der mir ein Gefühl für Disziplin vermittelte, das mich ein Leben lang begleitete. Ich hatte Zeit meines Lebens einen guten Kontakt zu Meister Kraft, der den Grundstein für alles gelegt hat und dem ich dafür immer dankbar sein werde. Leider hat er uns im letzten Jahr (2014) verlassen. Auf Wunsch seines Sohnes wurde mir die traurige Ehre zuteil, einer der beiden Urnenträger sein zu dürfen.«

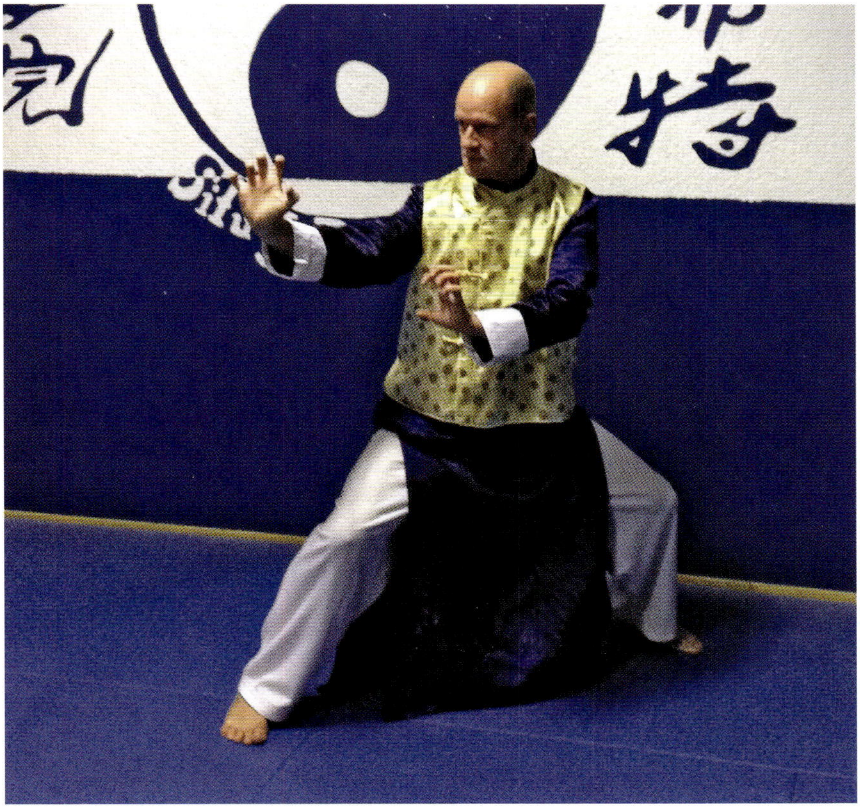

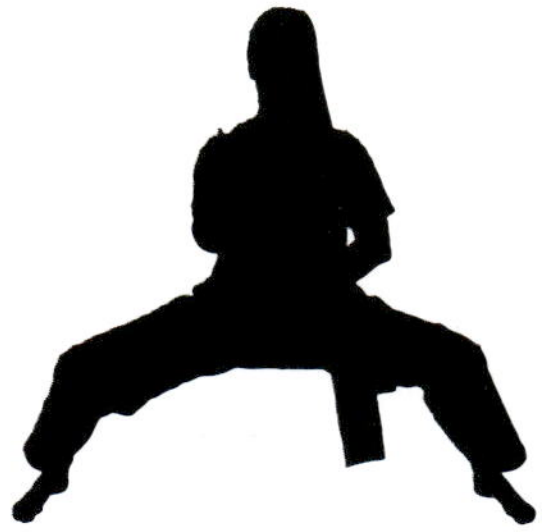

Kung-Fu, Karate, Brazilian Jiu Jitsu, Taekwondo – warum so viele Kampfkünste? Was fasziniert dich daran?
»Was mich an der Kampfkunst immer gereizt hat, war die Tatsache, dass man nie auslernt. Ich war immer daran interessiert, ein »Allrounder« zu werden, da ich bereits früh die Erfahrung gemacht hatte, dass sich Kämpfe in Richtungen entwickeln, welche man nicht immer selbst bestimmen kann. Jede Kampfkunst hat tolle Schwerpunkte, die Filipinos sind die Besten mit dem Stock, die Brasilianer am Boden, meine Thailandaufenthalte haben meine Betrachtungsweise der nahen Distanz sehr beeinflusst, man sollte unbedingt mal geboxt haben usw. Ich war immer daran interessiert, Neues zu lernen – dafür muss man über den Tellerrand schauen.«

In deiner Karriere hast du viele Erfahrungen und Erfolge verbuchen können – welche würdest du als deine Highlights bezeichnen?
»Bei den Erfolgen sind das der Gewinn der ersten Weltmeisterschaft

1988, der Gewinn der US Professionals in Las Vegas 1991 und die Internationale Deutsche Meisterschaft, bei der ich mich als Allrounder beweisen konnte und als erster Sportler alle Kategorien, sprich Hardstyle-Formen, Softstyle-Formen, Waffen-Formen und Kampf (–57 kg) gewinnen konnte.
Dann natürlich die ersten Turniersiege meiner Töchter, ein unfassbares Gefühl für einen Kampfkunstvater. Eine tolle Erfahrung war auch die Arbeit als Personenschützer in den Neunzigern, während der ich viele interessante Leute kennenlernen durfte.«

Was reizt dich daran, deine Kampfkunst an Kinder, Jugendliche und Erwachsene weiterzugeben, selbst wenn die wenigsten in deine Fußstapfen treten können?
»Das Reizvollste an meinem Beruf ist es, den Menschen dabei zu helfen, ihr Potenzial auszuschöpfen und das Beste aus sich herauszuholen. Dazu gehören viele Attribute, die in den Kampfkünsten vermittelt werden, aber anderenorts leider oft vernachlässigt bleiben, wie zum Beispiel: Respekt, Disziplin, Mut, Durchhaltevermögen und viele mehr – sowie eine grundlegende »Ich kann das!«-Mentalität. Je früher ein Mensch dies in seinem Leben lernt und verinnerlicht, desto mehr wird es ihm nützen. Es geht auch für niemanden darum, in meine Fußstapfen zu treten, denn die Kampfkünste sind wie ein riesiges Buffet mit tollen Eigenschaften und Werten – und jeder soll sich das holen, was ihm schmeckt.«

Warum war es dir wichtig, Kung-Fu auch deinen eigenen Töchtern nahe zu bringen?
»Aus dem oben genannten Grund natürlich. Kampfkunstlehrer zu sein, ist ja nicht etwas, das ich tue, sondern es ist, was ich bin – meine Identität. Ergo konnte ich mir gar nicht vorstellen, meine Kinder auf eine andere Art und Weise zu erziehen. Wie jeder Vater will ich nur das Beste für meine Kinder, und die Kampfkünste geben das. Das Ergebnis ist übrigens fantastisch gelungen ...«

Worin liegt die Herausforderung einer Kung-Fu-Schule in unserer heutigen Zeit?
»Nicht allein der Schüler durchläuft einen Prozess der Entwicklung, auch die Kampfkunst selbst lebt und horcht auf den Atem der Zeit. War es in traditionellen Kung-Fu-Schulen noch Brauch, dass sich die Schüler bedingungslos nach ihrem Meister richten, so muss sich der

moderne Meister der Kampfkunst heute den stetigen Veränderungen eines äußerst wandlungsfähigen Marktes unterwerfen: Die Menschen verfügen über weniger Freizeit, tragen mehr Gewicht aus Schule und Beruf auf ihren Schultern. Sie büßen an Geduld und Muße ein, gewöhnen sich in unserer erfolgsorientierten Gesellschaft an möglichst schnell sichtbare Resultate. Die Herausforderung einer modernen Kung-Fu-Schule liegt folglich darin, eine Schnittstelle zwischen den Interessen der Schüler und dem langwierigen Studium einer so alten und bedeutsamen Kampfkunst wie Kung-Fu zu finden. Kaum ein Schüler quält sich noch mit Begeisterung durch all die Wiederholungen, welche für die Perfektionierung einer Kung-Fu-Technik so dringend notwendig sind. Das Interesse lässt nach, und reagiert der Lehrer nicht schnell genug auf eine solche Entwicklung, so verliert der Schüler seinen kampfkünstlerischen Weg aus den Augen – schlimmstenfalls für immer. Gelingt es dem Lehrer jedoch, all diese Wiederholungen in abwechslungsreichen Übungen zu verpacken (»Disguising Repetition«) oder zum Beispiel die Stellungen in ein kindgerechtes und auf sich selbst aufbauendes Programm zu integrieren, so schafft er einen neuen Reiz, den viele seiner Schüler gerne annehmen.
Einige Veränderungen entspringen aber auch weit praktischeren Hintergründen, denn nicht nur die Zeit und die Menschen wandeln sich – auch die Räumlichkeiten unterliegen Beschränkungen, die frühere Schulen nicht kannten: Wände rücken näher zusammen, Decken hängen tiefer – vielleicht sogar so tief, dass es schier unmöglich ist, eine Langstock- oder Speerform im Unterrichtsraum zu laufen. All dies gilt es, zu berücksichtigen.«

Wie hoch schätzt du das Verletzungsrisiko im Kung-Fu ein?
»Wir hatten in unseren Schulen, in denen viele Tausend Menschen seit über 29 Jahren hart trainieren, zwei Verletzungen, welche beim Training passiert sind. Das spricht eine klare Sprache, und ich glaube nicht, dass es viele Vereine – zum Beispiel Fußballvereine oder weitere Ballsportvereine – mit einer solchen Bilanz gibt.«

An dieser Stelle möchten wir uns noch mal ausdrücklich bei unserem Si-Fu Jens Richter für seine Zeit, seine Beratung und dieses Interview bedanken.

Die Seiten für Kids

»Die Fragen eines Kindes sind schwerer zu beantworten als die Fragen eines Wissenschaftlers.«

Alice Miller, schweizerische Autorin und Psychologin, 1923–2010

9

Kinder entdecken ihre Welt Tag für Tag neu, indem sie scheinbar unzählige Fragen stellen – Fragen, auf die Eltern und Erzieher nicht immer eine Antwort wissen: Warum ist der Himmel blau, warum sind die Wolken weiß? So vieles in der Welt ist vollkommen neu und unendlich spannend für sie – doch selbst einfachste Worte und Ereignisse sind mitunter überraschend schwierig zu erklären.

Beschäftigt sich ein Kind mit der Kunst des Kung-Fu, so ist es absolut natürlich und durchaus zu erwarten, dass auch in Bezug auf die Kampfkunst viele einfache, aber auch komplizierte Fragen auftauchen. Die Kung-Fu-Lehrer der Kinder sind da natürlich die ersten und kompetentesten Ansprechpartner, dennoch finden Sie im Folgenden einige Ratschläge, wie Sie selbst auf die Fragen Ihres Nachwuchses optimal reagieren:

- Beachten Sie insbesondere bei Ihrer Wortwahl das Alter des fragenden Kindes. Begriffe, die das Kind noch nicht kennt, sollten durch Metaphern – sprich: bildhaft – umschrieben werden.
- Führen Sie keine langen Monologe, denn die Aufmerksamkeitsspanne Ihres Kindes ist begrenzt – und kann durch die aktuelle Stimmungslage und Umgebung zusätzlich beeinflusst werden. Für gewöhnlich können Sie davon ausgehen, dass:
    - fünf- bis siebenjährige Kinder für maximal 15 Minuten konzentriert bei der Sache bleiben.
    - acht- bis zehnjährige Kinder für maximal 20 Minuten konzentriert bei der Sache bleiben.
    - elf- bis zwölfjährige Kinder für maximal 25 Minuten konzentriert bei der Sache bleiben.

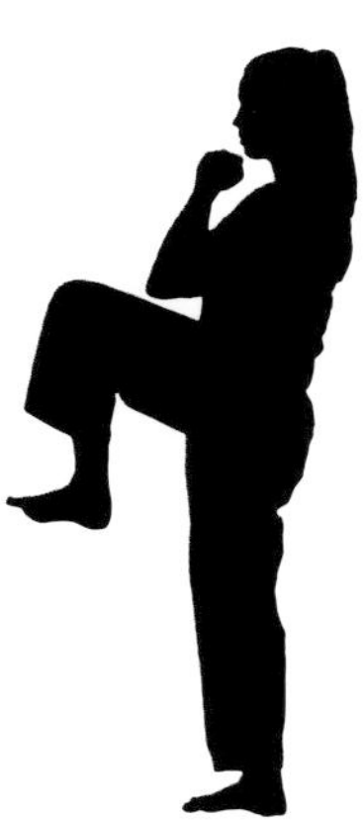

  * dreizehn- bis sechzehnjährige Kinder für maximal 30 Minuten konzentriert bei der Sache bleiben.
* Beantworten Sie eine Frage zunächst nur mit einem einzigen Satz, ohne direkt in die Erklärung einzusteigen. Wecken Sie Neugier und führen Sie ein Gespräch mit Ihrem Nachwuchs, sobald dieser ein tieferes Interesse an der Thematik zeigt.

Nach diesem Prinzip richten sich die folgenden Antworten auf die häufigsten Kinderfragen unterschiedlicher Altersgruppen rund um die Kunst des Kung-Fu.

Was ist Kung-Fu?
Kurzfassung: Kung-Fu liegt in allem, was du mit dem Herzen tust.
Umfassende Antwort: Wahrscheinlich denkst du bei Kung-Fu zuerst an eine Kampfkunst – und das ist auch richtig. Doch Kung-Fu beschreibt noch viel mehr als nur das Kämpfen. Kung-Fu bedeutet, dass du dir sehr, sehr viel Mühe gibst in dem, was du tust. Wenn du fleißig für die Schule lernst und nach einer schweren Klassenarbeit eine gute Note mit nach Hause bringst, hast du Kung-Fu bewiesen. Wenn du deinen Eltern etwas Wunderschönes bastelst, um ihnen eine Freude zu machen, auch dann zeigst du Kung-Fu. Und genauso funktioniert das in der Kampfkunst: Kung-Fu machst du, indem du den Lehrern aufmerksam zuhörst und alle Übungen fleißig mitmachst, um die nächste Prüfung mit Erfolg zu bestehen.

Woher kommt Kung-Fu?
Kurzfassung: Kung-Fu kommt aus China – mit dem Flugzeug bräuchtest du etwa neun bis zehn Stunden, um dorthin zu gelangen.
Umfassende Antwort: Die Kampfkunst Kung-Fu ist beinahe 2.000 Jahre alt. Die Menschen in China meditierten sehr viel – das bedeutet, sie beruhigten ihren Geist. Der Geist, so glaubten sie, ist etwas, das in uns wohnt: Er fühlt, er sieht, er denkt, er schmeckt – er macht uns als Menschen aus. Beim Meditieren wird alles ausgeblendet, was uns umgibt: Wir sehen nichts, wir hören nichts, wir sagen nichts – am besten denken wir auch nichts. Probiere es doch einfach mal aus!

Anleitung zum Selbstversuch:

Hol dir eine Stoppuhr – oder eine Eieruhr aus der Küche – und stelle sie auf zwei bis drei Minuten ein. Danach setzt du dich im Schneidersitz auf den Boden und versuchst, rein gar nichts zu tun: nicht reden, nicht denken, nicht fühlen. Das ist schwieriger, als du jetzt vielleicht denkst – und es erfordert sehr viel Übung. Schon nach kurzer Zeit bahnen sich die ersten Gedanken in deinen Kopf: »Habe ich die Hausaufgaben schon alle gemacht?« – »Was kann ich gleich noch spielen?« – »Hat mein bester Freund heute wohl noch Zeit für mich?« – Diese Gedanken kommen aus deinem Geist, der ständig etwas zu melden hat – durch Meditation lernst du ihn kennen und, wenn du fleißig übst, irgendwann auch beruhigen.

Du siehst, Meditation hat wenig mit Bewegung und noch viel weniger mit Sport zu tun. Es wird dich darum nicht wundern, dass die Mönche in China immer schwerer wurden, denn sie meditierten von morgens bis abends. Bis eines Tages ein Mann namens Bodhidharma in den Tempel der Mönche kam und den Mönchen erklärte, dass der Sport für die Meditation sehr wichtig ist. Sport hält nicht nur den Geist, sondern auch den Körper gesund. Von da an lernten sie eine Kampfkunst – eine Kampfkunst, die Kung-Fu genannt wurde.

Warum sagen alle »Si-Fu« zu dem Kung-Fu-Lehrer?
Kurzfassung: Der Si-Fu ist mehr als nur ein »Lehrer«. Er kümmert sich um dich – fast wie ein Vater.
Umfassende Antwort: In vielen Kung-Fu-Schulen nennen die Schüler ihre Lehrer tatsächlich nicht beim Namen. Sie sagen »Si-Je«, »Si-Hing«, »Si-Fu« oder manchmal auch »Si-Gung«. Es sind chinesische Titel – du kannst sie sehr gut mit deiner eigenen Familie vergleichen: Du nennst deine Mutter nicht bei ihrem Vornamen, stattdessen sagst du »Mama«. Auch deinen Vater rufst du nicht beim Vornamen, stattdessen nennst du ihn »Papa«. Der einzige Unterschied besteht in der kleinen Silbe »Si«, denn sie bedeutet übersetzt so viel wie »Lehrer«. Stellst du dir deine Kung-Fu-Schule nun als eine ganz besondere Form der Familie vor, so ist der Si-Fu dein Lehrer-Vater. Die Si-Je ist deine ältere Lehrer-Schwester, dein Si-Hing ist dein älterer Lehrer-Bruder. Und dein Si-Gung ist dein Lehrer-Großvater.

Können alle Kung-Fu Kämpfer so hoch springen wie die Kämpfer im Fernsehen? Kann ich das auch lernen?
Kurzfassung: Filmemacher übertreiben gerne, damit die Leute ihren Film anschauen und spannend finden.
Umfassende Antwort: Im Kung-Fu-Unterricht trainiert der Schüler tatsächlich auch seine Schnelligkeit und Sprungkraft. Dies bedeutet, dass du im Laufe der Zeit lernst, schnell und kräftig zu schlagen, aber auch hoch zu springen. Inwieweit du deine Fähigkeiten hier verbessern kannst, hängt natürlich von dir ab: Wie häufig trainierst du? Wie intensiv trainierst du? Wie sportlich bist du? Auch körperliche Aspekte, z. B. deine Größe und dein Gewicht, spielen hier eine Rolle. Dann stellt sich die Frage, was du dich traust. Im Schulsport siehst du vielleicht Mitschüler, die sich schwer damit tun, einen Handstand oder Radschlag zu üben. Sie – vielleicht gehörst du auch selbst dazu – haben Angst, sich zu verletzen. Der Schwebebalken ist der reinste Albtraum für sie; und so ist anzunehmen, dass ihnen keine große Olympia-Karriere bevorsteht, denn die Angst ist ihnen im Weg.
Im Laufe des Kung-Fu-Unterrichts werden auch die Sprünge und andere Techniken schwieriger. Manchmal erfordern sie auch ein wenig Mut von dir. Doch wie sehr du dich auch bemühst, natürlich wirst du durch Kung-Fu kein auf Bäume springender Superheld wie im Film – das ist vollkommen übertrieben. Schau dir diese Kung-Fu-Filme gerne an, aber nur zum Spaß. Denk immer daran: Was du da siehst, sind Schauspieler und selbst wenn sie die Kunst des Kung-Fu beherrschen und viele Kampfszenen auf echten Techniken beruhen, so arbeiten sie auch mit Tricks, z. B. in Form von Seilen, die den Schauspieler hochziehen. So sieht es aus, als könne er sogar bis auf die Dächer der Häuser springen.

Kann ich mich beim Kung-Fu verletzten? Tut das weh?
Kurzfassung: Ja, Kung-Fu tut manchmal weh – aber das hat mit den Übungen zu tun, weniger mit Verletzungen.
Umfassende Antwort: Diese Frage ist eigentlich so nicht ganz richtig, denn ja, natürlich kannst du dich im Kung-Fu auch verletzen. Du kannst mit dem Bein umknicken oder mit dem Kopf vor die Wand laufen – genau wie zu Hause auch. Vermutlich gibt es kaum einen Ort – oder ein Hobby – auf der Welt, das dich vor Verletzungen schützt.

Richtig müsste die Frage also vielmehr lauten: »Besteht im Kung-Fu ein höheres Verletzungsrisiko?«
Und hier können wir dich dann auch mit gutem Gewissen beruhigen: Im Kung-Fu lernst du die Techniken so, dass du dich damit eben nicht verletzt. Der Lehrer zeigt dir, wie du eine richtige Faust machst, um nicht im Handgelenk umzuknicken. Der Lehrer zeigt dir, wie du richtig trittst. Du lernst, dich selbst einzuschätzen – kann ich fester schlagen oder lieber nicht? Inzwischen ist bekannt, dass Ballsportarten wie Fußball oder Handball ein wesentlich größeres Verletzungsrisiko in sich tragen. Wenn du (oder deine Eltern) also wirklich Angst vor Verletzungen hast, ist die Kampfkunst wahrscheinlich eine gute Wahl für dich.
Doch sich nicht zu verletzen, bedeutet nicht, dass Kung-Fu nicht manchmal auch wehtut. Einige Stellungen sind zum Beispiel sehr tief und diese über eine gewisse Zeit beizubehalten, führt zu einem unangenehmen Ziehen. Darum gehört auch etwas Gymnastik in den Unterricht, um den Körper zu dehnen und auf die ungewohnten Übungen vorzubereiten. Gerade Anfänger klagen nach den ersten Stunden über Muskelkater – dies verliert sich für gewöhnlich im Laufe der Zeit.

Wie alt muss ich sein, wenn ich Kung-Fu machen möchte?
Kurzfassung: Es gibt Babys, die auf der Kung-Fu-Matte krabbeln lernen.
Umfassende Antwort: Es gibt wirklich Kung-Fu-Kämpfer, die schon als Baby mit in den Unterrichtsraum durften – in der Regel sind das aber dann die Kinder von Meistern und Inhabern einer Kung-Fu-Schule. Für alle anderen gilt für gewöhnlich ein Mindestalter, das von Kung-Fu-Schule zu Kung-Fu-Schule unterschiedlich ausfällt: Sechs Jahre ist zum Beispiel ein sehr häufig gesetztes Mindestalter in der Kampfkunst, inzwischen bieten aber immer mehr Schulen schon Kurse ab vier Jahren an. Es gibt sogar Schulen, da können schon Kinder ab drei Jahren angemeldet werden. Am besten bittest du deine Eltern, dir zu helfen und bei den Kung-Fu-Schulen in deiner Umgebung einfach mal nachzuhören. Nach oben hin gibt es dann gar keine Grenze mehr, selbst deine Eltern und Großeltern sind nicht zu alt, um Kung-Fu zu lernen!

Woher weiß ich, ob Kung-Fu das Richtige für mich ist?
Kurzfassung: Probiere es aus!
Umfassende Antwort: In erster Linie stellt sich natürlich die Frage, wie alt du bist und welches Alter die Schulen in deiner Umgebung voraussetzen. Am besten solltest du gemeinsam mit deinen Eltern einfach mal anrufen oder gleich bei der Kampfkunstschule vorbeischauen und dich vor Ort informieren. Wenn das Alter dann passt, kannst du dich über die Möglichkeit aufklären lassen, das Training auszuprobieren. Viele Schulen bieten ein kostenloses Probetraining an, das heißt: Du nimmst an einer ganz normalen Kung-Fu-Stunde teil, lernst den Lehrer und die anderen Schüler kennen und bekommst einen ersten Eindruck davon, was dich im Kung-Fu erwartet. Wenn du dann Spaß hattest, sagst du deinen Eltern Bescheid und die besprechen mit dem Besitzer der Kung-Fu-Schule alle Einzelheiten, also: Trainingszeiten, Kung-Fu-Uniform, Preise und so weiter. Wenn alles passt und deine Eltern einverstanden sind, bist du schon bald Kung-Fu-Schüler.

Wenn ich schon im Schulsport nicht gut bin, dann ist Kung-Fu doch auch nichts für mich, oder?
Kurzfassung: Auch hier gilt: Probiere es aus! Lass dich nicht entmutigen!
Umfassende Antwort: Viele Kinder, die im Schulsport nicht unbedingt zu den Besten der Besten zählen, haben es oft nicht leicht – und du bist damit auch nicht alleine, selbst wenn es sich oft genauso anfühlt. Viele Kinder werden regelrecht gemobbt. Unter »Mobbing« kannst du dir eine Gruppe von Mitschülern oder manchmal sogar die gesamte Klasse vorstellen, die einen einzelnen Schüler so lange ärgert und quält, bis dieser am liebsten gar nicht mehr zur Schule oder zum Schulsport gehen möchte. Zu der angeblichen »Unsportlichkeit« kommt dann noch die Angst vor den Klassenkameraden hinzu. Die Angst vor der Demütigung, wieder als Letzter in ein Team gewählt zu werden. Die Angst vor dem Ball, vor den Geräten, vor schlechten Noten auf dem Zeugnis ... all das ist nicht unbedingt hilfreich, um künftig ein hervorragender Sportschüler zu werden.
Doch selbst wenn du all diese Situationen und Sorgen aus deinem eigenen Schulalltag kennst, brauchst du dir keine Gedanken darüber zu machen, dass es im Kung-Fu genauso ablaufen könnte. Die Kampfkunst-Schüler verstehen sich als Teil einer Familie, als Team. Und selbst wenn nicht jeder gleich dein bester Freund wird, so gibt es doch

einen gewissen Zusammenhalt. Natürlich kann nicht jeder Mensch jeden anderen mögen – weder in der Schule noch in der Freizeit und auch nicht in der Kampfkunst. Das ist vollkommen normal und auch in Ordnung. Dennoch sollte eine gewisse Akzeptanz und Toleranz untereinander bestehen, soll heißen: Jeder darf so sein, wie er ist. Die Kung-Fu-Lehrer unterstützen dich beim Lernen und überfordern dich nicht – wenn du länger brauchst, um eine Technik zu erlernen, dann ist das eben so. Nimm dir die Zeit! Schließlich bekommst du auch keine Noten, die deine Versetzung gefährden könnten. Kung-Fu ist eine hervorragende Möglichkeit, die Freude am Sport neu zu erfahren. Denn: Dass dir Schulsport möglicherweise nicht liegt, heißt noch lange nicht, dass du hoffnungslos unsportlich bist.
Aber letztendlich hilft nur eins: Versuch es, probiere es aus, mach einfach mal mit!

Brauche ich nie wieder Angst zu haben, wenn ich Kung-Fu lerne?
Kurzfassung: Angst ist etwas Gutes, etwas sehr Wichtiges!
Umfassende Antwort: Um diese Frage zu beantworten, sollten wir uns zuerst mit der Angst selbst beschäftigen: Was ist Angst eigentlich? Was geschieht mit mir, wenn ich Angst habe? Warum habe ich Angst? Angst ist ein Gefühl. Ängstlich zu sein ist ebenso normal wie traurig oder wütend oder auch glücklich zu sein. Die Gründe für unsere Angst sind sehr unterschiedlich: Manchmal haben wir Angst vor einem bösen Traum oder wir haben Angst vor der nächsten Prüfung – das kann eine Kung-Fu-Prüfung sein oder auch die anstehende Klassenarbeit. Es kann passieren, dass wir ganz plötzlich Angst bekommen, z. B. wenn deine Eltern dich erwischt haben, während du irgendetwas angestellt hast. Manchmal ist die Angst aber auch ständig da, z. B. wenn du dir Sorgen über deine Versetzung in die nächste Klasse machst. Immer dann, wenn wir eine Situation als gefährlich und bedrohlich einschätzen und das Gefühl haben, keine Kontrolle mehr über eine solche Situation zu besitzen, haben wir Angst. Dann bekommen wir Herzrasen, fangen an zu zittern oder haben das Gefühl, dass uns die Luft wegbleibt. Doch so schlimm sich die Angst auch anfühlt, sie ist überlebensnotwendig! Die Angst alarmiert den Körper und warnt: »Mach dich bereit – wir müssen flüchten oder aber um unser Leben kämpfen!« Die Angst half schon den ersten Menschen, in einer Welt voller Gefahren zu überleben. Und sollte dich jemand wegen deiner Angst hänseln oder vielleicht sogar

als »Angsthasen« beschimpfen, denke immer daran, dass du dich für deine Ängste nicht zu schämen brauchst. Denn: Jeder, wirklich jeder Mensch - auch ein Erwachsener - hat vor irgendetwas Angst! Wenn du das Gefühl der Angst also nicht magst, so ist das nur allzu verständlich. Wenn du aber hoffst, die Angst durch Kung-Fu zu verlieren, müssen wir dich enttäuschen. Die Angst ist tief in uns Menschen - und in allen anderen Lebewesen - verwurzelt und sie wird uns ein Leben lang begleiten. Die gute Nachricht: Kung-Fu kann dir helfen, die Kontrolle über eine bestimmte Situation wiederzuerlangen, die dir Angst macht. Sprich über deine Ängste: Wenn dich Mitschüler auf dem Nachhauseweg verfolgen und ärgern, rede mit deinen Eltern und deinem Kung-Fu-Lehrer darüber, damit ihr gemeinsam daran arbeiten könnt, diese Ängste zu besiegen. Manchmal genügt schon ein anderer Gang, ein anderer Blick, um kein Opfer mehr zu sein. Hast du Angst, von größeren und älteren Kindern gequält zu werden, so zeigt dein Kung-Fu-Lehrer dir einfache Techniken, die dir helfen, dich aus bedrohlichen Situationen zu befreien. Allein dieses Wissen senkt deine Angst - und das sieht man dir auch an!

Muss ich besonders mutig sein, um Kung-Fu machen zu können?
Kurzfassung: Mut bedeutet, sich seinen Ängsten zu stellen! Angst zu haben, ist kein Zeichen von Schwäche!
Umfassende Antwort: Auch hier stellt sich zunächst die Frage, was ist das eigentlich? Mut? Angst? In der obigen Antwort haben wir das Thema der Angst bereits umfassend erklärt - der Mut ist eng mit der Angst verstrickt, denn ohne die Angst könnte der Mut nicht existieren. Doch viele Menschen glauben, Mut bedeutet, keine Angst zu haben - das ist falsch. Wir dürfen Angst haben und können trotzdem mutig sein: Mut beweisen wir nämlich immer dann, wenn wir etwas tun, obwohl wir Angst haben!
Musst du also nun mutig sein, um Kung-Fu zu machen? Na ja, vielleicht ein bisschen. Vielleicht hast du Angst davor, was im Kung-Fu auf dich zukommt: Wie sind die Lehrer und die anderen Kung-Fu-Schüler so? Sind sie nett? Werden sie dich mögen? Du bist möglicherweise ein bisschen nervös vor deiner ersten Probestunde - wahrscheinlich wirst du erneut etwas Angst verspüren, wenn du dich den Kung-Fu-Prüfungen stellst, um die nächste Schärpenfarbe zu erlangen. Dann brauchst du schon ein wenig Mut ... aber Mut ist Teil des Kung-Fu-Unterrichts. Mut ist etwas, das du lernen kannst!

Trainieren Jungs und Mädchen eigentlich immer zusammen?
Kurzfassung: Nicht immer, obwohl das gemeinsame Training durchaus auch seinen Vorteil hat.
Umfassende Antwort: In den meisten Schulen lautet die Antwort wahrscheinlich: »Ja!« – Jungs und Mädchen werden gemeinsam unterrichtet, eine Trennung der Kurse findet vielmehr nach Alter der Kinder und Jugendlichen statt: Es gibt Kurse für Kleinkinder (Kindergarten-Alter), für Schulkinder (Grundschulalter) und für Teenager. Jungs und Mädchen zusammenzulassen, hat aber auch einen großen Vorteil – insbesondere für die Mädchen. Gerade wenn es um die Selbstverteidigung geht, sollten sich auch Jugendliche besonders engagieren: Früher oder später werden sie an den Wochenenden erst in den frühen Morgenstunden nach Hause kommen – und die Nächte sind nicht immer ungefährlich: Alkohol, Drogen, Schlägereien. Es ist ein beruhigendes Gefühl, wenn du – egal, ob Mädchen oder Junge – weißt, wie du dich in derartigen Situationen vor gewalttätigen Übergriffen schützen kannst. Auch Mädchen-Gangs prägen inzwischen viele Stadtbilder, doch in der Regel werden Mädchen am häufigsten durch das männliche Geschlecht bedroht. Um sie bestmöglich darauf vorzubereiten, ist es also durchaus sinnvoll, Mädchen im Kung-Fu-Unterricht auch mit Jungs trainieren zu lassen, denn so gewöhnen sie sich an den Druck und die Kraft, die ein Junge bzw. junger Mann ihnen entgegenzubringen weiß – ansonsten würden sie erst im Ernstfall damit konfrontiert und überrascht.
Dennoch wünschen sich viele Mädchen (und auch erwachsene Frauen) einen Kurs nur für Mädchen. Dies kann unterschiedliche Gründe haben, vielleicht wurden sie zum Beispiel bereits von einem Jungen angegriffen und möchten einer ähnlichen – wenn auch nicht ernsthaft bedrohlichen – Situation lieber aus dem Weg gehen. Vielleicht sind sie aber auch nur sehr schüchtern und würden ansonsten lieber gar kein Kung-Fu und keine Selbstverteidigung lernen, ehe sie einen Kurs mit Jungs besuchen. Gehörst auch du zu diesen Mädchen, so solltest du dich nach einer Kung-Fu-Schule umsehen, die auch Kurse nur für Mädchen anbietet – inzwischen gibt es verhältnismäßig viele solcher Schulen. Aber bitte erkläre deinen künftigen Kung-Fu-Lehrern, warum du dich für diesen Kurs entscheidest, damit sie entsprechend auf dich eingehen können.

Manchmal sage ich: »Ich kann Karate!« – warum ist das nicht richtig?
Kurzfassung: Warum solltest du dir keinen Hund kaufen, wenn du dir eigentlich eine Katze wünschst?
Umfassende Antwort: Kung-Fu und Karate haben viele Gemeinsamkeiten, das ist wohl wahr: Beides sind Kampfkünste, beide finden ihren Ursprung in Asien, in gewisser Weise besteht sogar eine Verwandtschaft. Kung-Fu wurzelt allerdings in China, während Karate in Okinawa entwickelt wurde. Okinawa ist eine eigene Verwaltungseinheit im Süden Japans; sie umfasst die Inselgruppen Okinawa, Yaeyama und Miyako sowie einige weitere Inseln. Hier sind also die Einflüsse chinesischer Shaolin-Kämpfer mit den einheimischen Traditionen Okinawas verschmolzen – und von hier fand diese Verbindung ihren Weg nach Japan. Nach dem Zweiten Weltkrieg verbreitete es sich als Karate in der ganzen Welt.
Kung-Fu bedeutet übersetzt übrigens so viel wie »etwas durch harte Arbeit erreichen« – Kung-Fu steht also nicht zwangsläufig immer in Verbindung mit einer Kampfkunst. Kung-Fu beweist du immer dann, wenn du dich körperlich und/oder geistig sehr anstrengst, um dein Ziel zu erreichen. Karate lässt sich hingegen mit »leere Hand« übersetzen – der Name weist darauf hin, dass im Karate zumeist mit leeren Händen, also waffenlos, gekämpft wird.

Natürlich können wir mit diesen Antworten lediglich Beispiele und Denkanstöße geben. Sie kennen Ihren Nachwuchs am besten und werden schnell ein gewisses Fingerspitzengefühl dafür entwickeln, wie Sie die gesunde Neugier Ihrer Kinder erhalten. Scheuen Sie sich auch nicht davor, derartige Fragen mit in die Kung-Fu-Schule zu bringen – in der Regel freuen sich die Meister über das Interesse, selbstverständlich sofern dieses den laufenden Unterricht nicht stört.

Epilog

»Solange man das Wesen des Geistes nicht erkennt, bleibt jede Erfahrung durch die innere Einstellung gefärbt und in Ort und Zeit begrenzt.«

Buddhistische Weisheit

10

Fassen wir die wesentlichen Aspekte dieses Buches noch einmal in aller Kürze zusammen:

Kung-Fu lässt sich durchaus als »Kampfkunst mit Ursprung in China« definieren, doch tatsächlich würde eine solch nüchterne und knappe Definition dem Kung-Fu nicht einmal annähernd gerecht. Kung-Fu – vor vielen Jahrhunderten in einem Shaolin-Kloster zur körperlichen und geistigen Ertüchtigung der Mönche entwickelt – ist angefüllt mit chinesischer Philosophie und Symbolik. Es bezieht sich nicht allein auf eine einzelne Kampfkunst, inzwischen gibt es Hunderte von Kung-Fu-Systemen in der ganzen Welt. Seine Historie aus Anerkennung und Verfolgung, aus Bewunderung und Vertreibung führte dazu, dass sich die Kunst des Kung-Fu zur Basis vieler weiterer Kampfkünste Asiens entwickelte.

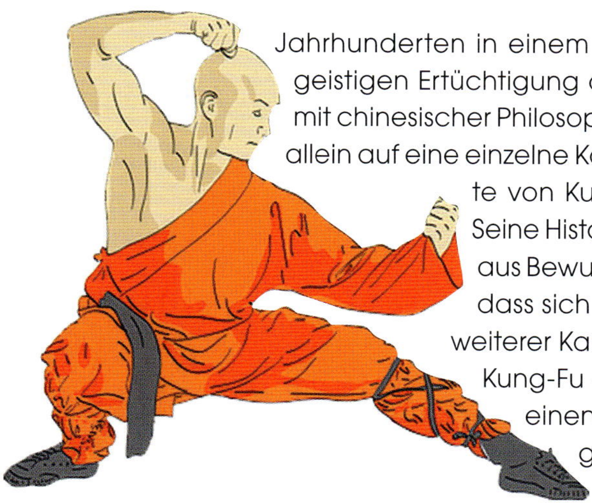

Kung-Fu als Kampfkunst zu erlernen, erfordert einen starken Willen, viel Zeit und Anstrengung. Der Schüler reift von einem »Kind«

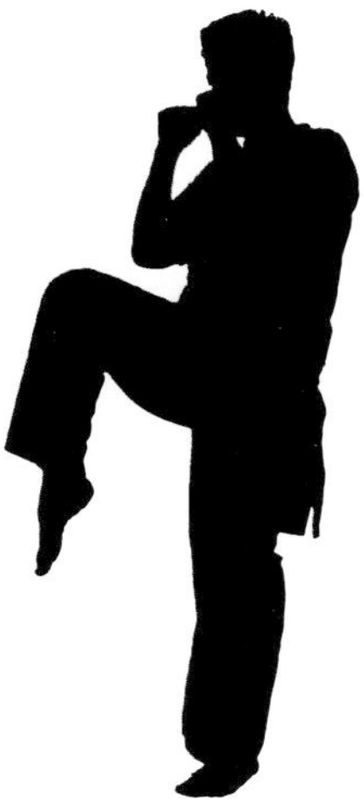

zum »Erwachsenen« heran, er durchläuft eine Charakterstärkung in Bezug auf Zielstrebigkeit, Geduld, Disziplin und Mut. Und auch wenn das traditionell sehr strenge und fordernde Training in vielen Kampfkunstschulen außerhalb Asiens einer zeitgemäßeren, unterhaltsameren Unterrichtsmethode weicht, so gilt es letztlich auch für den modernen Schüler, über sich selbst hinauszuwachsen und eigene Grenzen zu überwinden.

Was sich viele Menschen – insbesondere jüngere Generationen – heute nicht mehr vorstellen können: Kung-Fu ist in Europa erst seit wenigen Jahrzehnten bekannt. Vor dem Durchbruch populärer Eastern-Filme aus China in den 1960er Jahren war Kung-Fu nur den wenigsten – und dann auch nur den leidenschaftlichen Asien-Liebhabern – ein Begriff. Dabei begleitet uns die Philosophie hinter jener Kampfkunst durch das gesamte Leben – und um sich diese Philosophie zu erschließen, ist es sinnvoll, einen zweiten Blick auf den Begriff »Kung-Fu« zu werfen. Insbesondere mit Hinsicht auf die chinesische Schreibweise.

Das Zeichen 功 für »Kung« steht für eine Errungenschaft, eine Leistung, eine Arbeit oder einen Verdienst, während das Schriftzeichen 夫 für »Fu« einen Menschen bzw. einen Mann symbolisiert. In der Kombination geht es um die Errungenschaft eines Menschen; es geht um das Bemühen jedes Einzelnen, sich in allen alltäglichen Handlungen zu vervollkommnen und damit auch selbst zu einer vollkommenen Persönlichkeit – einem Meister des Kung-Fu – heranzuwachsen. Was also den Schüler, der eines Tages seine schwarze Schärpe und damit den ersten Meistergrad (ersten Dan) in Empfang nimmt, von all den Schülern unterscheidet, die lange vorher den Weg des Kung-Fu verlassen, ist die absolute und unbedingte Hingabe. Kung-Fu als bloßen Zeitvertreib zu betrachten, führt dazu, dass der Schüler von den physischen wie auch emotionalen Anforderungen seines »Hobbys« überrascht wird. Ist er nicht willens, sich auf das regelmäßige Üben technischer Fertigkeiten wie auch theoretischer Kenntnisse einzulassen, so bleibt ihm die Philosophie des Kung-Fu für alle Zeiten verschlossen. Er wird die Kung-Fu-Schule früher oder später verlassen und sich nach einer neuen Zerstreuung umsehen. Der Schüler jedoch, der beginnt, die Kunst des Kung-Fu zu »fühlen«, der seinem Meister uneingeschränktes Vertrauen schenkt und im Grunde gar nicht anders kann, als die erlernten Techniken und Formen

wieder und wieder zu studieren, wird aus der Masse hervorstechen wie ein leuchtend bunter Papageienfisch in einem Schwarm silbergrauer Stachelmakrelen.
Und diese Entwicklung beschränkt sich nicht allein auf den Unterrichtsraum: Auch in der Schule, im Beruf, im Privatleben, auf der Straße – wo auch immer sich das Leben gerade abspielt – tritt der heranwachsende Kung-Fu-Schüler mit Stolz und Selbstbewusstsein auf. Er gewinnt an Ausstrahlung und Charisma, ohne dabei jedoch den Respekt vor seinen Mitmenschen zu verlieren. Es liegt also an jedem Schüler selbst, an seinen Entscheidungen und Taten, wie sein weiterer Weg in der Kampfkunst und damit auch in der Welt fernab des Kung-Fu-Unterrichts aussieht – auch dies ist Teil jener uralten Philosophie.
Doch nicht nur der Schüler durchläuft einen Entwicklungs- und Reifeprozess – auch der Meister und seine Kung-Fu-Schule müssen sich den Anforderungen unserer modernen Zeit anpassen. Die Gewaltbereitschaft an Schulen nimmt zu, selbst Grundschulen und sogar Kindergärten machen inzwischen mit grauenhaften Berichten über Gewalt und Mobbing traurige Schlagzeilen. Es gilt, der heutigen Jugend auf der einen Seite eine gewaltfreie Konfliktlösung zu vermitteln, sie auf der anderen Seite aber auch altersgerechte Techniken zu lehren, mit denen sich die Jugendlichen im Notfall ihrer Haut erwehren können. Es gilt, aus der alten Tradition heraus- und mit den Kung-Fu-Schülern in eine neue Form der Kommunikation einzutreten. Was beschäftigt sie in ihrem Leben? Mit welchen Herausforderungen haben sie in ihrem Alltag zu kämpfen? Welche Träume, welche Wünsche, welche Hoffnungen treiben sie an? Und welche Möglichkeiten habe ich in meiner Schule, ihnen den Weg in die Zukunft zu ebnen? Verstand sich der Kung-Fu-Schüler von einst als Teil des Ganzen, so geht es heute auch um die persönliche Entwicklung eines einzelnen Individuums.
Nicht allein in kampfkünstlerischer Sicht, auch in Bezug auf das Equipment passt sich die Kung-Fu-Schule an: Beschäftigt sich die Tradition allein mit den geheimen Waffen des gewöhnlichen Volkes im alten China, so ergänzt eine moderne Schule ihre klassischen Waffen- und Entwaffnungstechniken durch in unserer Zeit gebräuchliche Waffen – vom Butterfly bis hin zu Schlag- und Schusswaffen. Und nicht nur das: Kleines Dojo, großes Dojo – der Unterricht ist in der heutigen Zeit zwangsläufig auch den räumlichen Gegebenheiten anzupassen.

Einige Kung-Fu-Meister beherrschen neben ihrem jeweiligen Kung-Fu-System zusätzlich noch weitere Kampfkünste wie zum Beispiel Judo, Jiu Jitsu, Taekwondo, Arnis oder auch Kickboxen. Die Kampfkunst wird global und damit offen für neue Einflüsse. So kann eine Kung-Fu-Stunde auch schon mal mit Kickboxen oder Arnis aufgelockert werden. Der Schüler erweitert seinen kampfkünstlerischen Erfahrungsschatz und begeistert sich vielleicht auch für Kung-Fu-unabhängige Turniere – wobei wir hier schon bei einer weiteren Modernisierung angelangen: den Turnierregeln. Diese Regulierungen setzen die Sicherheit der Teilnehmer mehr und mehr in den Fokus – und zwar kampfkunstübergreifend. Daraus ergibt sich zum Beispiel eine besondere Schutzausrüstung im Zweikampf, die auch schon beim Training anzulegen ist. Nur so kann sich der Schüler an die »Safetys« gewöhnen, andernfalls empfände er sie während eines Turniers als Fremdkörper. Aber auch die Waffen unterliegen für die Kategorie »Formenlauf mit Waffen« strengen Kontrollen und können gegebenenfalls mit Strafpunkten geahndet oder sogar disqualifiziert werden.

Fazit

Kung-Fu prägt den Schüler, es stärkt seinen Charakter und formt eine Persönlichkeit, die allen Herausforderungen des Lebens gestärkt und souverän entgegenzutreten vermag. Auf der anderen Seite formen moderne Schüler und zeitgemäße Veränderungen die künftige Entwicklung des Kung-Fu. Die einstmals sehr starre und strenge Kampfkunst muss an Flexibilität gewinnen, um weiterhin effektiv und konkurrenzfähig zu bleiben.

Glossar

A

ADS: Aufmerksamkeitsdefizitsyndrom, psychische Störung mit Auswirkungen auf die Aufmerksamkeit und Impulsivität; erstmalig erwähnt in Kap. 3 – Vorurteile und Wahrheiten

B

Baguazhang: Stil der inneren Kampfkünste Chinas; erstmalig erwähnt in Kap. 4.3 – Taijiquan – Die innere Kampfkunst
Bo: japanischer Langstock; erstmalig erwähnt in Kap. 5.5 – Waffen
Bodhidharma: indisch-tamilischer Mönch, ca. 440 bis 528 n.Chr.; erstmalig erwähnt in Kap. 4.1 – Shaolin und die Wurzeln des Kung-Fu
Brahmane: Angehöriger der obersten Kaste im indischen Kastensystem; erstmalig erwähnt in Kap. 4.1 – Shaolin und die Wurzeln des Kung-Fu
Buddhabhadra: indischer Mönch und Gelehrter, 359 bis 429 n.Chr.; erstmalig erwähnt in Kap. 4.1 – Shaolin und die Wurzeln des Kung-Fu
Buddhismus: Lehrtradition und Religion mit Wurzeln in Indien; erstmalig erwähnt in Kap. 4.1 – Shaolin und die Wurzeln des Kung-Fu

C

Chi: siehe »Qi«
Ching-Dynastie: chinesisches Herrschergeschlecht von 1644 bis 1911 n.Chr.; erstmalig erwähnt in Kap. 4.1 – Shaolin und die Wurzeln des Kung-Fu

D

Dagan: chinesische Bezeichnung für den Drei-Meter-Stock; erstmalig erwähnt in Kap. 4.3 – Taijiquan – Die innere Kampfkunst
Damo: Kurzform des Namens →Bodhidharma; erstmalig erwähnt in Kap. 4.1 – Shaolin und die Wurzeln des Kung-Fu
Dan (jap.): Bezeichnung des Meistergrades in vielen asiatischen Kampfkunstarten; erstmalig erwähnt in Kap. 4.5 – Schärpen und Farben
Dao: chinesischer Säbel; erstmalig erwähnt in Kap. 4.3 – Taijiquan – Die innere Kampfkunst

Daoismus: siehe »Taoismus«
Darn Dao: im Kung-Fu verbreitete Säbel-Form; erstmalig erwähnt in Kap. 5.6 – Die Bedeutung hinter den Formen
Dojo: japanische Bezeichnung des Unterrichtsraums, auch für das chinesische Kung-Fu gebräuchlich; erstmalig erwähnt in Kap. 2.2 – Werte fürs Leben
Dschonke (auch: Dschunke): alte chinesische Schiffsform; erstmalig erwähnt in Kap. 4.2 – Die Legende des Wing Tsun

E

Emei Shan: einer der vier heiligen Berge des Buddhismus in China; erstmalig erwähnt in Kap. 4.1 – Shaolin und die Wurzeln des Kung-Fu
Eunuch: kastrierter Mann, im alten China besonders als Palast-eunuch beliebt; allerdings war die Kastration aufgrund extremen Blutverlustes ein oft tödlicher Eingriff; erstmalig erwähnt in Kap. 4.1 – Shaolin und die Wurzeln des Kung-Fu

F

Fu (chin.): Vater; erstmalig erwähnt in Kap. 2.3 – Hierarchie in der Kung-Fu-Schule
Fujian (auch: Fukian): Provinz im Südosten Chinas; erstmalig erwähnt in Kap. 4.1 – Shaolin und die Wurzeln des Kung-Fu

G

Guai: siehe »Tonfa«
Guan Dao: chinesische Bezeichnung der Hellebarde; erstmalig erwähnt in Kap. 4.3 – Taijiquan – Die innere Kampfkunst
Guandong (auch: Kwantung): zu Deutsch: »östlich vom Shanhai-Pass«, entspricht dem gesamten Nordosten Chinas; erstmalig erwähnt in Kap. 4.1 – Shaolin und die Wurzeln des Kung-Fu
Guangdong: Provinz im Süden Chinas; erstmalig erwähnt in Kap. 4.1 – Shaolin und die Wurzeln des Kung-Fu
Gun: chinesischer Langstock; erstmalig erwähnt in Kap. 4.3 – Taijiquan – Die innere Kampfkunst
Guoshu (auch: Guo Shu oder Kuoshu): chinesischer Sammelbegriff für traditionelle chinesische Kampfkünste; erstmalig erwähnt in Kap. 2.1 – Die wahre Bedeutung des Kung-Fu

H

Han-Dynastie: chinesisches Herrschergeschlecht von 206 v.Chr. bis 220 n.Chr., zu unterscheiden ist die frühe Han-Periode (202 v.Chr. bis ca. 9 n.Chr.) von der späten Han-Periode (24–200 n.Chr.); erstmalig erwähnt in Kap. 2.1 - Die wahre Bedeutung des Kung-Fu
Hau Kuen: im Kung-Fu verbreitete Form; erstmalig erwähnt in Kap. 5.2 - Die Tiere des Kung-Fu
Hebei: Provinz im Norden Chinas; erstmalig erwähnt in Kap. 4.1 - Shaolin und die Wurzeln des Kung-Fu
Henan: Provinz in der östlichen Mitte Chinas; erstmalig erwähnt in Kap. 4.1 - Shaolin und die Wurzeln des Kung-Fu
Hu Chuan Pai: Kung-Fu-System entstanden in den 1980er Jahren unter Si-Jo Jens Richter; erstmalig erwähnt in Kap. 4.4 - Hu Chuan Pai Kung-Fu

J

Jangtsekiang: mit 6380 km der längste Fluss in China; erstmalig erwähnt in Kap. 4.1 - Shaolin und die Wurzeln des Kung-Fu
Jian: chinesisches Schwert; erstmalig erwähnt in Kap. 4.3 - Taijiquan - Die innere Kampfkunst
Jie (chin.): ältere Schwester; erstmalig erwähnt in Kap. 2.3 - Hierarchie in der Kung-Fu-Schule
Jigoro Kano (1860–1938): Begründer der japanischen Kampfkunst Judo; erstmalig erwähnt in Kap. 4.5 - Schärpen und Farben
Jiji (chin.): Kampftechniken, Sammelbegriff für die Kampfkünste Chinas während der Frühlings- und Herbstperiode; erstmalig erwähnt in Kap. 2.1 - Die wahre Bedeutung des Kung-Fu
Jiuhua Shan: einer der vier heiligen Berge des Buddhismus in China; erstmalig erwähnt in Kap. 4.1 - Shaolin und die Wurzeln des Kung-Fu
Jiujiebian: Ketten- oder Stahlpeitsche; erstmalig erwähnt in Kap. 5.5 - Waffen

K

Kalligraphie: Kunst des Schönschreibens, i. d. R. von Hand, mit Federkiel oder Pinsel; erstmalig erwähnt in Kap. 4.1 - Shaolin und die Wurzeln des Kung-Fu
Karate: Kampfkunst aus →Okinawa; erstmalig erwähnt in Kap. 3 - Vorurteile und Wahrheiten

Kesa: Mönchsrobe, Ausdruck der Zugehörigkeit zu einem buddhistischen Orden; erstmalig erwähnt in Kap. 4.5 – Schärpen und Farben

Konfuzianismus: Philosophie und politische Einstellung in Anlehnung an die Lehren von Konfuzius, chinesische Lehre; erstmalig erwähnt in Kap. 4.1 – Shaolin und die Wurzeln des Kung-Fu

Kuen (chin.): Form; erstmalig erwähnt in Kap. 2.1 – Die wahre Bedeutung des Kung-Fu

Kuomintang: nationalistische Volkspartei in China, gegründet zu Beginn des 20. Jh.; erstmalig erwähnt in Kap. 4.1 – Shaolin und die Wurzeln des Kung-Fu

Kuoshu: siehe »Guoshu«

Kwantung: siehe »Guandong«

Kwoon: chinesische Bezeichnung für den Unterrichtsraum; erstmalig erwähnt in Kap. 5.1 – Begrüßung

Kyu: japanische Bezeichnung des Schülergrades; erstmalig erwähnt in Kap. 4.5 – Schärpen und Farben

L

Leichtkontakt: Wettkampf-Variante, die Treffer, Taktik und Technik bewertet; erstmalig erwähnt in Kap. 6.4 – Voll- und Leichtkontakt

Lei Tai: Vollkontakt-Kampfkunst aus China; erstmalig erwähnt in Kap. 6.3 – Lei Tai

Liang-Dynastie: chinesisches Herrschergeschlecht von 502 bis 557 n. Chr.; erstmalig erwähnt in Kap. 4.3 – Taijiquan – die innere Kampfkunst

Liang Jie Gun: knüppelartige Waffe aus China; erstmalig erwähnt in Kap. 5.5 – Waffen

Lo Han: im Kung-Fu verbreitete Form; erstmalig erwähnt in Kap. 5.6 – Die Bedeutung hinter den Formen

Lung Chuan: im Kung-Fu verbreitete Form; erstmalig erwähnt in Kap. 5.6 – Die Bedeutung hinter den Formen

Luyan: bezirksfreie Stadt in der Provinz Henan; erstmalig erwähnt in Kap. 4.1 – Shaolin und die Wurzeln des Kung-Fu

M

Mabu (chin.): Reiterstellung; erstmalig erwähnt in Kap. 5.2 – Die Tiere des Kung-Fu

Mahayana: neben Hinayana eine Hauptrichtung des Buddhismus;

erstmalig erwähnt in Kap. 4.1 – Shaolin und die Wurzeln des Kung-Fu

Ming-Dynastie: chinesisches Herrschergeschlecht von 1368 bis 1644 n. Chr.; erstmalig erwähnt in Kap. 4.1 – Shaolin und die Wurzeln des Kung-Fu

Mu (chin.): Mutter; erstmalig erwähnt in Kap. 2.3 – Hierarchie in der Kung-Fu-Schule

Mudansha (jap.): »Person ohne Graduierung« im →Kyu-System; erstmalig erwähnt in Kap. 4.5 – Schärpen und Farben

N

Nanjing (auch Nanking): eine der ältesten Städte der Volksrepublik China, einstige Hauptstadt, heute Metropole der Provinz Jiangsu; erstmalig erwähnt in Kap. 4.1 – Shaolin und die Wurzeln des Kung-Fu

Neokonfuzianismus: religiöse und philosophische Lehre auf Basis des →Konfuzianismus mit Einflüssen aus dem →Buddhismus und dem →Daoismus; erstmalig erwähnt in Kap. 4.1 – Shaolin und die Wurzeln des Kung-Fu

Nunchaku: siehe »Liang Jie Gun«

Nung Pai: im Kung-Fu verbreitete Form; erstmalig erwähnt in Kap. 5.6 – Die Bedeutung hinter den Formen

O

Okinawa: japanische Präfektur (Verwaltungseinheit); erstmalig erwähnt in Kap. 9 – Die Seiten für Kids

Orden: religiöser Zusammenschluss von Männern oder Frauen, die häufig in einem Kloster leben; erstmalig erwähnt in Kap. 4.1 – Shaolin und die Wurzeln des Kung-Fu

P

Pak Pai: im Kung-Fu verbreitete Form; erstmalig erwähnt in Kap. 5.2 – Die Tiere des Kung-Fu

Putian: eine Stadt in der chinesischen Provinz →Fujian; erstmalig erwähnt in Kap. 4.1 – Shaolin und die Wurzeln des Kung-Fu

Putuo Shan: chinesische Insel in der Nähe von Shanghai; erstmalig erwähnt in Kap. 4.1 – Shaolin und die Wurzeln des Kung-Fu

Q

Qi (chin.): Energie, Atem – Bezeichnung für die Lebensenergie; erstmalig erwähnt in Kap. 4.3 – Taijiquan – Die innere Kampfkunst
Qiang: chinesische Bezeichnung für den Speer; erstmalig erwähnt in Kap. 4.3 – Taijiquan – Die innere Kampfkunst
Qigong (auch Chi Kung): chinesisches System für die Bewegung, Konzentration und Meditation; erstmalig erwähnt in Kap. 4.1 – Shaolin und die Wurzeln des Kung-Fu
Qi Mei Gun: chinesische Bezeichnung für den Kurzstock; erstmalig erwähnt in Kap. 4.3 – Taijiquan – Die innere Kampfkunst
Qing-Dynastie: siehe »Ching-Dynastie«

R

Rote Dschonke: →Dschonke mit roten Segeln

S

Sai: Dreizack-ähnliche Stichwaffe; erstmalig erwähnt in Kap. 5.5 – Waffen
San Jie Gun: chinesische Bezeichnung für den Drei-Glieder-Stab; erstmalig erwähnt in Kap. 5.5 – Waffen
Semi-Kontakt: Wettkampf-Variante, die überwiegend auf Technik setzt und nach jedem Treffer für eine Punkte-Bewertung unterbrochen wird; erstmalig erwähnt in Kap. 6.5 – Rollenverteilung
Shaanxi: Provinz in der Mitte Chinas, in Nordchina gelegen; erstmalig erwähnt in Kap. 4.1 – Shaolin und die Wurzeln des Kung-Fu
Shan: chinesische Bezeichnung für den Fächer; erstmalig erwähnt in Kap. 4.3 – Taijiquan – Die innere Kampfkunst
Shandong: Provinz an der östlichen Küste Chinas; erstmalig erwähnt in Kap. 4.1 – Shaolin und die Wurzeln des Kung-Fu
Shaolin: buddhistischer Mönchsorden in China; erstmalig erwähnt in Kap. 4.1 – Shaolin und die Wurzeln des Kung-Fu
Shoubo (chin.): nackte Hand, chinesische Kampfkunst und früherer Oberbegriff für alle traditionellen Kampfkünste Chinas; erstmalig erwähnt in Kap. 2.1 – Die wahre Bedeutung des Kung-Fu
Si/Shi (chin.): Lehrer; erstmalig erwähnt in Kap. 2.3 – Hierarchie in der Kung-Fu-Schule
Sichuan (auch Szechwan): Provinz im Südwesten Chinas; erstmalig erwähnt in Kap. 4.2 – Die Legende des Wing Tsun
Sifu/Si-Fu: chinesischer Titel für Lehrer-Vater; erstmalig erwähnt in

Kap. 2.4 – Stammbaum einer Kung-Fu-Familie
Sigung/Si-Gung: chinesischer Titel für Lehrer-Großvater; erstmalig erwähnt in Kap. 2.4 – Stammbaum einer Kung-Fu-Familie
Sihing/Si-Hing: chinesischer Titel für älterer Lehrer-Bruder; erstmalig erwähnt in Kap. 2.4 – Stammbaum einer Kung-Fu-Familie
Sije/Si-Je: chinesischer Titel für ältere Lehrer-Schwester; erstmalig erwähnt in Kap. 2.4 – Stammbaum einer Kung-Fu-Familie
Sijo/Si-Jo: chinesischer Titel für das Familienoberhaupt bzw. den Begründer eines Kung-Fu-Stils; erstmalig erwähnt in Kap. 2.4 – Stammbaum einer Kung-Fu-Familie
Simo/Si-Mo: chinesischer Titel für Lehrer-Mutter; erstmalig erwähnt in Kap. 2.4 – Stammbaum einer Kung-Fu-Familie
Siu Wan: im Kung-Fu verbreitete Form; erstmalig erwähnt in Kap. 5.6 – Die Bedeutung hinter den Formen
Song-Dynastie: chinesisches Herrschergeschlecht von 960–1279 n.Chr.; erstmalig erwähnt in Kap. 2.1 – Die wahre Bedeutung des Kung-Fu
Sutra: buddhistische Lehren; erstmalig erwähnt in Kap. 4.1 – Shaolin und die Wurzeln des Kung-Fu

T

Tai Chi: Kurzform für das →Taijiquan; erstmalig erwähnt in Kap. 4.3 – Taijiquan – die innere Kampfkunst
Tai Leung (auch Chai Har): Berg in China, an dessen Hang der Tempel des Weißen Kranichs zu finden war; erstmalig erwähnt in Kap. 4.2 – Die Legende des Wing Tsun
Taijiquan: auch »Tai Chi Chuan« oder kurz »Tai Chi« – chinesisches Schattenboxen; erstmalig erwähnt in Kap. 4.3 – Taijiquan – die innere Kampfkunst
Taijitu: Symbol für die Philosophie des →Yin und Yang; erstmalig erwähnt in Kap. 5.1 – Begrüßung
Tang-Dynastie: chinesisches Herrschergeschlecht von 618 bis 907 n. Chr.; erstmalig erwähnt in Kap. 4.1 – Shaolin und die Wurzeln des Kung-Fu
Taoismus: chinesische Weltanschauung und Lehre, wird als authentische Religion Chinas angesehen; erstmalig erwähnt in Kap. 4.1 – Shaolin und die Wurzeln des Kung-Fu
To (chin.): Schüler; erstmalig erwähnt in Kap. 2.4 – Stammbaum einer Kung-Fu-Familie

To-Dai (chin.): fortgeschrittener Kung-Fu-Schüler; erstmalig erwähnt in Kap. 2.4 – Stammbaum einer Kung-Fu-Familie
Tonfa: Schlagstock chinesischer Herkunft; erstmalig erwähnt in Kap. 5.5 – Waffen
To-Suen (chin.): neuer Kung-Fu-Schüler; erstmalig erwähnt in Kap. 2.4 – Stammbaum einer Kung-Fu-Familie

U

Uyghuren (auch: Uiguren): turksprachige Bevölkerungsgruppe in China, früher vermutlich ein Zusammenschluss mongolischer und türkischer Stämme; erstmalig erwähnt in Kap. 4.1 – Shaolin und die Wurzeln des Kung-Fu

V

Vollkontakt: Wettkampf-Variante, die Aktivität und Wirkungstreffer der Kämpfer bewertet; erstmalig erwähnt in Kap. 6.3 – Lei Tai

W

Wing Tsun: Kampfkunststil bzw. Kung-Fu-Stil mit Wurzeln in der →Ching-Dynastie; erstmalig erwähnt in Kap. 4.2 – Die Legende des Wing Tsun
Wudang: Gebirgsregion im Nordwesten der chinesischen Provinz Hubei; erstmalig erwähnt in Kap. 4.1 – Shaolin und die Wurzeln des Kung-Fu
Wu Shu (chin.): Oberbegriff und Zusammenschluss chinesischer Kampfkünste – erstmalig erwähnt in Kap. 2.1 – Die wahre Bedeutung des Kung-Fu
Wutai Shan: 5-Terrassen-Gebirge in Nordchina; erstmalig erwähnt in Kap. 4.1 – Shaolin und die Wurzeln des Kung-Fu
Wuyi (chin.): die Kunst zu kämpfen, Sammelbegriff für die Kampfkünste Chinas von der →Han-Dynastie bis zur →Ming-Dynastie; erstmalig erwähnt in Kap. 2.1 – Die wahre Bedeutung des Kung-Fu

X

Xenophilie (griech.): Zuneigung/Aufgeschlossenheit gegenüber fremden Kulturen; erstmalig erwähnt in Kap. 2.2 – Werte fürs Leben
Xiaohai (chin.): Kinder; erstmalig erwähnt in Kap. 2.3 – Hierarchie in der Kung-Fu-Schule
Xingyiquan: Stil der inneren Kampfkünste Chinas; erstmalig erwähnt

in Kap. 4.3 – Taijiquan – Die innere Kampfkunst
Xiong (chin.): älterer Bruder; erstmalig erwähnt in Kap. 2.3 – Hierarchie in der Kung-Fu-Schule

Y

Yin und Yang: chinesische Philosophie über die Gegensätzlichkeit und Zusammengehörigkeit von Kräften und Prinzipien; erstmalig erwähnt in Kap. 5.1 – Begrüßung
Yuan-Dynastie: chinesisches Herrschergeschlecht von 1279 bis 1368 n.Chr.; erstmalig erwähnt in Kap. 4.1 – Shaolin und die Wurzeln des Kung-Fu
Yudansha (jap.): »Person mit Graduierung« im →Dan-System; erstmalig erwähnt in Kap. 4.5 – Schärpen und Farben
Yunnan (auch: Jünnan): Provinz im Südwesten Chinas; erstmalig erwähnt in Kap. 4.2 – Die Legende des Wing Tsun

Z

Zhou-Dynastie (nördl.): chinesisches Herrschergeschlecht von 557–581 n.Chr.; erstmalig erwähnt in Kap. 4.1 – Shaolin und die Wurzeln des Kung-Fu

Quellenverzeichnis und weiterführende Informationen

Die meisten Leser wissen um die Schnelllebigkeit des Internets, dennoch konnten wir zu der Zeit, in der dieses Buch entstanden ist, auch im Internet ergänzende Rand- und Hintergrundinformationen zu den unterschiedlichsten Themen rund um die Kunst des Kung-Fu sammeln. Die im Folgenden aufgelisteten Quellen dienten uns als wertvolle Inspiration und wer auf der Suche nach weiterführenden Informationen ist, sollte hier fündig werden:

Eigene Quellen

http://www.kung-fu-kempen.de
http://www.sportakademie-richter.de

Wikipedia

https://de.wikipedia.org/wiki/Chinesische_Mauer
https://de.wikipedia.org/wiki/Karate
https://de.wikipedia.org/wiki/Kung_Fu
https://de.wikipedia.org/wiki/Satellit_(Raumfahrt)
https://de.wikipedia.org/wiki/Shaolin_Kung_Fu
https://de.wikipedia.org/wiki/Taijiquan
https://de.wikipedia.org/wiki/Yin_und_Yang
https://en.wikipedia.org/wiki/Chinese_martial_arts
https://en.wikipedia.org/wiki/Lei_tai
https://en.wikipedia.org/wiki/Shaolin_Monastery

Deutsch- und englischsprachige Informationen im World Wide Web

http://de.statista.com
http://www.chinesemartialstudies.com
http://www.ddqt.de
http://www.dguv.de
http://www.dr-gumpert.de
http://www.encyclopedia.com/topic/Tai_chi.aspx

http://www.hochschulkompass.de
http://www.ihk.de
http://www.ist-hochschule.de
http://www.jarrodhaze.hubpages.com/hub
http://www.kungfusupply.nl
http://www.martialarts-kungfu.com
http://www.qigong-gesellschaft.de
http://www.qigong-yangsheng.de
http://www.schulpsychologie.de
http://www.taiji-berlin.de
http://www.taijiquan-qigong.de
http://www.wt-online.com
http://www.zitate.net

Buchempfehlung

Christopher Yim, Kung-Fu 1 – Legende, Philosophie, Grundtechniken, FALKEN 1988 (ISBN 3-8068-0891-0)

Autoren und Buchteam

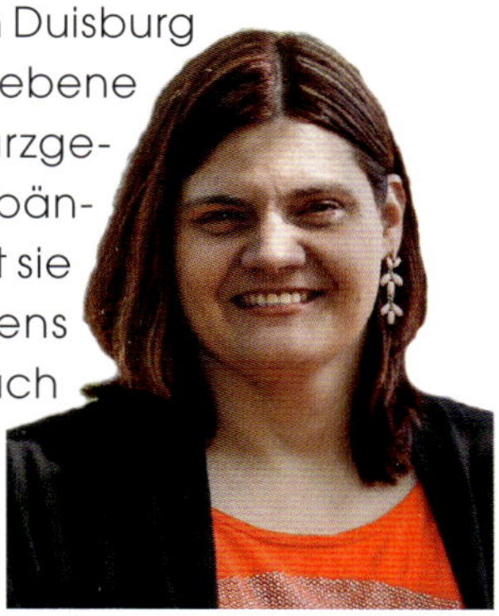

Nicole Zieseniss (Autorin & Bildbearbeitung) wurde 1976 in Duisburg geboren und begeisterte sich schon früh für das geschriebene Wort. Sie veröffentlichte diverse Lesergeschichten, Kurzgeschichten und Lyrikbeiträge in Zeitschriften und Gedichtbänden sowie einige Buchprojekte im Selbstverlag. Heute ist sie als Marketing-Assistentin eines Online-PR-Unternehmens tätig, das heißt: Sie verfasst Pressetexte für Print- wie auch Online-Medien, Blog und Social Media Beiträge, Spinning-Texte, Online-Artikel und -Ratgeber, Webinhalte und mehr.
Als alleinerziehende Mutter teilt sie das Hobby und die Leidenschaft ihres Sohnes: das Hu Chuan Pai Kung-Fu unter Si-Fu Jens Richter und Si-Je Andrea Schnell.

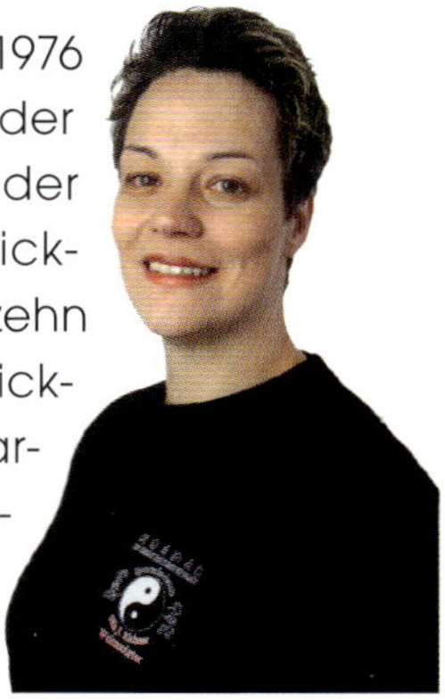

Si-Je Andrea Schnell (Co-Autorin & Kung-Fu-Meisterin) wurde 1976 in Duisburg geboren. Mit elf Jahren begann sie das Studium der chinesischen Kampfkunst Kung-Fu unter Si-Fu Jens Richter, der auch Elemente und Techniken des US-amerikanischen Kickboxens (Pointfighting) in seinen Unterricht integrierte. Mit vierzehn Jahren kämpfte sie erstmalig auf einem internationalen Kickbox-Turnier; den Höhepunkt ihrer bisherigen Kampfkunst-Karriere erreichte sie im Jahre 2012, als sie sich den Weltmeistertitel in Paris, Frankreich, erkämpfte.
Am 6. Dezember 2008 absolvierte sie die Kung-Fu-Prüfung zum ersten Meistergrad, den zweiten Dan verdiente sie sich am 17. Dezember 2011. Auch im Kickboxen verfügt sie inzwischen über den zweiten Dan. Um ihre Loyalität und ihren Einsatz als Lehrerin des Hu Chuan Pai Kung-Fu zu würdigen, verlieh Si-Fu Jens Richter ihr im Dezember 2010 den Titel der »Si-Je«.

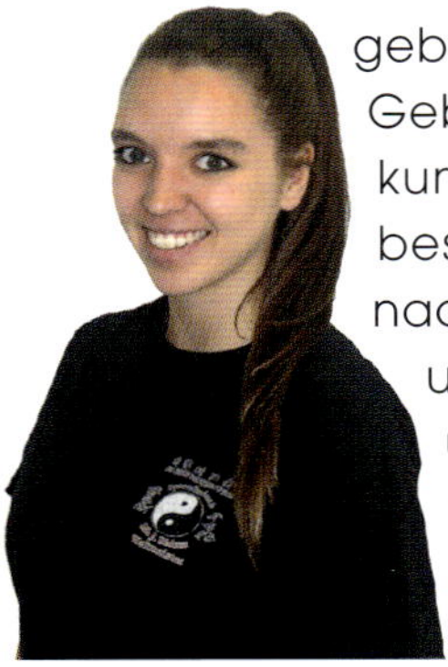

Si-Je Kim Valerie Richter (Kung-Fu-Meisterin) wurde 1993 in Essen geboren. Als Tochter von Si-Fu Jens Richter ist das Dojo seit ihrer Geburt wie ein zweites Zuhause für sie. Während ihrer Kampfkunst-Laufbahn hat sie bereits viele Wettkämpfe erfolgreich bestritten und einige nationale wie auch internationale Titel nach Hause geholt. Als größten Erfolg ihrer bisherigen Kung-Fu- und Kickbox-Karriere betrachtet sie neben dem Weltcupsieg und mehreren Deutschen Meisterschaftstiteln auch die Drittplatzierung bei der Weltmeisterschaft in Karlsruhe in der Kategorie Formenlauf-Freestyle.

Ihren ersten Meistergrad verdiente sie sich im Dezember 2008, im Dezember 2011 wurde ihr auch der zweite Dan verliehen. Zwei Jahre nach ihrer ersten Meisterprüfung ehrte Si-Fu Jens Richter sie mit dem Titel der »Si-Je«.

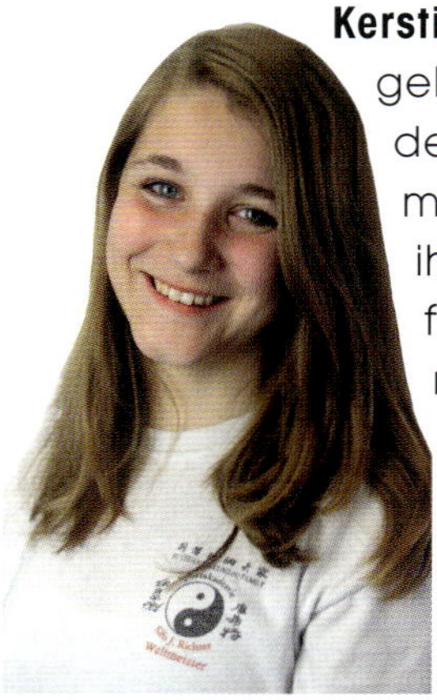

Kerstin Sabina Schnell (Kung-Fu-Schülerin) wurde 2001 in Duisburg geboren und stand schon mit zwölf Monaten zum ersten Mal auf der Trainingsmatte – von diesem Zeitpunkt an nahm sie regelmäßig am Kung-Fu-Unterricht teil. Mit vier Jahren erweiterte sie ihr Kampfkunst-Repertoire um das Kickboxen nach dem Pointfight-System. Auch sie erkämpfte sich im Jahr 2012 einen Weltmeister-Titel: in der Kategorie »Weibliche Jugend bis 12 Jahre« in Paris, Frankreich. Außerdem hat sie bereits mehrere Deutsche Meisterschaften für sich entschieden. Nach zwölf Jahren intensiven Hu Chuan Pai Kung-Fu-Trainings bestand sie 2014 ihre Prüfung zum Teenager-Schwarzgurt. Schon jetzt arbeitet sie voller Hingabe und Disziplin auf den ersten Dan hin.

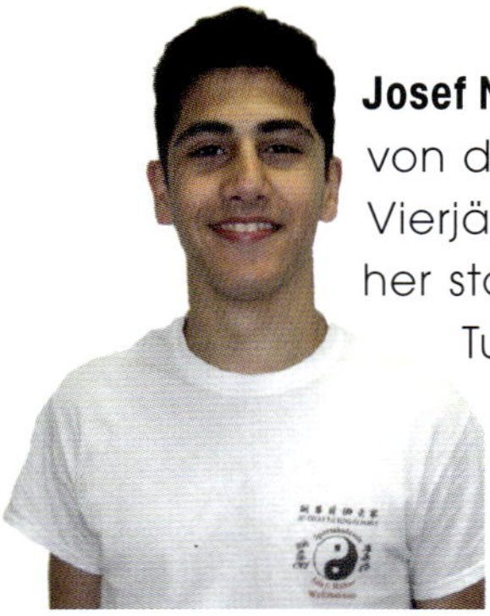

Josef Niqula (Kung-Fu-Schüler) wurde 2001 in Essen geboren. Im Alter von dreieinhalb Jahren begann er mit dem Kung-Fu-Training – als Vierjähriger hat er dann auch das Kickboxen für sich entdeckt. Seither startet er erfolgreich auf nationalen wie auch internationalen Turnieren. Im Jahr 2009 wurde er Vize-Europameister; im Jahr 2012 erkämpfte er sich den Titel des Europameisters und sogar des Vize-Weltmeisters in Paris. 2014 bestand er seine Prüfung zum Teenager-Schwarzgurt. Auch er hat sein Ziel – den ersten Dan – fest vor Augen.

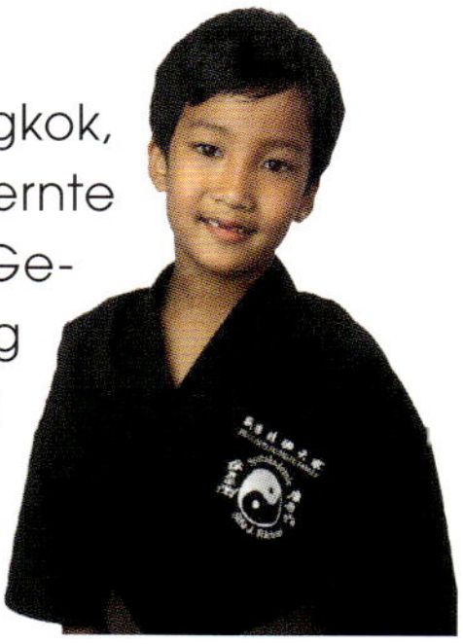

Kiran Thanawat Zieseniss (Kung-Fu-Schüler) wurde 2007 in Bangkok, Thailand, geboren. Er lebt seit 2008 in Deutschland und lernte die Kunst des Kung-Fu unmittelbar nach seinem dritten Geburtstag kennen – seither ist sie aus seiner Freizeitgestaltung nicht mehr wegzudenken. Mit fünf Jahren bat er darum, in den Kickbox-Kurs (Pointfighting) aufgenommen zu werden, wo er bis heute aktiv ist. Sein bisher größter Erfolg: der erste Platz bei der Deutschen Meisterschaft in Soest – Kategorie »Bambini«.

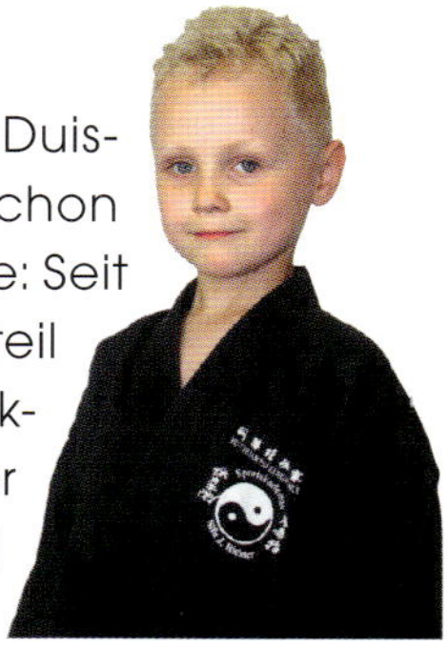

Nico Leon Schnell (Kung-Fu-Schüler) wurde im August 2008 in Duisburg geboren. Über ihn lässt sich wohl feststellen, dass er schon auf der Trainingsmatte laufen konnte, ehe er Krabbeln lernte: Seit seiner Geburt ist das Hu Chuan Pai Kung-Fu fester Bestandteil seines Lebens. Mit vier Jahren begann auch er mit dem Kickboxen nach dem Pointfight-System, inzwischen nimmt er erfolgreich an nationalen Turnieren teil. Jüngster Erfolg: Bei dem Newcomer-Turnier in Sundern, Hochsauerland, belegte er den ersten Platz in der Kategorie »bis 25 kg«.

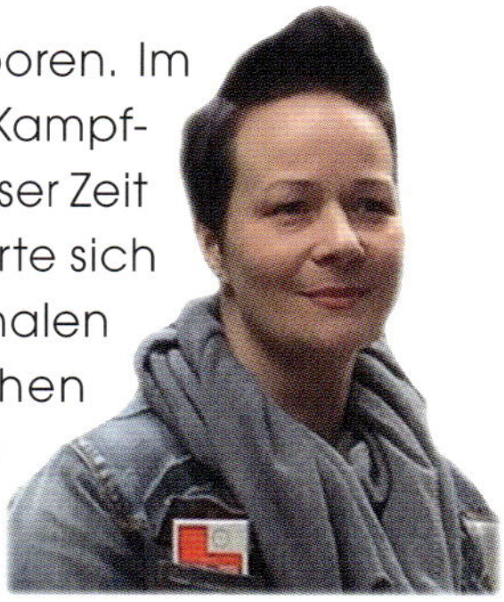

Diana Engels (Zeichnungen) wurde 1978 in Duisburg geboren. Im Alter von neun Jahren entdeckte sie ihr Interesse an der Kampfkunst Kung-Fu, die sie mehrere Jahre lang ausübte. In dieser Zeit nahm sie erfolgreich an diversen Turnieren teil – sie sicherte sich mehrere Titel im Kung-Fu-Formenlauf wie auch auf nationalen und internationalen Kickbox-Turnieren. Aus persönlichen Gründen beendete sie ihre Zeit als aktive Hu Chuan Pai Kung-Fu-Künstlerin mit der Graduierung Braun.

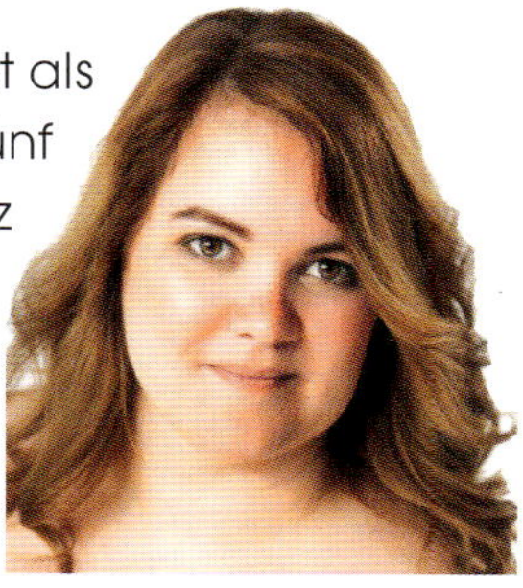

Sarah Eckhardt (Fotos) wurde im Januar 1982 geboren. Sie ist als städtische Angestellte tätig, begeistert sich allerdings seit fünf Jahren auch für das Fotografieren. Den besonderen Reiz darin sieht sie vor allem in der Möglichkeit, schöne und aufregende Momente für immer auf ein Bild bannen zu können.

WEITERE INTERESSANTE BÜCHER ZUM THEMA

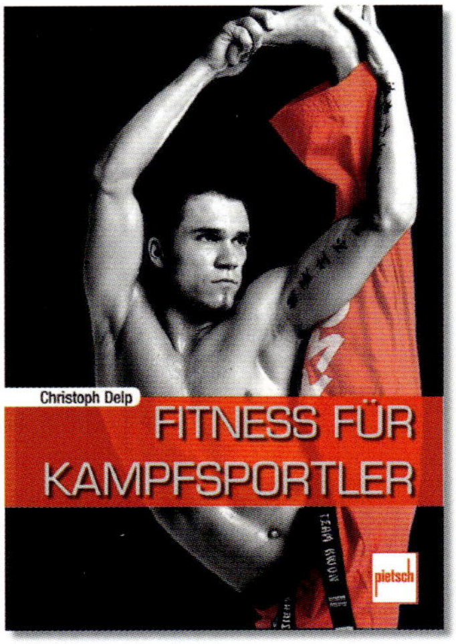

Christoph Delp, erfahrener Kampfsportler und Trainer, stellt in diesem Buch die effektivsten Übungen zur systematischen Entwicklung aller körperlichen Voraussetzungen vor.
144 Seiten, 240 Bilder,
Format 170 x 240 mm
ISBN 978-3-613-50733-3
€ 14,95 / € (A) 15,40

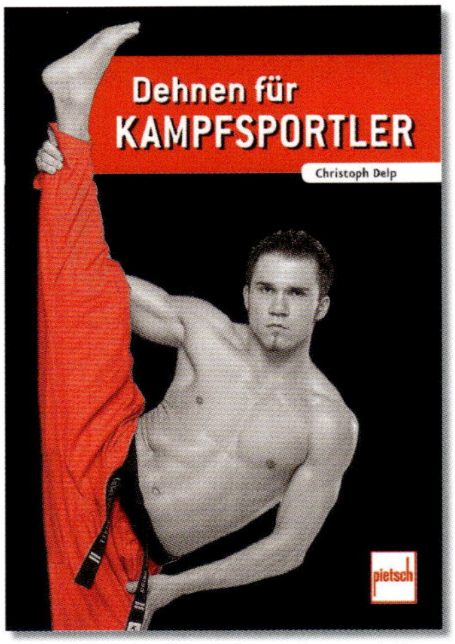

Kampfsportler benötigen ein spezielles Dehntraining, das die Besonderheiten der jeweiligen Disziplin berücksichtigt. Diese werden hier vorgestellt.
128 Seiten, 207 Bilder,
Format 170 x 240 mm
ISBN 978-3-613-50756-2
€ 14,95 / € (A) 15,40

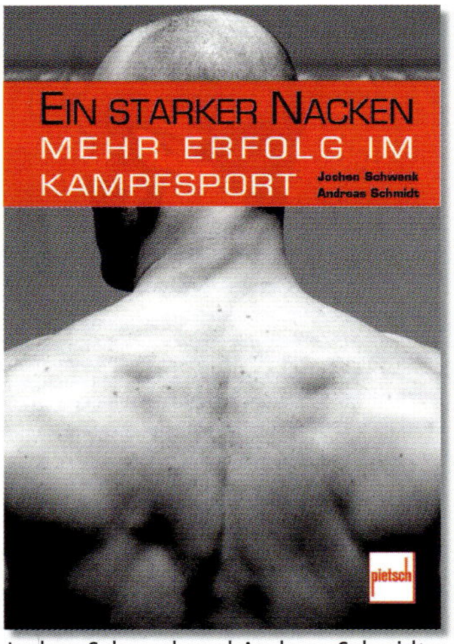

Jochen Schwenk und Andreas Schmidt vermitteln hier das Grundlagenwissen zum zentralen Thema Nackenmuskulatur.
112 Seiten, 189 Bilder,
Format 170 x 240 mm
ISBN 978-3-613-50720-3
€ 14,95 / € (A) 15,40

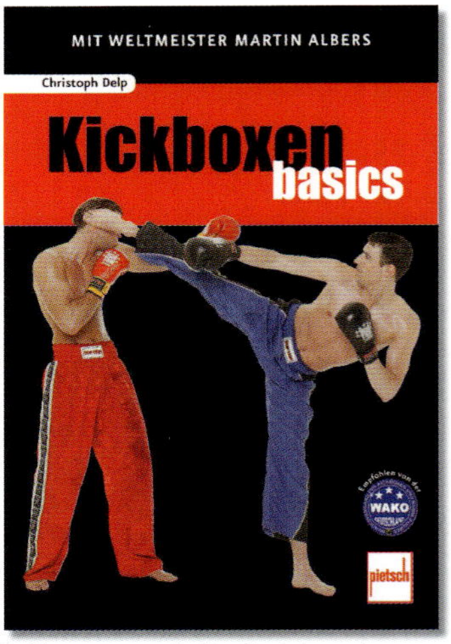

In Zusammenarbeit mit einigen der besten Trainer und Kämpfer des größten Kickboxverbandes WAKO präsentiert Christoph Delp in seinem Buch Training, Technik und Strategie des Kickboxens.
176 Seiten, 340 Bilder,
Format 170 x 240 mm
ISBN 978-3-613-50768-5
€ 19,95 / € (A) 20,60

Überall, wo es Bücher gibt, oder unter
WWW.PIETSCH-VERLAG.DE
Service-Hotline: 0711/ 78 99 21 51

Stand Oktober 2015
Änderungen in Preis und Lieferfähigkeit vorbehalten.